Reinhold Gütter
Fluchtursachen
Fremd- und Selbstbestimmung Afrikas seit 1960

D1700627

Reinhold Gütter, Dr.-Ing., ehem. Baudezernent des Hamburger Bezirks Altona. Er reiste durch Ostasien, Südamerika und Westafrika und hat im Herbst 1987 die letzten Wochen der Regierung des Thomas Sankara in Burkina Faso miterlebt. 2019 erschien von ihm die VSA: Flugschrift »Wohnungsnot und Bodenmarkt. Nachhaltige Alternativen für Wohnen und Stadtentwicklung«.

Reinhold Gütter

Fluchtursachen

Fremd- und Selbstbestimmung Afrikas seit 1960

VSA: Verlag Hamburg

»Den Tag der Befreiung stellen wir uns seit langem vor. Er wird der schönste Tag unseres Lebens sein. ... Es gibt da nur eine Sache, die wir lieber vergessen: Von nun an sind wir es selbst, die uns Leid zufügen.«

Kateb Yacine, algerischer Schriftsteller (1929-1989)

In Gedenken an Luc Nkulula (Spitzname H2O), den Vorsitzenden von »Lutte pour le Changement«, der am 10. Juni 2019 in Goma ermordet wurde, weil er reines Trinkwasser und ordentlich bezahlte Arbeitsplätze für die Menschen im Ost-Kongo forderte. Gegen den Terror von Milizen und Regierungstruppen organisierte er die Bewegung »Villes Mortes«, mit der die Zivilgesellschaft ihren Protest im Sinne Mahatma Ghandis dadurch zum Ausdruck brachte, dass sie zwei Tage in ihren Häusern und Hütten blieb. Er starb mit 32 Jahren in seinem gebrandschatzten Haus.

www.vsa-verlag.de

© VSA: Verlag 2020, St. Georgs Kirchhof 6, 20099 Hamburg
Alle Rechte vorbehalten
Titelfoto: Vosburg, Südafrika, November 2019 (picture alliance/AP Photo/Denis Farrell)
Druck- und Buchbindearbeiten: Beltz Grafische Betriebe GmbH, Bad Langensalza
ISBN 978-3-96488-052-9

Inhalt
(in den Kapiteln enthaltene Kästen = kursiv)

Afrika, politische Gliederung

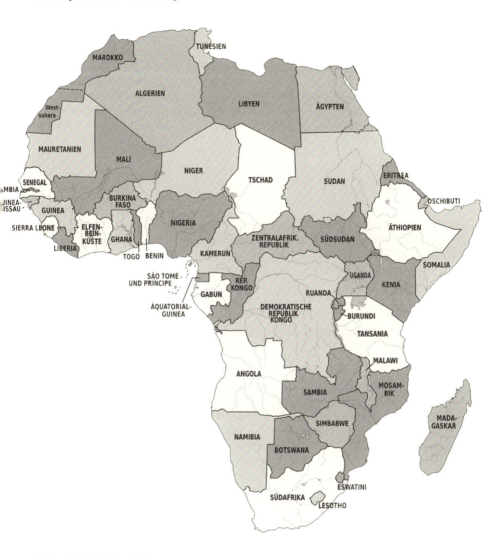

Quelle: Wikimedia Commons

Die Zeitalter Afrikas (Schwerpunkt Sub-Sahara-Afrika)

Präkolonial	Kolonial	Postkolonial
Ägypten/Sudan: Nilotisches Reich ab dem 5. Jahrtausend v.Chr., danach römische und osmanische Provinz,»Khedive«-Vizekönigreich. Arabisierung im 8. Jahrhundert n.Chr.	15. bis spätes 19. Jahrhundert n.Chr.: Handels-Stützpunkte an den Küsten, britische und niederländische Siedler in Südafrika.	1960: faktische Auflösung der »Vierten Republik« in Frankreich, Unabhängigkeit der britischen Kolonien und Protektorate sowie des »Belgisch-Kongo«. Reiche Mineralienfunde.
Äthiopien: Klerikale Monarchie ab dem 3. Jahrhundert n.Chr. Äthiopien ist das einzige durchgehend unabhängige Land Afrikas. Mehrere europäische Versuche der Besetzung wurden abgewehrt (Eritrea 1890 italienisch, 1993 unabhängig)	Ab dem 16. Jahrhundert n.Chr.: groß angelegter transatlantischer Sklavenhandel.

18. Jahrhundert n.Chr.: Besetzung des Maghreb durch Frankreich, danach Senegal. | 1963: Gründung der Organisation für Afrikanische Einheit (OAU).

1966: Unabhängigkeit von »Britisch-Bechuanaland« , heute Botswana. |
| **Nordafrika:** Arabisierung im 8. Jahrhundert n.Chr., Marginalisierung der »Berber« und Tuareg. | 1878 und 1884/85: Berliner Afrika-Konferenzen, Aufteilung der Einflussgebiete entlang des Kongos, Nigers und Nils. | 1975: Unabhängigkeit der portugiesischen Kolonien, Beginn 15-jähriger Bürgerkriege in Angola und Moçambique. |
| **Sub-Sahara-Afrika:** Diverse Königreiche (z.B. Buganda, Mali, Kongo, Songhay, Zulu), arabische und portugiesische Handels-Stützpunkte ab dem 8. bzw. 15. Jahrhundert n.Chr. | 1888ff.: Britische Cape-to-Cairo und Nile-to-Niger-Strategie, Aufteilung Ostafrikas zwischen dem Deutschen Reich und Britannien. Aufstände insbesondere gegen die »Hüttensteuer« in den britischen Kolonien. | 1990: Befreiung Südwestafrikas vom südafrikanischen UN-Mandat, Gründung Namibias.

1991: erstmalige Übernahme eines UN-Mitgliedsstaats durch den UN-Sicherheits-Rat (»Failed State« Somalia). |
| Die vorkoloniale Geschichte Afrikas ist nur in Ägypten/Sudan, Äthiopien und im islamischen Einflussbereich eigenständig schriftlich dokumentiert. | 1904: Völkermord in Deutsch-Südwestafrika

1914: Einsatz afrikanischer Soldaten im Ersten Weltkrieg, Emanzipationsansätze

1946: Französische »Vierte Republik« | 1994: Fall des Apartheidstaats Südafrika.

2002: Gründung der Afrikanischen Union.

2014: faktische EU-Außengrenzen im Sahel. |

Teil 1
Eine kleine Geschichte Eurafrikas

1. Trennung und Vereinigung zweier Kontinente

Für einige war es ein Paradies: Für Kolonialbeamte, die in ihren Herkunftsländern subaltern geblieben wären, in Afrika zu Herren wurden. Für Touristen, die im Okavanga-Delta verzückt zuerst mit Waffen, später mit Kameras auf eine in ihren Ländern unbekannte Vielfalt der Fauna schießen durften. Für andere war und ist es der Kontinent, auf dem sie regellos schnell reich werden konnten. Auf den *Sarotti*-Packungen prangte der lächelnde »Mohr« ohne jeden Bezug zu den miserablen Preisen, die Kakaobauern an Westafrikas »Goldküste« geboten wurden. *Diamonds are forever* sang eine amerikanische Primadonna vor exklusivem Publikum in Las Vegas, während der »nette Mohr« in Lehmkuhlen schuftete und von libanesischen Zwischenhändlern wenig Geld pro Karat erhielt, bevor er von Minenbetreibern aus dem Norden zum Lohnarbeiter gemacht oder ermordet wurde.

Ab dem siebten, konzentriert im 18. und 19. Jahrhundert war der »Mohr« selbst noch Handelsgut gewesen, das in Afrika von den Arabern mit Geld und Gold, von den Briten und Holländern mit bengalischer Baumwolle bezahlt und nach Bagdad und Kairo, später auf die Plantagen Brasiliens, der Karibik und von *Old Dixie* in die Südstaaten der USA gezerrt wurde. Die *East India Company* betrieb derartigen Welthandel zwischen Asien, Afrika und Amerika mithilfe fast aller Schiffseigner des sich industrialisierenden Europa und eines Freibeuter-Briefs der britischen Krone, der ihr die Ausübung militärischer Gewalt jenseits Großbritanniens gestattete. Sinnbild des Imperialismus.

Der Auf- und Ausbau mechanisierter Spinnereien und Webereien in Lancashire forderte immer höhere Rohstofflieferungen, die sich Britannien, Frankreich, Holland, Portugal und Spanien durch Landraub und Erwerb von etwa 12 Millionen Afrikaner*innen als Sklaven sicherten. 70% der Sklaven wurden auf Zuckerrohrplantagen der Karibik, Mittel- und Südamerikas eingesetzt, deren Rentabilität erheblich höher war als jene von Baumwollplantagen. Nicht zuletzt deshalb folgten andere europäische Kolonialmächte und das unabhängig gewordene Brasilien dem britischen Verbot des Sklavenhandels (Slave Trade Act von 1807) und dem Verbot des Sklavenbesitzes (1833) erst mit erheblicher zeitlicher Verzögerung, zum Beispiel Frankreich endgültig erst im Jahr 1848, Brasilien unter der Vorherrschaft der Zuckerbarone sogar erst 50 Jahre später.

Die berüchtigten *Cotton Fields* der US-Südstaaten sind deshalb nur ein Teil eines der größten Verbrechen gegen Menschenrechte, das mit der Versklavung von etwa 3,5 Millionen Afrikaner*innen durch die Araber zwischen dem siebten und dem 14. Jahrhundert in großem Umfang begann. Der erste berichtete Sklavenaufstand fand 869 n.Chr. in Bagdad statt und endete mit der Ermordnung von mindestens einer halben Million Sklaven. Der Unterschied zwischen den islamischen und christlichen Sklavenhaltern bestand darin, dass dem Islam beitretende Afrikaner*innen keine Sklav*innen (mehr) sein konnten, dem Christentum beitretende Sklav*innen dagegen schon. Daraus erklärt sich jedenfalls teilweise die frühe Islamisierung des Sahel. In der arabischen Sprache werden dunkelhäutige Menschen als *abd* bezeichnet, das identisch mit dem Wort für Sklave ist.

Für die »Enteignung« durch das Verbot der Sklaverei zahlten die beiden Kolonialmächte Frankreich und Großbritannien den Sklavenhaltern sogar Entschädigung (Piketty 2020: 270ff.). Die ihrer Menschenrechte beraubten Sklaven wurden dagegen nicht entschädigt. Dies bedeutet, dass selbst das Verbot der Sklavenhaltung aus Sicht der Kolonialmächte noch den Menschen als Vermögensbestandteil betrachtete. Der nach einem erfolgreichen Sklavenaufstand 1804 gebildete Staat Haiti musste für den Verlust der Plantagenbesitzer das Dreifache seines Nationaleinkommens bezahlen (ebd.: 281ff). In den USA wurde der Vermögenswert der Sklaven 1860 auf 250% des Nationaleinkommens der Südstaaten und etwa 100% des Nationaleinkommens des gesamten Landes geschätzt (ebd.: 304). Nicht zuletzt deshalb konnte der Konflikt über die Sklavenhaltung in den USA nicht wirtschaftlich, sondern nur mit dem Bürgerkrieg der 1860er-Jahre beendet werden. Bis heute trauern rassistische Teile der nördlichen Hemisphäre der Niederlage der US-Südstaaten nach, niedergelegt zum Beispiel im seit 1971 außerordentlich populären Country-Song *The night they drove Old Dixie down* von Joan Baez, der das Schicksal des Soldaten Caine in der Armee des Südstaaten-Generals Robert E. Lee beschreibt. Eine ähnlich populäre Antwort (zum Beispiel des Südstaaten-Blues) steht bis heute aus. Aretha Franklin hat es mit *Respect* während der Tamla-Motown-Ära versucht, während der die Welt der populären Musik von Detroit aus bestimmt wurde.

Ohne Landnahme und Sklaverei auf anderen Kontinenten hätte der Kapitalismus in Europa nicht entstehen können (Beckert: 2019: 100ff.). Karl Marx und der Textilfabrikant Friedrich Engels haben diesen Prozess der frühen Globalisierung im Manifest der Kommunistischen Partei wie folgt beschrieben: »Die Bourgeoisie hat durch ihre Exploitation des Weltmarkts die Produktion und Konsumtion aller Länder kosmopolitisch gestaltet. Die uralten nationalen Industrien ... werden verdrängt ... durch Industrien, die nicht mehr einheimische Rohstoffe, sondern den entlegensten Zonen angehörige Rohstoffe verarbeiten und deren Fabrikate nicht nur im Lande selbst, sondern in allen Weltteilen zugleich verbraucht werden.« (Marx/Engels 1848/1956: 466)

Afrika ist wie Lateinamerika die Ressourcenquelle der Erde geblieben. Teile des Kontinents sind reich, ohne dass dieser Reichtum bei seinen Völkern angekommen wäre. Afrika ist rückständig, hat nie eine »Industrielle Revolution« erlebt, die in Europa, Nordamerika, Teilen Lateinamerikas und Ostasiens den Widerstand von Lohnarbeitern provozierte, eine streikbereite Arbeiterklasse hervorrief und im relativen Wohlstand von Völkern endete.

Afrika wurde zu Beginn seiner Unabhängigkeit wesentlich von in Europa gebildeten Liberalen und Sozialisten vorangetrieben. Der demokratische Sozialismus erschien vielen seiner führenden Denker als der »Dritte Weg« zwischen Kommunismus (dem traditionell-afrikanischen lokalen Kommunitarismus folgend) und Kapitalismus, angeführt vom jugoslawischen Widerstandskämpfer Josip Broz Tito. Diese völkerverbindende Perspektive aus dem Südslawien der kleinteiligen Kulturen zerfiel wie Titos Idee nach dessen Tod in Nationalismus, Terror und Völkermord.

Nordwesteuropa wurde in den 1990er-Jahren zum Fluchtziel Hunderttausender Ex-Jugoslawen, in den 2010er-Jahren zum Ziel Hunderttausender Flüchtlinge aus dem Nahen und Mittleren Osten und aus Afrika, soweit sie die nördlichen Gestade des Mittelmeers erreichen konnten (siehe dazu Teil 3). Zufall oder Regel? Der »Dritte Weg« Titos ist so gut wie vergessen, der Kapitalismus hat aus vielen Gründen, nicht zuletzt wegen seines Appells an den Eigennutz, in der apologetischen Form des »Globalismus« durch seinen behaupteten Determinismus gesiegt.

Hat er das? In den Altindustrieländern macht sich Unruhe über fehlende Gerechtigkeit bei der Verteilung von Einkommen und Vermögen breit. In Berlin, Portland, New York, San Francisco und Seoul werden die Exzesse eines wilden Immobilienmarkts hinterfragt, der Durchschnittsverdiener*innen das Dach über dem Kopf wegreißt, weil er gierig nach hochprozentigen Anlagemöglichkeiten sucht. Über Nordwesteuropa hängt die Angst – weniger vor der Gegenwart als vielmehr vor einer Zukunft, deren globalisierter Arbeitsmarkt die überwunden geglaubte Existenz individualisierter Lohnsklaven einfordert (Digitalsklaven). In den USA bewegt sich eine der beiden großen Parteien angesichts der Hoffnungslosigkeit im »Rust Belt«, im »Black Belt« und in den Appalachen auf Positionen zu, die dem Land der Illusion zu Millionären gewordener Tellerwäscher bisher nicht zugetraut werden.

Dass ein Absturz zum Tellerwäscher nicht stattfinden wird, versprechen in der nördlichen Hemisphäre Nationalisten mit scheinsozialistischen, innenpolitischen Programmen den entlassenen Industriearbeitern. Sie machen sich die potenzielle Konkurrenz von Einwanderern für auf unterste Lohnklassen geschobene »einheimische« Arbeiter*innen zunutze, die trotz aller Beteuerungen einer liberalen, sich weltoffen gebenden Elite tatsächlich besteht, und sich über den Siegeszug der Digitalisierung auf die mittleren Lohnklassen ausbreiten wird. Diese Nationalisten nehmen ungeniert kriegstreibende und rassistische Argumente einer Zeit auf, die den mehr oder weniger liberalen Demokratien der nördlichen Hemisphäre entschwunden schien. Die Bergarbeiter in West Virginia sind Donald Trump tatsächlich dankbar für seinen vermeintlichen Einsatz zugunsten von verbliebenen Kohleminen. Bergarbeiter in der Lausitz wählen rechtsradikal, weil sie Unsicherheit spüren, Angst haben und den Versprechen neuer Arbeitsplätze zu Recht misstrauen.

Den Völkern der Welt wird heute noch vorgespiegelt, sie müssten nur durch »dunkle Tunnel gehen, um Licht erblicken zu können«. Eben dies wird in der »Zweiten Industriellen Revolution« durch die Digitalisierung gesammelten Jahrhundertwissens inzwischen auch wieder den Völkern von »Hochlohnländern« mit Hinweis auf die interkontinentale Beweglichkeit des Kapitals angeboten, mit der sie nicht gleichziehen können, es sei denn, sie wollten ebenso vagabundierende »Migranten« und Wanderarbeiter*innen werden. Damit werden Programme zur Erhöhung von Abgaben- und Steuerlasten der Lohnarbeiter ebenso begründet wie die Ermäßigung von schon niedrigen Steuern für Unternehmen: Der in seiner Heimat verwurzelte Lohnarbeiter ist erpressbarer als das weltweit vagabundierende Kapital. Es sei denn, der Lohnarbeiter wandelt sich ebenfalls zum »Flüchtling«, dem es nicht um Steuerlasten, sondern um die Sicherung der puren Existenz geht. Auf diese globalisierte Gemeinsamkeit der »subalternen Menschheit« weist der kamerunische Philosoph Achille Mbembé hin, der heute an der Universität Witwatersrand in Südafrika lehrt (Mbembé 2017).

Mittelfristig, im Verlauf der 2020er-Jahre, könnte die Abkoppelung der Finanz- von den Realmärkten, der enorme Aufbau von Schuldenbergen (derzeit etwa 325% der globalen Bruttowertschöpfung) und die damit verbundene Ungleichverteilung von Vermögen zu erheblichen Disruptionen führen, wie sie sich ansatzweise in Südamerika und Frankreich bereits zeigen. Selbst Vertreter der Finanzwirtschaft geben diese Entwicklung inzwischen zu: »Die Besonderheit der aktuellen Situation liegt aber darin, dass die langanhaltende Versorgung mit Überliquidität vor allem in Europa zu strukturellen Verwerfungen geführt hat, die nicht mehr durch eine Normalisierung der Geldpolitik aufgelöst werden können, sondern nur durch drastische staatliche Eingriffe in unser Wirtschaftssystem. Die Niedrigzinsphase wird sich somit als Prolog tiefgreifenderer systematischer Änderungen herausstellen.« (Felsenheimer 2020). Der Executive eines Finanzkonzerns grüßt Marx und Hilferding. Dies bisher nicht zu erkennen, ist das Versagen der europäischen Sozialdemokratie, obwohl ihr der französische Ökonom Thomas Piketty fortlaufend Steilvorlagen liefert.

Der geografische Nachbarkontinent Afrikas, Europa, einst der größte Profiteur der Rohstoffe des »Schwarzen Kontinents«, sieht in seinen früheren Kolonien heute eine Bedrohung. Denn Afrika schiebt seine arbeits- und hoffnungslose, rasant wachsende Bevölkerung wie Europa vor 150 Jahren auf einen anderen Kontinent ab. Die Gründe für diese Völkerwanderung sind dieselben: Feudalistische und korrupte Regimes in den Herkunftsländern, die den Überlebenskampf und Freiheitsgeist ihrer Völker brutal unterdrücken, ihrer wachsenden Bevölkerung nur Arbeitslosigkeit, Lohnsklaventum und Gefängnisse anzubieten haben, während sich die herrschende Klasse ihre Taschen vollstopft: In Europa noch »von Gottes Gnaden«, in Afrika »von Kalaschnikows Gnaden«.

Der Unterschied besteht darin, dass die Fluchtziele der Europäer im 19. Jahrhundert nur spärlich besiedelt und wehrlos waren. Europa ist dagegen dicht besiedelt, seine Südgrenze dehnt es von der Nordküste des Mittelmeers – des Meers mittig zwischen Europa und Afrika – auf die lebensfeindliche Sahara-Wüste und den südlich davon liegenden Sahel aus. Besieht man sich den Nachbarkontinent Afrikas, Eurasien, allerdings näher, dann sind seine nördlichen Gefilde zwar nicht wehrlos, aber ebenso spärlich besiedelt. Der Klimawandel macht ihre Eiswüsten zu Lebensräumen der Zukunft.

Zurück zum afrikanischen »Dritten Weg«: Die in Europa gebildeten Liberalen und Sozialisten Afrikas haben zwar versucht, wahlweise den Freizeitswillen der Stämme oder den lokalen Kommunalismus des Kontinents zu einer staatstragenden Kraft auszubilden. Sie sind jedoch deshalb daran gescheitert, weil sie ihre Grundhaltung von oben befördern wollten, oder – wie zum Beispiel in Burkina Faso oder im Belgisch-Kongo – von Intriganten im Auftrag früherer Kolonialmächte daran gehindert wurden, die »Stabilität« mit Diktaturen identifizieren wie die USA zuvor in Mittelamerika. Vielleicht waren die in Europa gebildeten Sozialisten Afrikas aber auch nur »Bourgeois-Sozialisten«, wie sie Marx und Engels im »Kommunistischen Manifest« (Teil III Punkt 2) kritisierten. Jedenfalls gab es in Afrika kein Proletariat, das sie mobilisieren und organisieren konnten, sondern im Wesentlichen Subsistenz-Bauern und städtische Tagelöhner.

In diesem Buch beschreibe ich die Sozial- und Wirtschaftsgeschichte, die heute tragenden politischen Strukturen und die Entwicklung Sub-Sahara-Afrikas seit seiner Entlassung aus dem europäischen Imperialismus. Es setzt dort an, wo fast alle Erlebnisberichte westlicher Korrespondenten über Afrika enden: An den Fakten, die sich aus langfristigen Datenreihen ergeben, aber nicht kritiklos übernommen werden. Sowohl in »Liebeserklärungen« an den Kontinent als auch in skeptischen Betrachtungen fehlt es in vielen Afrika-Büchern oft an einer solchen Grundierung.

Der Ansatz dieses Buchs ist ein völlig anderer als jener des senegalesischen Ökonomen Felwine Sarr, der sich bei seiner Projektion der Zukunft Afrikas (»Afrotopia«) auf dessen soziale und kulturelle Eigenheiten bezieht, aber seinen Anspruch, afrikanische Lösungen zu bieten, nicht erfüllen kann, weil er selbst in den europäischen Wurzeln seiner Ausbildung gefangen bleibt, und eine wesentliche Last der (nach)kolonialen Geschichte Afrikas, die Bildung künstlicher Nationen, nicht anspricht (Sarr 2019). Felwine Sarr wendet sich gegen die datenbasierte Analyse afrikanischer Entwicklungen und Zustände und kommt fast folgerichtig zum Schluss, dass Afrika vor allem eines brauche: eine kulturelle Revolution. Eine ähnliche Richtung nehmen die von ihm und Achille Mbembé seit drei Jahren veranstalteten »Ateliers de la pensée« in Dakar, eine Zusammenkunft afrikanischer Philosophen und Künstler.

Sarrs Schlussfolgerung ist angesichts unbestreitbarer Fakten bizarr, findet im gesättigten Teil der nördlichen Hemisphäre einschließlich ihrer etablierten afrikanischen Disaspora aber vielleicht deshalb Zuspruch, weil sich Sattheit gerne in kulturellen und mythischen Sphären verliert und der Kulturbegriff für alles Mögliche in Anspruch genommen werden kann. Sie trägt sowohl Ähnlichkeiten als auch Widersprüche mit dem *Coupé Décalé* in sich, dem neuesten Pop-Hype im urbanen Westafrika. Der *Coupé Décalé* entstand während des Bürgerkriegs in der Côte d'Ivoire Anfang des 21. Jahrhunderts unter der westafrikanischen Exilgemeinde in Paris. In dortigen Clubs tanzten junge Exilant*innen, die wie auch immer wohlhabend geworden waren, extravagant gekleidet, mit Zigarren und Champagner »gegen den Bürgerkrieg in der Heimat an«.

An den Bürgerkriegen entlang der früheren Goldküste änderte dies nichts. Den Sprung von Paris nach Abidjan schaffte diese dekadente, den Luxus der Kolonialisten und Neokolonialisten nachäffende Mode über die Remittances, die Überweisungen der sich »La Jet Set« nennenden Szene in die Heimat (siehe dazu den Kasten auf S. 29). Dort befördern sie nicht nur die wirtschaftliche Existenz einiger Glücklicher, sondern auch eine urbane Trance, die temporär über die Härte des Alltags hinweghelfen soll. Widersprüchlich verhält sich »La Jet Set« zur Beschwörung afrikanischer Mystik und Mythen deshalb, weil er sich – wie sarkastisch auch immer – mit dem Exaltieren der Haltung von Ausbeuter- und Sklavenhaltergesellschaften begnügt, und damit zu »Wurzeln des eigenen Seins« nicht vorzudringen vermag, mit denen sich einige frühere Philosophen und Staatsmänner Afrikas auseinanderzusetzen versuchten, an denen sich Achille Mbembé noch heute abarbeitet, ansetzend an der »Entmenschlichung« der Afrikaner*innen während der Kolonialzeit.

Solche Überlegungen dürften der Mehrheit der sehr jungen Bevölkerung Afrikas heute fremd sein. Sie leidet unter der Perspektivlosigkeit in ausgebeuteten, von Afrikaner*innen administrierten Ländern. Angesichts weitverbreiteter extremer Armut und Gewalt im sich urbanisierenden Afrika und angesichts exponentialen Bevölkerungswachstums benötigt der Kontinent vor allem eine materielle Revolution, die auch eine politische ist. Der kulturelle Anteil daran ist die Ausbildung von Zivilgesellschaften, nicht die Rückbesinnung auf vorkoloniale Webmuster oder das Nachäffen der Dekadenz europäischer Eliten. Dass materielle Revolutionen bisher ausblieben oder nur kurz Bestand hatten,

Abb. 1: UN-Bevölkerungsprognose 2019-2100
(in Mio. Einwohner*innen, ausgewählte Weltregionen)

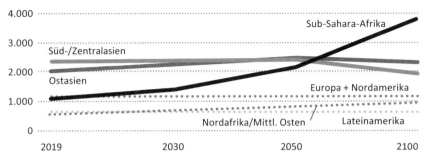

Quellen: Weltbank und UN Department of Economic and Social Affairs (UNDEP) 2019.

Bereits zwischen 2007 und 2018 war der Anteil Sub-Sahara-Afrikas an der Weltbevölkerung von 12,12% auf 14,13% gestiegen, jener Südasiens von 23,50% auf 23,87%. Die Anteile anderer Weltregionen gingen zurück: Ostasien von 32,39% auf 30,81%, die OECD-Länder (zu denen Japan und Südkorea gehören) von 18,22% auf 17,26%, Lateinamerika von 8,54% auf 8,45%.

ist ein koloniales Erbe vor allem Sub-Sahara-Afrikas: Die europäischen Kolonien konnten an den Revolutionen in den Ländern ihrer Kolonialherren eben deshalb nicht teilnehmen, weil sie Kolonien waren, deren Menschen nicht als gleichwertig betrachtet wurden.

Im Angesicht einer Vervierfachung der Bevölkerung des Kontinents innerhalb der nächsten 80 Jahre stellt sich erstmals die Frage, ob der in Teilen dünn, in anderen Teilen außerordentlich dicht besiedelte Kontinent dafür tragfähig genug sein kann.

Die Antwort auf die aufgeworfene Frage ist wie im Europa des 19. Jahrhunderts: Nein, schon gleich gar nicht in seiner derzeitigen Unorganisiertheit, die vieles vom Europa des 18. Jahrhunderts in sich trägt. Welche Konsequenzen daraus für Eurafrika zu ziehen sind, beschreibe ich in diesem Buch.

Ein Wort vorweg zur besonders von langjährigen Afrika-Korrespondenten gewälzten Frage, ob »Europäer*innen über Afrika schreiben dürfen« (z.B. Grill 2003: 33ff.). Liest man die Bücher Nkrumahs oder die Reden Sankaras, dann »dürfen« sie es schon deshalb, weil die Gedankenwelten führender Afrikaner*innen von europäischen Ideen beherrscht waren und sind. Liest man den Afroamerikaner Keith Richburg, dann sollte man die Finger von diesem Kontinent lassen (was in aller Inkonsequenz auch Barack Obama riet). Sieht man sich afrikanische Lösungen zum Beispiel zur Herausbildung einer eigenen industriellen Grundlage an, dann trifft man neben Brauereien und kleinen Manufakturen unter anderem auf das Stahlwerk von Ajaokuta: Es wurde für 20 Öldollar-milliarden in Nigeria errichtet und hat bis heute kein Kilogramm Stahl erzeugt.

Die US-Dollar-Milliarden kamen bei Anlagenbauunternehmen der nördlichen Hemisphäre (darunter dem deutschen Baukonzern Julius Berger) an, auch bei ihren korrupten afrikanischen Satrapen. Bei den Völkern Nigerias kam nichts an. Politisch und wirtschaftlich führende Afrikaner*innen bieten ihren Völkern seit Jahrzehnten nur wenig, in vielen Fällen rein gar nichts außer repressiver Gewalt, Entzug von Volksvermögen zugunsten ausländischer Konzerne und der eigenen Taschen. Und Perspektivlosigkeit. Grundlegend andere Entwicklungsideen als jene der nördlichen Hemisphäre hatten sie – mit Ausnahme von Julius Nyerere – bisher nicht. Nyereres Idee ist im Neoliberalismus seiner evangelikalen Nachfolger untergegangen. Über Afrika können auch Europäer*innen schreiben, sofern sie sich auf Afrika einzulassen gewillt sind.

Es ging und geht seit Jahrzehnten nicht allein um Afrika, es geht um Eurafrika, wie es im 19. Jahrhundert um Euro-Amerika ging. Auf westeuropäischen Straßen kann man diese Verbindung seit der letzten Jahrhundertwende deutlich sehen: Eurafrika dürfte so unvermeidlich sein wie jede Völkerwanderung in der Geschichte der Menschheit. Es fragt sich nur, ob sich diese Geschichte mehr oder weniger geordnet, human, wirtschaftlich tragfähig entwickeln wird – oder nicht.

Dieses Buch ist ein Versuch, der Schnappatmigkeit europäischer Afrika-Politik nicht mit Erzählungen, sondern mit Fakten zu begegnen. Ein Wort vorweg deshalb auch zu den folgenden Fakten: Unbestreitbar ist, dass die Wirtschaftsstatistik den in Afrika und Asien großen »informellen Sektor« – vom Straßenhändler, dem Subsistenzbauern, dem Drogenhändler bis zum nicht-registrierten Geldverleiher – nicht erfasst. In der Abbildung 2 ist eine Zeitreihe über »unsichere Beschäftigung« der Internationalen Arbeitsorganisation (ILO) dargestellt, die als Proxy für den informellen Sektor dienen kann. Die dargestellten Werte beinhalten allerdings auch »unsichere Beschäftigung« im formellen Sektor, zum Beispiel Tagelöhner*innen. Die Abbildung zeigt, dass »unsichere Beschäftigung« in den drei Weltregionen Ostasien, Südasien und Sub-Sahara-Afrika sehr weitverbreitet ist oder dominiert. In Nordafrika und Lateinamerika bewegt sie sich zum Vergleich um ein Viertel bis ein Drittel der Arbeitsplätze, in der Europäischen Union bei 11-14%, in Nordamerika bei der Hälfte der EU-Werte. Am stärksten fiel der Anteil »unsicherer Beschäftigung« in Ostasien (minus ein Drittel), in Südasien (-10%) und in Sub-Sahara-Afrika dagegen nur um 5%.

Allgemein gilt, dass die informelle Wirtschaft desto größer ist, je schwächer die Staaten sind, und je mehr die dort Beschäftigten den Staat nur als Kostenfaktor ansehen, der ohne Gegenleistung Steuern erhebt und als unsinnig empfundene Regularien erlässt (Benjamin u.a. 2014). Es ist jedoch keineswegs so,

Abb. 2: Unsichere Beschäftigung nach Weltregionen
(in % der Gesamtbeschäftigung) 1991-2019

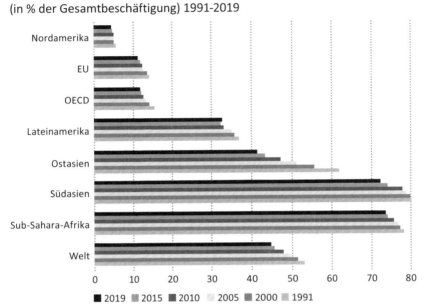

Quelle: Weltbank nach ILOSTAT 2019; Anteile bezogen auf alle Arbeitsplätze
ohne Landwirtschaft.

dass die informelle Wirtschaft keine Steuern und Abgaben entrichten würde.
Vielmehr ist es so, dass sie dies wahrscheinlich in überdurchschnittlichem Maß
tun muss – in Form von Schmiergeldern für Staatsbedienstete, die den öffentlichen Raum und daran angrenzende Flächen kontrollieren. Solche Schmier-
gelder werden selbstredend ebenfalls nicht erfasst, soweit sie nicht indirekt
die Nachfrage auf legalen Märkten steigern. Ähnliches gilt für Schutzgelder-
presser und Drogenbarone andernorts. Die Wirtschaftsstatistik kennt keine
»gute« oder »böse« Wertschöpfung. Wie der Volksmund sagt: »Geld stinkt
nicht«. Weder im Dickicht lokaler Korruption noch im globalisierten Finanzkapitalismus mit seinen Steueroasen und Geldwaschanlagen.

Unter Einbeziehung der informellen Wirtschaft dürfte die Bruttowertschöpfung Afrikas (und Südasiens) etwa 50% höher sein als in den Berechnungen
der Weltbank angegeben, die nachfolgend zitiert werden. Indiens Angaben zur
Bruttowertschöpfung und ihrer Entwicklung werden seit Jahren bezweifelt,
vielleicht zu Unrecht. Unbestreitbar ist, dass die internen Wirtschaftskreisläufe
der »informellen Ökonomie« soziale und wirtschaftliche Strukturen zwar sta-
bilisieren, ihre Kraft im Verhältnis zu anderen Kontinenten und Ländern jedoch

kaum verändern. Angesichts des exponentialen Bevölkerungswachstums Afrikas wäre eine solche Kraft erforderlich. Sie ist bisher nicht in Sicht. Im dritten Teil dieses Buches stelle ich mögliche Krafträume vor. Sie werden sicher auf vielseitigen Widerspruch stoßen, fordern jedoch zur Diskussion tragfähiger Alternativen auf, sofern es sie geben sollte.

Bevor wir im folgenden Kapitel die postkoloniale Geschichte Sub-Sahara-Afrikas betrachten, bedarf es einer komprimierten Darstellung des Kolonialzeitalters, ohne die das Verständnis des heutigen Afrika wohl fundamentlos bliebe. Dafür wähle ich den Vor- und Nachlauf der »Berliner Westafrika-Konferenz« 1884/85, die üblicherweise als das wesentliche Datum für die Aufteilung des afrikanischen Kontinents durch den europäischen Imperialismus gilt. Dabei stütze ich mich wesentlich auf die Darstellung von Thomas Pakenham, dessen Werk »The Scramble for Africa« (1991) im englischsprachigen Raum als das kompetenteste seiner Art gilt. Viele Erkenntnisse daraus berichtigen pauschale Einschätzungen über das eurafrikanische Verhältnis und seine Folgewirkungen. Im zweiten Teil dieses Buches gehe ich dann auf die spezifische Geschichte der heutigen »Demokratischen Republik Kongo« (DRC) ein.

2. Die »Berliner Westafrika-Konferenz« 1884/85

Wie die Araber seit mehr als einem Jahrtausend und die Portugiesen seit dem 15. Jahrhundert waren die Briten und Franzosen bis etwa 1880 an Afrika nur als Handelsplatz interessiert, an dem sich vorteilhaft Elfenbein, Naturgummi, Palmöl und zunehmend Sklaven gegen europäischen Tand und Waffen tauschen ließen. Sowohl im britischen als auch im französischen Außenministerium gab es kaum Freunde staatlicher Intervention südlich der Sahara. Die west- und zentralafrikanischen Küstenregionen galten als »pestilent«, wertlos und voll feindlich gestimmter Stämme (Pakenham 1991: 188f.). Erst am mittleren Niger traf man auf geordnete Kleinstaaten, die in ihrer islamischen Verfasstheit Handelsverträge einzuhalten pflegten.

Der italofranzösische Entdecker Pierre Savorgnon de Brazza konnte aufgrund seines eher fairen Umgangs mit Afrikanern auf seiner Expedition von den Küsten Gabuns zum mittleren Kongo mit dem dort residierenden König Maloko einen Vertrag aushandeln, der den Briten als gefährlicher Anschlag auf ihre Freihandelsstrategie mit afrikanischen Kleinreichen erschien. Die Briten verdächtigten Frankreich, in neuen »Besitzungen« mithilfe von Monopolen und hohen Zöllen den Freihandel zu hintertreiben, obwohl die treibenden wirtschaftlichen Elemente in London und Manchester ihrerseits Monopole errichten wollten.

Die britische Regierung unter Premier Gladstone hielt die Verwendung staatlicher Mittel für militärische Einsätze in Afrika für unangebracht und schmetterte wiederholte Forderungen insbesondere der *National Africa Company* zur Bildung von Protektoraten ab. Protektorate waren die für den Staatshaushalt »billige« Variante der Kolonisierung, weil sie die »beschützten« Regionen rechtlich als Ausland einordneten, in dem nur wenige Konsule besoldet werden mussten, deren Aufgabe es war, britische Handelsinteressen durchzusetzen. Es blieb den Handelsunternehmen selbst überlassen, als »Charter Companies« im Auftrag der Krone quasi-staatliche Strukturen aufzubauen. Bekanntestes Beispiel dafür ist die *East-India Company*, die auf dem indischen Subkontinent große Privatarmeen zur Durchsetzung ihrer Interessen unterhielt, die auch in den »Opiumkriegen« gegen das Kaiserreich China eingesetzt wurden. Auf ähnliches Granit stießen französische Handelsunternehmen beim Außenministerium am Quai d'Orsay, wo Afrika im Unterschied zum ertragreichen Indochina als ein Grab für Steuergroschen galt.

Anders verhielt es sich in Ägypten, das wie Indien wesentlich für das britische Baumwoll-Imperium war, sich für Infrastrukturprojekte bei britischen und französischen Gläubigern hoch verschuldete, und in der Folge nicht von seinem Herrscher von osmanischen Gnaden, dem Khedive, regiert wurde, sondern von einem britischen Staatskommissar für Finanzen. Algerien wurde von Frankreich als eigenes Departement behandelt, der *Bey von Tunis* wurde zum Handlanger unter dem Vorwand eines Berber-Aufstands einrückender französischer Truppen degradiert. Ebenfalls anders sah es im südlichen Zipfel Afrikas aus, wo britische und niederländische Siedler weit ins Landesinnere vorgedrungen waren und sich begrenzte Kriege untereinander und gegen die Zulu lieferten. Die Schlacht von Islandlwana verloren die Briten am 22.1.1879 gegen eine strategisch gut aufgestellte Zuluarmee, die Schlacht von Majuba am 27.2.1881 gegen eine schlecht bewaffnete Buren-Miliz. Dass die Briten am Kap der Guten Hoffnung dennoch siegten, ist wesentlich auf die faktische Insolvenz der Buren-Republiken Transvaal und Oranje-Freistaat zurückzuführen.

Als im Transvaal auf den Feldern des Bauern de Beers im Jahr 1867 zufällig einige Diamanten gefunden wurden, wurde dieses Stück Land geschwind durch Abenteurer wie Cecil Rhodes der britisch dominierten Kap-Provinz zugeordnet, indem dem burischen Bauern de Beers eine unbedeutende Summe für sein Land bezahlt wurde. Es war der Beginn des Raubzugs auf afrikanische Bodenschätze. Über Jahrzehnte dankte Britannien seinem finsteren und geldgierigen Abenteurer, indem es ostafrikanische Regionen (»Süd- und Nord-Rhodesien«) nach ihm benannte. »Süd-Rhodesien« wurde später als »Simbabwe« eine der übelsten Diktaturen Sub-Sahara-Afrikas, die von der »Kornkammer Afrikas« zum Lebensmittelimporteur heruntergewirtschaftet wurde, und heute von einem Präsidenten regiert wird, der im Volksmund »Das Krokodil« genannt wird.

Nördlich Südafrikas war das Innere des Kontinents bis in die 1880er-Jahre den Europäern weitgehend unbekannt. Sie begnügten sich mit dem Handel mit Afrikanern an wenigen Häfen der »Goldküste« (auch als »Sklavenküste« bekannt) und auf Sansibar, dessen Sklavenmarkt seit Jahrhunderten der ertragreichste Handelsplatz Afrikas war. Wichtigste Anbieter waren Tibbu Tip aus dem Kongobecken und kriegerische Stämme, die in Zentralafrika als »Suaheli« bezeichnet wurden, in Westafrika das Malinke-Reich des Samori an der »Goldküste« und im Sudan islamische Fürsten, die in den 1880er-Jahren Teil des (zunächst erfolgreichen) jihadistischen Mahdi-Aufstands gegen Großbritannien wurden. Ihren Menschenhandel befeuerte die stark steigende Nachfrage des »Transatlantischen Dreieckshandels«, er hatte jedoch eine lange Vorgeschichte. Insofern ist es falsch, den Sklavenhandel allein der nördlichen Hemisphäre anzulasten, zumal sich gerade dort die ersten entschiedenen und letztendlich erfolgreichen Initiativen gegen dieses Verbrechen formierten und durchsetzten. Im weiteren Verlauf dieses Buchs komme ich am Beispiel Sahel auf die Haltung der islamischen Welt dazu zu sprechen.

In Europa gab es nur einen Monarchen, der sich in den 1880er-Jahren für das Innere Afrikas begeistern konnte: Leopold II. von Belgien, ein Spross des eher armen und unbedeutenden deutschen Hauses Coburg. Weil auch seine Regierung afrikanische Abenteuer für »lächerliche Geldverschwendung« hielt, finanzierte er aus eigenen Mitteln eine zweite Erkundung des Kongo-Flusses durch den rassistischen Angloamerikaner Henry Morton Stanley im Wettlauf mit dem vom französischen Gabun aus vorstoßenden de Brazza. Vor der Berliner Westafrika-Konferenz machte sich Leopold II., dessen Land in der Berliner Wilhelmstraße gar nicht mit am Tisch saß, den Kampf Frankreichs und Großbritanniens rund um den Golf von Guinea zunutze, indem er die USA für seine Idee eines christlich-humanitäre Werte durchsetzenden Kongo-Freistaats gewann und Bismarck zum »Schiedsrichter« über britische, französische und portugiesische Interessen an den Küsten Westafrikas zwischen Senegal im Norden und dem portugiesisch okkupierten Angola im Süden machte.

Nur wenige Monate vor der Konferenz überraschte das Deutsche Reich, das zuvor jedes Engagement in Afrika in Abrede stellte, durch eine Expedition des Afrika-Forschers Gustav Nachtigal auf dem Kanonenboot *Möwe*, deren Zweck es war, die westafrikanischen Regionen Togo und Kamerun in Beschlag zu nehmen. Wenig später folgte die »Beschlagnahme« von »Angra Pequena« (»Deutsch-Südwestafrika«) durch das Kanonenboot *Wolf*. Alle drei Territorien lagen im afrikanischen Einflussfeld Großbritanniens, womit sich der deutsche Verhandlungsführer Otto von Bismarck das Vertrauen Frankreichs zu erkaufen hoffte, das sich in Afrika hauptsächlich mit Britannien konfrontiert sah. Bismarck wollte Frankreich nach dessen Niederlage gegen Preußen 1870 die Hand zu einer »Entente« reichen, ohne die »britische Karte« zu verlieren.

Frankreich drohte, die Berliner Westafrika-Konferenz zu verlassen, wenn ihm nicht die Gebiete nördlich des Kongo-Flusses zugesprochen werden sollten, was dann mit der Bildung von *Afrique Equatorial Française* auch geschah. Bis heute trägt die frühere französiche Kongo-Kolonie den Namen des »Entdeckers« de Brazza. Für den Unterlauf des Kongo-Flusses wurde das ein Jahr vor der »Berliner Westafrika-Konferenz« zwischen Großbritannien und Portugal getroffene Abkommen annulliert, das die Küste zwischen Gabun und Angola im Sinne des portugiesischen Macht- und des englischen Freihandelsanspruchs aufteilen sollte. Portugal erhielt die nördlich des Kongo-Flusses liegende Enklave Cabinda, die ein Jahrhundert später aufgrund von Ölfunden vor der Küste Grundlage des sagenhaften Reichtums des angolischen Kleptokraten-Clans dos Santos werden sollte.

Leopold II. war ein wesentlicher Gewinner der »Berliner Westafrika-Konferenz«: Die beiden großen Kolonialmächte Großbritannien und Frankreich erhielten wie erwartet ihre Vorherrschaft über die Handelsräume am Unterlauf der zwei großen Flüsse, die an der Westküste Afrikas in den Atlantik fließen, dem Niger (britisch) und dem Kongo (teilweise französisch). Insofern war die »Berliner Westafrika-Konferenz« ein merkantilistisches Geschachere um Wasserstraßen.

Dem Deutschen Reich fielen seine kurz vor der Konferenz reklamierten afrikanischen »Besitzungen« auf die Füße: Bismarck hatte sich gedacht, Togo, Kamerun und Südwest für die Staatskasse unschädlich als Protektorate an »Charter Companies« nach englischem Vorbild übergeben zu können. Dafür boten sich ein bremischer Tabakhändler namens Lüderitz und ein respektables hamburgisches Handelshaus namens Woermann an, die nachdrücklich für deutsche Kolonien in Afrika geworben hatten. Nach der Berliner Westafrika-Konferenz erklärten sich beide Händler nicht in der Lage, die Kosten deutscher Protektorate in Afrika zu tragen. Sie verwiesen auf den Staatshaushalt.

So entstand für wenige Jahrzehnte ein »Platz an der Sonne«, der dem Deutschen Reich einen Völkermord an dem Volk der Herero und ein mächtiges Defizit in den Staatskassen einbrachte. Im Nachhinein erscheint es wie eine Gnade, dass Deutschland nach seiner Niederlage im Ersten Weltkrieg alle »Kolonien« an die Siegermächte, im Fall von »Deutsch-Südwest« an den neu gegründeten Völkerbund abgeben musste, der diese Verantwortung seinerseits an Südafrika abgab.

Einen Tag nach dem Ende der »Berliner Westafrika-Konferenz« erreichte den britischen Premier Gladstone ein Telegramm aus Kairo: Die Jihad-Armee des sudanesischen Mahdi hatte Khartum eingenommen. Britanniens informelle Herrschaft über Ägypten, das rechtlich immer noch Teil des Osmanischen Reichs, wirtschaftlich aber Teil des Empire war, geriet in Gefahr. Selbst der kolonialen Abenteuern abholde Gladstone konnte nicht anders, als eine massive Konterattacke auf die sudanesischen Jihadisten zu unterstützen. Die Konterattacke ging in Meldungen über den ersten Afghanistan-Krieg der Ge-

schichte unter, die sich zwar umgehend als Falsch-Nachricht erwiesen, aber
britische Truppen in Indien banden, die für einen Kreuzzug gegen den Mahdi
des Sudan erforderlich gewesen wären.

1898 rächte sich Großbritannien an den jihadistischen Eroberern Khartums
in der Schlacht von Omdourman, in der erstmals Maschinengewehre eingesetzt und damit entschlossene Gegner ohne eigene Verluste zu Zehntausenden niedergemetzelt wurden. Die englische Kolonialarmee kümmerte sich
nicht um verletzte gegnerische Soldaten, die im Wüstensand elend verreck-
ten (die gegnerische Seite brachte ihrerseits verletzte englische Soldaten einfach um). Sie schwelgte im letztendlichen Triumph ihrer Zivilisation über den
Jihad nach der Niederlage von Khartum, ohne an die Folgen zu denken. Wenn
man so will, war dies nach den Kreuzzügen des Mittelalters und der Niederlassung Portugals an afrikanischen Küsten unter dem Kreuz des Heiligen St.
Georg (São Jorge) die Wiederaufnahme des »Kampfs der Kulturen«, jedenfalls
der monotheistischen Teile davon.

Die »Berliner Westafrika-Konferenz« verhandelte nicht die Aufteilung Sub-
Sahara-Afrikas in Kolonien, sondern widmete sich merkantilistischen Interessen entlang der beiden großen Flüsse Afrikas, die in den Atlantik münden.
Einzig Leopold II. hatte Interesse am Binnenland Afrikas und setzte dieses
Interesse angesichts des Desinteresses der anderen europäischen Kolonialmächte durch. Daraus wurde die größte Katastrophe des afrikanischen Kontinents, letztendlich auch der »Große zentralafrikanische Krieg«, der 100 Jahre
später mindestens vier Millionen Tote forderte.

Daran allein dem europäischen Kolonialismus die Schuld zu geben, wäre jedoch falsch. Diesen Krieg führten selbständige afrikanische Nachbarländer unter sich selbst auch dann, wenn sie unter dem Einfluss international agierender
Rohstoffkonzerne gestanden haben mochten. Afrika war vor seiner im Inneren des Kontinents etwa 80 Jahre spürbaren Kolonisierung jahrhundertelang
ein kriegerischer Kontinent und ist es geblieben. Jedenfalls im Innern Sub-Sahara-Afrikas war der Kolonialismus, wenn überhaupt, nur etwa 80 Jahre lang
zu spüren, zum Beispiel mit der »Hüttensteuer« der Briten, gegen die sich al-
lenthalben berechtigter Widerstand erhob.

Die meisten Länder Afrikas sind seit 60 Jahren unabhängig. Die soziale und
wirtschaftliche Rückständigkeit dieses Kontinents kann damit nicht einfach
mit Hinweis auf die Folgen des Kolonialismus begründet werden. Dessen we-
sentlichste Bürde war und bleibt die Bildung von Nationen im europäischen
Sinne, also einer völlig »un-afrikanischen« Verfasstheit, die es aufzulösen gälte.
Nur gibt es dafür bisher keine Institutionen, die einen solchen Wandel befördern könnten.

Stattdessen droht ein Krieg zwischen zwei der wenigen genuinen Nationen Afrikas: Ägypten und Äthiopien. Dabei geht es um eine jahrtausendealte

Frage: das Wasser des Nils. Äthiopien hat am Oberlauf des »Blauen Nils« einen riesigen Staudamm gebaut, um sich zu modernisieren. Für Ägypten ist der Nil die wesentliche Lebensader, ohne die das (wie Äthiopien) 100 Millionen starke Volk nicht überleben kann. 1898 kamen darüber Britannien und Frankreich in Fashoda am oberen Nil an den Rand eines Kriegs. Ein Jahrzehnt wurde in Verhandlungen »herumgedaddelt«, jetzt staut Äthiopien auf. Eines der vielen Beispiele des Versagens von Diplomatie in Afrika könnte sich in einem Waffengang zwischen den nach Nigeria größten Ländern des Kontinents entladen. Es wäre nicht der erste, für das waffenstarrende Ägypten aber der leichteste. Es müsste nur diesen Staudamm der »Ungläubigen« wegbomben.

3. Nachkoloniale Geschichte Afrikas

Dieses Kapitel stellt im Schritt von Jahrzehnten die Geschichte Sub-Sahara-Afrikas seit der Unabhängigkeit seiner meisten Staaten ab dem Jahr 1960 ohne Anspruch auf Vollständigkeit dar. Einige Vertiefungen gelten bedeutenden Staatsmännern, ihren Konzepten und (Miss-)Erfolgen. Andere Vertiefungen erläutern soziale und wirtschaftliche Messgrößen, die weniger die sichtbaren Oberflächen des Subkontinents beschreiben als vielmehr die unsichtbaren, aber quantifizierbaren Grundlagen dafür. Es sollen also eher Strukturen als Phänomene beschrieben werden.

Aufbruch und Absturz

Im ersten und zweiten Jahrzehnt nach Entlassung des Großteils Afrikas aus den Kolonialregimes war die Bilanz erschütternd: Auf dem südlichen Kontinent herrschten Misswirtschaft, Kleptokratie und Hungersnot. In der Sahelzone, die über 5.500 Kilometer vom Atlantik bis zum Roten Meer reicht, starben Hunderttausende an Hunger. Im Kongo, in Burundi und Uganda, in den erst 1975 unabhängig gewordenen portugiesischen Kolonien Angola und Mozambique tobten Bürgerkriege. Während der Gründungsphase des selbständig gewordenen Afrikas regierten einige der bis heute weltweit geachtetsten Staatsführer des Kontinents, der Liberale Félix Houphouët-Boigny (Elfenbeinküste), die Sozialisten Kwame Nkrumah (Ghana) und Julius Nyerere (Tansania), der Philosoph Léopold Sédar Senghor (Senegal). Nkrumah wurde nach nur sechs Jahren vom Militär weggeputscht, während Nyerere als *Mwalimu* (Lehrer) 1985 freiwillig zurücktrat und in einer demokratischen Wahl durch Ali Hassan Mwinyi (1985-1995) ersetzt wurde, dem seinerseits Benjamin Mkapa (1995-2005) folgte.
   Der kongolesische Ministerpräsident Patrice Lumumba – die Hoffnung vieler seiner Landsleute – wurde mit Unterstützung der CIA auf Geheiß des Militärbefehlshabers Kasavubu und des korrupten Gouverneurs von Katanga, Moïse

Tschombé, brutal ermordet, das Flugzeug des UN-Generalsekretärs Dag Hammarskjöld über dem kongolesischen Dschungel abgeschossen. Hammarskjöld wollte 18.000 im Südostkongo konzentrierte UN-Friedenstruppen besuchen.

Der erste Versuch zur Bildung einer Ostafrikanischen Wirtschaftsunion scheiterte in kleinlichem Gezänk jämmerlich. Bürokratien und Soldatesken waren koloniale Hinterlassenschaften, die in Afrika aufblühten. Im nigerianischen Biafra hungerte die Armee in den Jahren 1967 bis 1970 ein ganzes Volk zu Tode, um dem Staat und westlichen Ölkonzernen ordentliche Erträge aus der Erdölförderung vor den Küsten zu sichern. Als einzige Demokratie Afrikas galt Botswana. Die Europäische Wirtschaftsgemeinschaft (EWG) formulierte ihre Wirtschaftsbeziehungen mit Afrika (und einigen Kleinstaaten der Karibik) ab 1973 in drei »Lomé-Abkommen«, die paternalistischen Charakter hatten. »*Katanga*« hieß die britische Söldnergeschichte, die nach der Romanvorlage von Wilbur Smith Mitte der 1960er Jahre in den Kinos lief. Zu etwa derselben Zeit (1966) entstand der erste afrikanische Langfilm »*La Noire de Dakar*« des senegalesischen Regisseurs Ousman Sembéne, der das Schicksal eines afrikanischen Hausmädchens an der Côte d'Azur erzählt.

Sozialistische Gründerväter Afrikas: Nkrumah und Nyerere

Der europäische Sozialismus fand in Afrika über drei schmale Eliten Zugang: In Französisch-Westafrika über die Universitäten von Paris, in Nordostafrika über Eliteschulen der Sowjetunion, in Ostafrika über diffusere Kanäle. Der einflussreichste Sozialist Sub-Sahara-Afrikas ist Julius Nyerere. Geboren 1922 in einem Dorf im Großen Afrikanischen Graben im Völkerbund-Mandatsgebiet Tanganjika (ehemals Deutsch-Ostafrika), studierte er im schottischen Edinburgh, gründete bereits dort die »Tanganjika Africa National Union (TANU)«, wurde 1961 zum ersten Ministerpräsidenten, 1962 zum Staatspräsidenten der Republik Tanganjika ernannt, in den Jahren 1965, 1970, 1975 und 1980 wiedergewählt. Im Jahr 1985 trat er als Vorsitzender der Organisation für Afrikanische Einheit und als Staatspräsident Tansanias zurück. Tansania ist neben Botswana, Namibia und Südafrika der einzige Staat des Kontinents, in dem kein gewaltsamer Umbruch, insbesondere kein Militärputsch, stattfand. Darüber hinaus verstehen sich die Menschen des tansanischen Festlands mehr als vielerorts jenseits von Stammesunterschieden als »Staatsvolk«.

Obwohl seine Nachfolger einen wirtschaftsliberalen und marktradikalen Kurs einschlugen, gilt Julius Nyerere bis heute als *Mwalimu*, als Lehrer des Volks. Sein Konzept *Ujamaa* (Gemeinsinn) weist der örtlichen Ge-

Julius Nyerere   Kwame Nkrumah

meinschaft, dem Dorf, Selbstbestimmung zu. Die Aufgabe des Staats sei es, die örtliche Selbstbestimmung in einem nationalen Rahmen zu unterstützen. Dafür bedürfe es keiner Mehrparteiendemokratie westlichen Vorbilds, sondern der nahtlosen Verknüpfung hierarchischer Ebenen, innerhalb derer Interessensunterschiede ausgeglichen werden. Heute würde von einer Organisation kollektiver Vernunft gesprochen werden. Diese Staatslehre wurde 1967 in der Deklaration von Arusha niedergelegt. Tansania verstaatlichte Banken und überörtlich agierende Unternehmen, verweigerte in der »Schuldenkrise« der Entwicklungsländer im ausgehenden siebten Jahrzehnt des 20. Jahrhunderts als erster afrikanischer Staat Zinszahlungen an internationale Kreditgeber und löste damit den teilweisen Schuldenerlass des Internationalen Währungsfonds aus (die grundlegende Annahme Nyereres wird auf S. 159 im Kasten »Kommunitarismus« erklärt).

Julius Nyereres Vorstellung einer afrikanischen Volksdemokratie warf Wellen über den gesamten Kontinent, obwohl sie in der Umsetzung teilweise problematisch war. Der *African National Congress* (ANC) Südafrikas entwickelte vor 1994 im Exil in Tansania seinen sozialistischen Flügel. An der Universität von Daressalam studierte Yoweri Museveni, der in jungen Jahren volksdemokratisch orientiert war, bevor er von Evangelisten konvertiert und in Uganda zum Despoten wurde.

In Westafrika ergab sich in den 1960er-Jahren ein Disput zwischen in Paris ausgebildeten liberalen Denkern und Gründungspräsidenten und Kwame Nkrumah, der in den USA und England studiert und gelehrt hatte, bevor er Ghanas erster Präsident wurde. Dessen Gegenspieler Léopold

Sédar Senghor (Senegal) postulierte unter dem Titel »La Négritude« eine Symbiose aus »europäischer Rationalität« und der »intuitiven Vernunft Afrikas«, die Achille Mbembé später als »Willen, sich selbst Gestalt zu verleihen, sich als freie und souveräne Gemeinschaft zu erschaffen, … dem Opferprinzip zu entkommen«, klassifizierte (Mbembé 2017: 74f.). Senghor war glühender Verfechter einer »*Union Française*«, die das französische Imperium in den letzten Jahren seiner Existenz zu einem Weltreich gleichberechtigter Staatsbürger*innen zusammenschweißen wollte (siehe das Kapitel »Föderalisierung«, S. 151ff.). Wie andere afrikanische Sozialisten lehnte Nkrumah die seines Erachtens zu starke Betonung des Werts der Hautfarbe und der zeitgleichen Vision einer Vereinigung von Kolonialmächten und Kolonien in Senghors Gedanken ab und setzte der »Négritude« die Idee des »Consciencisme« entgegen, die eine Kombination aus afrikanischem, dörflichem Kommunalismus, islamischem Erbe und westlicher Modernität sein sollte. Er verstand den Kampf afrikanischer Nationen als Teil einer weltweiten sozialistischen Bewegung, die weder Kolonialmächte, noch Kolonien, noch Hautfarbe und rückständige kulturelle Bezüge kennt (Nkrumah 1964). Ein Jahrzehnt nach der Absetzung Nkrumahs durch das Militär (1966) nahm der gegen dessen Nachfolger putschende Luftwaffenleutnant Jerry Rawlings diese Idee wieder auf und wurde unter anderem zum Vorbild für die Volksdemokratie des Thomas Sankara in Burkina Faso (ehemals Obervolta). Die beiden Militärs und Panafrikaner Rawlings und Sankara ignorierten die religiöse Komponente in Nkrumahs Staatslehre, setzten auf die indigene kulturelle, soziale und wirtschaftliche Entwicklung ihrer Länder. Rawlings nötigte mit seiner Kombination aus Bildungsoffensive und Hilfe bei der Gründung von Unternehmen sogar der Weltbank Respekt ab, womit er einer der wenigen Militärherrscher Afrikas oder gar weltweit war, der durch wirtschaftliche Denkweise diesen Spagat schaffte. Das sozialistische Ghana war damals in Washington D.C. der »Star« der Entwicklung afrikanischer Nationen.

Stagnation und Hoffnung

Gegen Ende des zweiten Jahrzehnts nach der Entlassung großer Teile Afrikas aus den Kolonialregimes putschte der junge Oberst Muammar al-Gaddafi gegen ein schwaches, verfallendes monarchisches System in der früheren italienischen Kolonie Libyen. Er führte das Land 32 Jahre lang auf Grundlage der Verteilung seines Öl- und Gasreichtums auf die Stämme Libyens, wurde im Jahr 2011 mit militärischer Unterstützung der USA und einiger Staaten Europas entmachtet und umgebracht. Jenseits der Vorwürfe gegen ihn, internationalen Terrorismus gefördert zu haben (einschließlich der Sprengung eines

PanAm-Passagierflugzeugs über Lockerby/Schottland), bewies Gaddafi, wie afrikanische Kunst-Staaten erfolgreich über längere Zeit geführt werden können. Aus afrikanischer Sicht könnte der von NATO-Ländern assistierte Sturz seines Regimes durch Tribalisten als gezielter Anschlag auf Afrikas Zukunft gewertet werden. Selbstredend ist diese Sicht den Hauptstädten der Invasoren der nördlichen Hemisphäre bis heute völlig fremd, ihre Folgen dagegen nicht.

Das Ende des Gaddafi-Regimes hatte ungeahnte Auswirkungen auf das gesamte Nordafrika und den Sahel, weil große Teile seiner Armee in dieser Region rekrutiert wurden und nach seinem Tod mit modernen Waffen in die Nachbarstaaten zurückkehrten. Dort wirkten sie sowohl als Banditen als auch als Keimzelle der »Al-Qaida im Maghreb«, die letztendlich zum französischen und deutschen Einsatz in den Sahel-Staaten Mali und Niger führten. Das anarchisierte und verrohende Libyen wurde zum Transitland für Flüchtende aus Sub-Sahara-Afrika, obwohl seine von verschiedenen libyschen Stämmen und Clans organisierten Konzentrationslager für Nicht-Muslime (zum Beispiel aus Eritrea) oft den Tod bedeuteten.

Dennoch kooperiert die Europäische Union bei der Abwehr des afrikanischen Flüchtlingsstroms bis heute mit libyschen Mörderbanden, die sich als »Küstenwachen« eines gescheiterten Staats ausweisen. Dieser Teil der Geschichte Afrikas beweist, wie erratisch und orientierungslos die Interventionen der nördlichen Hemisphäre, neuerdings einschließlich der Russischen Föderation und der Türkei, auf dem Kontinent bis heute sind. Er hielt Hollywood nicht davon ab, die Ermordung des US-afrikanischen Botschafters im ostlibyschen Bengasi 2012 als dramatisches CIA-Heldenepos zu verfilmen – selbstredend ohne jeden Bezug zu den Hintergründen (*13 Hours – The Secret Soldiers of Benghazi*, Regisseur Michael Bay). Dem Thema des zerfallenden Sahel widmen wir uns in diesem Buch an mehreren Stellen aus unterschiedlichen Blickwinkeln, weil es für die schwindende Tragfähigkeit Afrikas und für die Süd-Nord-Migration bedeutsam ist.

Im dritten Jahrzehnt nach Entlassung des Großteils Afrikas aus den Kolonialregimes verschlechterten sich die »Terms of Trade« (Preise für den Warenaustausch) zulasten Afrikas, das nach wie vor von Entwicklungshilfe und Rohstoffexporten lebte, wodurch seine wirtschaftliche Zukunft an der Warenterminbörse von Chicago gesteuert wurde. Zwischen den Jahren 1988 und 1989 sanken zum Beispiel die Preise für Kaffee um zwei Fünftel, womit die Exporterlöse mehrerer Länder West- und Zentralafrikas nicht mehr für deren Schuldendienst ausreichten.

Es wurde immer deutlicher, dass Afrika nicht die Entwicklung ostasiatischer Länder nehmen würde, die sich nach ihrer Selbständigkeit in zum Teil atemberaubendem Tempo industrialisierten und wie im Fall Südkorea nicht nur die Schwelle vom Entwicklungs- zum Industrieland, von der Militärdiktatur zur Demokratie überwanden, sondern über den Aufbau schlagkräftiger Gewerkschaften ihrer Bevölkerung Wohlstand brachten. Beginnend in Lateinamerika sahen sich angesichts hoher Zinsen immer mehr Länder nicht mehr in der Lage, ihren Schuldendienst zu bedienen. Ausgelöst wurde die Schuldenkrise dadurch, dass die US-Notenbank Anfang dieses Jahrzehnts die Leitzinsen auf zuvor nicht gekannte Höhen trieb. Auf den vom US-Dollar beherrschten Finanzmärkten gingen immer mehr Schwellen- und Entwicklungsländer in die Knie. Es war die Hochzeit des Internationalen Währungsfonds (IWF) mit seinem immer gleichlautenden Rezept »Abwertung – Streichung von Sozialleistungen und Subventionen – Steuerermäßigung für Investitionen«. In den Ländern Afrikas, in denen fast keine Steuern erhoben wurden, übersetzten sich diese Vorgaben in Preiserhöhungen durch die Abwertung der Währungen und durch die Streichung weitverbreiteter Subventionen für Grundbedarfsgüter. Die Armen wurden noch ärmer, die Staaten noch instabiler.

Angestoßen durch die Erfahrungen kritischer Entwicklungshelfer vor Ort, begann in einigen »Geberländern« eine Diskussion über Ausrichtung und Sinnhaftigkeit bisheriger Hilfen. Die »Entwicklungshilfe« des Nordens bilanzierte der Leiter des Deutschen Entwicklungsdiensts DED in Nairobi, Klaus Thüsing, als »Hilfe für kriminelle Vereinigungen« (Frankfurter Rundschau vom 1. Juli 1992). Sie solle auf Armutsbekämpfung konzentriert werden, die bisher nur 18% dieser »Hilfe« ausmachte, während 80% davon in Form von Infrastruktur- und Ausrüstungstransfer an die Industrie der nördlichen Hemisphäre zurückflossen. »Entwicklungshilfe« der bisher gepflegten Fasson töte das Selbsthilfepotenzial der Bevölkerung.

Thüsings DED-Kollege im Niger, Kurt Gerhardt, zitierte 2016 den früheren Präsidenten der Republik Niger, Mamadou Tanja, mit dem Ausspruch, die »Entwicklungshilfe« habe sein Volk zu einem »*peuple de la main tendue*« gemacht, zu einem Volk der ausgestreckten Hand. Gerhardt wandte sich entschieden dagegen, »mit Geld wirtschaftliche Entwicklung zu erzwingen«, und kritisierte »eine gigantische Hilfsindustrie«, die sich so fest etabliert habe, »dass sie sich gar nicht mehr abschaffen kann« (Süddeutsche Zeitung vom 19. Oktober 2016). Der Ghanaer George Ayittey nannte die Entwicklungshilfe während der Ted-Talks 2007 ein »absurdes Theater« und stellte pauschal fest: »Afrikas Bettelschüssel leckt« (ted.com/talks/george-ayittey-on-cheetahs-versus-hippos). Thomas Sankara nannte sie »Prosperos aller Arten, die den Zauberstab schwingen, um uns in eine neumodische Form des Kolonialismus zurückzubringen« (Sankara 2007: 64).

Zu einem ähnlichen Ergebnis kommt der schottische Wirtschaftsnobelpreisträger Angus Deaton: »Die ›Entwicklungshilfe‹ könnte tatsächlich einem autokratischen System helfen, an der Macht zu bleiben, oder es bereichern oder beides. ... Wenn die Voraussetzungen vor Ort aber entwicklungsfeindlich sind, dann bringt Entwicklungshilfe nichts, und sie kann sogar schädlich sein, wenn sie dazu beiträgt, dass diese Bedingungen weiter bestehen.« Der beste Weg der Entwicklungshilfe sei, geordnete Migration zuzulassen, sofern die Migranten später die erworbenen Kenntnisse ihren Herkunftsländern zur Verfügung stellen (Frankfurter Allgemeine Sonntagszeitung vom 18. Oktober 2015: »Lieber Flüchtlinge nehmen als Geld geben«). Möglicherweise hat Professor Deaton ein viertel Jahrhundert nach Ende des »Kalten Kriegs« vergessen, dass genau dies Frankreich und die Sowjetunion mit afrikanischen Eliten taten. Zwar schwangen Absolventen Moskauer und Pariser Kaderschulen, sofern zurück in Afrika, große Reden und Waffen, mutierten jedoch regelmäßig zu korrupten Häuptlingen, sobald sie zu herrschenden Eliten zählten. Mit Ausnahme derer, die am Horn von Afrika regierten, wurden sie, was Afrikaner*innen »Swiss-Bank-Socialists« nennen.

Entwicklung durch Auslandsüberweisungen von Migranten

Die Migration aus Afrika besteht nicht nur aus Eliten, sondern zunehmend aus Menschen mit geringer oder gar keiner formalen Bildung. Überweisungen von Emigranten an ihre Herkunftsländer (»Remittances«) werden nach überwiegender ökonomischer Meinung zielgenauer verwendet als staatliche oder nichtstaatliche Entwicklungshilfe und haben vor allem seit der Jahrhundertwende erhebliche Dimensionen angenommen: Sie stammen von einem großen Teil der etwa 232 Millionen (Arbeits-)Migranten aus armen Ländern. Abbildung 3 auf der folgenden Seite zeigt die absoluten Werte dieser Zahlungsströme (in Mrd. US-Dollar), Abb. 4 das volkswirtschaftliche Gewicht der »Remittances« in den Empfängerregionen und einzelnen Empfängerländern.

Seit 1970 haben die »Remittances« erdumspannend um das 300-Fache auf 625 Milliarden US-Dollar zugenommen. Dabei spielen weniger die »reichen« Industrieländer eine Rolle, die immerhin auf hohem Niveau auch einen Zuwachs um das Dreieinhalbfache erlebten (OECD-Werte). Vielmehr waren – bei unterschiedlichem Ausgangsniveau – die Schwellen- und Entwicklungsländer ausschlaggebend für den Zuwachs. In manchen Ländern sind die Überweisungen von im Ausland arbeitenden Staatsbürger*innen an ihre Verwandten von hoher volkswirtschaftlicher Bedeutung, vor allem in dem 100-Millionen-Land der Philippen (10,22% am BIP), aus dem inzwischen die meisten Seeleute weltweit und viele Hausangestellte in anderen asiatischen Staaten stammen, oder in der noch größeren Volkswirtschaft Pakistans (6,78% am BIP), aus dem sehr viele Bauarbeiter in den Mega-Cities der ölreichen Golfstaaten schuften. Die Tausende indonesi-

Abb. 3: Überweisungen von Migrant*innen in ihre Herkunftsländer 1990-2018 (Mrd. US-$)

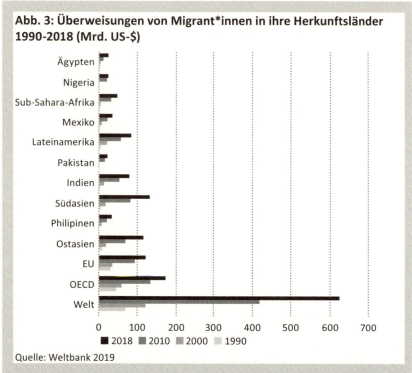

Quelle: Weltbank 2019

scher Haushaltshilfen in Singapur, die von Privatagenturen teilweise mit irreführenden Informationen rekrutiert wurden, fallen bei dieser globalen Betrachtung kaum ins Gewicht, sind aber bezeichnende Einzelschicksale. Aus den arabischen Golfstaaten ist bekannt, dass Arbeitsvermittler von südasiatischen Bauarbeitern zwei Jahresgehälter Vermittlungsgebühren verlangen, was sie über den Einzug von Ausweispapieren auch durchsetzen. Diese Form neuzeitlicher Sklavenhaltung betrifft Hunderttausende.

Neben den dargestellten Weltregionen und Einzelstaaten gibt es eine Reihe kleinerer Staaten, für die »Remittances« Ausgewanderter bedeutsam sind. Sie liegen nicht nur in Asien und Afrika, sondern auch in Ost- und Südosteuropa außerhalb der Europäischen Union (Moldawien, Kosovo, Serbien, Georgien und die Ukraine, in dieser Reihenfolge alle über 10% des BIP). Den Spitzenwert belegt das zentralasiatische Tadschikistan mit 42% am Bruttoinlandsprodukt.

Als afrikanische Beispiele mit hohem Beitrag der »Remittances« in der volkswirtschaftlichen Gesamtrechnung sind die Sahel-Länder Mali (5,8%) und Senegal (9,17%) aufgeführt. Die meisten Wirtschaftsmigranten leben

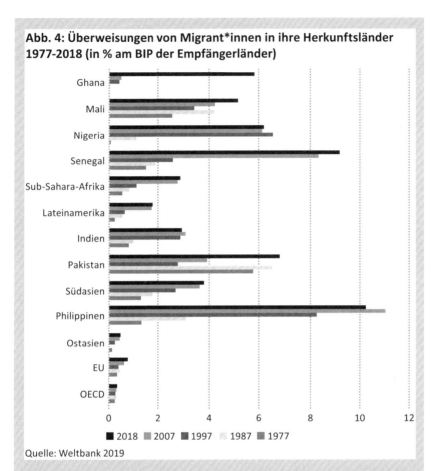

Abb. 4: Überweisungen von Migrant*innen in ihre Herkunftsländer 1977-2018 (in % am BIP der Empfängerländer)

■ 2018 ■ 2007 ■ 1997 ▨ 1987 ■ 1977

Quelle: Weltbank 2019

dort in angrenzenden, wohlhabenderen Staaten Afrikas (zum Beispiel in der Côte d'Ivoire oder in Marokko), obwohl sich deren »Terms of Trade« wesentlich verschlechtert haben (siehe unten). Dasselbe trifft auch für Angolaner, Moçambiquaner und Menschen aus Simbabwe in der Republik Südafrika zu, aus denen sich die Arbeitsreservearmee des einzigen Industrielands des Kontinents speist, das heißt jenes Landes, in dem aus Rohstoffen auch Fertigprodukte hergestellt und exportiert werden (siehe den Kasten »Yeoville« auf S. 47). Der höchste Beitrag der »Remittances« wird mit 35% für Somalia geschätzt, dessen Bruttoinlandsprodukt jedoch nicht seriös ermittelbar ist.

Innerhalb der arabischen Welt nutzen viele Migranten noch heute das seit dem 8. Jahrhundert bestehende *Hawala-System*, das vom einzahlenden Kunden definierte Codes an den *Hawaldar* (Auszahler) des Zielorts und an den Empfänger des Geldtransfers benutzt. Andernorts sind Profiteure der Überweisungen von Migrant*innen in ihre Heimatländer Banken, Money-Transfer-Unternehmen (die auf elektronischer Basis nichts anderes tun als *Hawaldare*) und Postmonopole in den Empfängerländern. Sie greifen für kleinere Überweisungsbeträge – die nicht dem Verdacht der Geldwäsche unterliegen können – zwischen 7 und 12% des Überweisungsbetrags ab, innerhalb Afrikas sogar über 20%. Eine Ausweitung der Angebote internationalen Geldtransfers durch »Fintechs« wie der kenianischen *M-Pesa*, die nur 60 US-Cent je Überweisung berechnet, könnte die in armen Ländern ankommenden »Remittances« um die 30 Mrd. US-Dollar erhöhen, die heute im Finanzsystem hängen bleiben (Ratha 2014). Dieser Betrag entspricht etwa der gesamten staatlichen Entwicklungshilfe an die Sub-Sahara-Staaten. Die »Remittances« sind inzwischen dreimal höher als die gesamte staatliche »Entwicklungshilfe« weltweit (Economist 2019). Die Weltbank erwartet, dass ihr Umfang infolge der Covid-19-Pandemie mittelfristig um 20% sinken wird (Economist vom 16.5.2020: »Torn apart«).

An den »Remittances« erfolgreicher Emigranten machen sich die Auswanderungswünsche von einem Drittel der erwachsenen Bevölkerung Sub-Sahara-Afrikas fest, also derzeit rund 300 Millionen Menschen, die sich auf reiche – vornehmlich europäische – Länder richten, wo sie sich statt zwei US-Dollar Tageslohn zehn US-Dollar Stundenlohn erhoffen, was etwa dem deutschen Mindestlohn (2019) entspricht. Jedenfalls durch solche Emigranten findet die heftig diskutierte »Einwanderung in Sozialsysteme« eher nicht statt. Ein Missbrauch der Sozialsysteme geht eher von (kenntnisreicheren) Zuwanderern aus (süd)europäischen Staaten aus.

Im Sahel (arabisch für »Ufer«) wüteten ab dem 3. Jahrzehnt nach Entlassung in die Unabhängigkeit zwischen Mauretanien im Westen und Äthiopien im Osten mehrfach Dürre- und Hungerkatastrophen, die eine Intervention der restlichen Welt unabwendbar machten und dennoch Hunderttausende von Menschenleben forderten. Regierungen dieser Klimazone wurden mehrfach hintereinander weggeputscht. In Äthiopien herrschte nach dem Sturz des amharischen Kaisers Haile Selassie zwei Jahrzehnte lang ein maoistisches Militärregime (»Derg«), das mit einer unblutigen Übernahme der Hauptstadt Addis Abeba durch Aufständische des Tigray-Volks 1991 abgelöst wurde. Die neue Regierung der äthiopischen Einheitspartei »Revolutionäre Demokratische Front der Äthiopischen Völker« wurde nach Vorwürfen der Vetternwirtschaft und ungerechter Verteilung von Mitteln sowie blutigen Aufständen im Jahr 2018 durch einen Präsidenten aus dem mit 40% der Gesamtbevölke-

Abb. 5: Jährliches reales Wirtschaftswachstum nach Weltregionen
(1980-1989, in % je Einwohner*in)

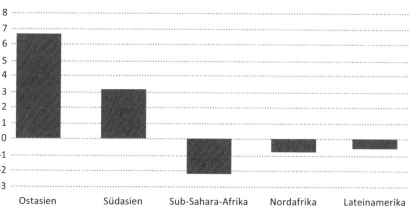

Quelle: International Monetary Fund 1991

rung größten Volk, den überwiegend muslimischen Oromo, ersetzt (siehe den Kasten »Die Welt des Abiy Achmed« in Teil 3, S. 153). Erst danach kam es zu einem Friedensvertrag mit Eritrea. In Burkina Faso funktionierte ein halbes Jahrzehnt lang eine Volksdemokratie, bis drei ihrer Anführer 1987 vom vierten ermordet wurden.

Nächte in Bobo Dioulasso: Die Welt des Thomas Sankara

Sommer 1987: Vom Norden der Elfenbeinküste kommend, reisten wir über eine Grenze pöbelnder, Menschen schwarzer Hautfarbe drangsalierender ivorischer Polizisten nach Bobo Dioulasso, der zweitgrößten Stadt des bettelarmen Sahelstaats Burkina Faso (»Aufrechter Gang«, kolonial Obervolta genannt). Bobo Dioulasso hatte keine Straßenbeleuchtung, eigentlich überhaupt keine Elektrizitätsversorgung. Wir suchten nächtens nach einem berühmten Creole-Food-Restaurant und fanden es nicht. Auf den staubigen Stadtstraßen erkannten wir Entgegenkommende entweder als Schatten in den Scheinwerfern der wenigen Autos oder erst durch das Weiß ihrer Augäpfel. Alle »Close Encounters« dieser Art waren freundlich und gelassen – Afrika jenseits von Bürgerkriegszonen und Mega-Städten.

Bobo Dioulasso war die einzige Stadt Westafrikas, in der ich mich spontan sicher fühlte. In allen Seitengassen brannten offene Feuer, um die viele Menschen saßen und miteinander redeten. Bürgerversammlungen. Aus meiner Sicht als Stadtplaner waren überall »Fluchtpunkte«, *Defensible Spaces*, wie es die Kriminalprävention im Städtebau lehrt. Es gab keinen einheimischen Hotelier, der uns dringend bat, bei Einbruch der Dunkelheit wieder zurück zu sein, es sei denn, wir nähmen Raubüberfälle oder gar den Tod in Kauf. So war es in Abidjan, der größten Stadt der benachbarten reicheren Elfenbeinküste, und es war nicht übertrieben. In einem der »Buschtaxis«, das wir Richtung Mopti/Mali nahmen, saß ein Schamane aus Mali. Er hatte eine lange Schnittwunde an der Wange, war nächtens nur einmal im »falschen Viertel« Abidjans gelandet.

Ich erlebte die »Volksrepublik Burkina Faso«, die vier Jahre zuvor von einem sozialistisch orientierten Militärquartett übernommen und am 15. Oktober 1987, wenige Wochen nach meinem Besuch, durch einen Mord an drei dieser Offiziere beendet wurde. Der Auftraggeber dieser Morde genoss das Wohlwollen der französischen Patrimonialmacht, die den kommunistischen Ministerpräsidenten Sankara als Störfaktor sah, und der benachbarten Elfenbeinküste, dessen Führungsclique er verwandtschaftlich verbunden war. Blaise Compaoré regierte danach 27 Jahre, wurde durch einen friedlichen Volksaufstand 2014 an einer weiteren Kanditatur gehindert und durch Interimspräsidenten ersetzt. Bis zu diesem Zeitpunkt war Burkina Faso nur ein Rückzugsraum bewaffneter Gruppen aus den umliegenden Bürgerkriegszonen.

Thomas Sankara stammte aus sehr einfachen Verhältnissen. Seine einzige Chance, höhere Bildung zu erlangen, war der kostenlose Besuch einer Militärschule, die ihm unter anderem einen Aufenthalt auf Madagaskar ermöglichte, wo er mit revolutionären Oppositionellen in Kontakt kam. Er und seine Mit-Putschisten von 1983 orientierten sich an den basisdemokratischen Ideen des tansanischen Präsidenten Julius Nyerere und des ebenfalls putschenden Fliegerleutnants Jerry Rawlings im benachbarten Ghana. Ihre Messlatte war nicht das vom Westen bevorzugte Mehrparteiensystem, sondern die Selbstbestimmung der Bürger*innen auf mehreren Stufen von der Straße bis zur Nation in Form von Volkskomitees. Auch der bis heute herrschende ugandische Präsident Yoweri Museveni lernte diese Lektion im Tansania des sozialistischen Übervaters Julius Nyerere, dessen Armee die Schreckensherrschaft von Idi Amin in Uganda beendete. Jahrelang ein Liebling westlicher Entwicklungspolitik, entwickelte sich der zum radikalen Evangelisten bekehrte Museveni jedoch zum vermeintlich lebenslangen Herrscher über sein Land, in dem Menschen abweichender Meinung heute verprügelt werden und Homosexualität mit dem Tod bestraft werden soll. Inzwischen kämpft ein landesweit bekann-

Thomas Sankara   Jerry Rawlings

ter junger Rapper gegen ihn: Bobi Wine sagt: »Ich bin nur der Moderator, der manches beschleunigen, anderes nur verhindern kann. Uganda wird sich nur ändern, wenn wir uns alle ändern.« (Bernd Dörries: »Rap der guten Hoffnung«, Süddeutsche Zeitung vom 25.9.2019) Bobi Wine gilt inzwischen als »Staatsfeind Nummer Eins« und wird von der Polizei Musevenis gejagt (International Crisis Group 2019).

In Burkina Faso werden lesbische Beziehungen von einigen Stämmen traditionell akzeptiert. Thomas Sankara förderte die Emanzipation der Frauen Afrikas – auch in der Armee – wie kein anderer Staatsmann des Kontinents (Sankara 2007b), räumte mit Korruption und Privilegien der bislang herrschenden Klasse auf, reformierte das Gesundheitswesen, die Benutzung des Fahrrads (er selbst war begeisterter Motorradfahrer), den öffentlichen Wohnungs- und Eisenbahnbau und die Aufforstung im Sahel mit einheimischen Bäumen. Er wandte sich wie Julius Nyerere in Tansania gegen das Zinsdiktat der Weltbank, forderte seine Landsleute zugleich auf, die Eigenversorgung mit Lebensmitteln (Subsistenz) sicherzustellen, anstatt nur für den Export von Baumwolle zu produzieren. Symbolisch ließ er die Mercedes-Dienstwagen der früheren Regierung durch kleine *Renault 5* ersetzen. Seine bescheidenen Einkommens- und Vermögensverhältnisse legte er im Rahmen seines Kampfs gegen die Korruption offen. Er reflektierte auch den eigenen Status als Soldat: »Ein Soldat ohne Bildung ist ein potenzieller Verbrecher.« (Sankara 2007a: 68) Diesem Narrativ fiel er selbst zum Opfer.

Thomas Sankara gilt aufgrund seines guten Aussehens, seiner marxisti-
schen Grundhaltung und seines glaubwürdigen Handelns als der Che Gue-
vara Afrikas. Im Unterschied zu Che, für den er kurz vor seiner Ermordung
eine Gedenkrede hielt (»You cannot kill ideas«, Sankara 2007a: 101ff.),
hatte er die Chance, das Schicksal seines Landes vier Jahre lang selbst zu
bestimmen. Er nahm diese Chance wahr, wurde zunehmend ungeduldiger,
als er merkte, wie träge die Systeme selbst eines kleinen Landes reagieren, dessen Bereitschaft für eine sozialistische Revolution er von Anfang
an nicht überschätzte (ebd.: 39ff.). Es gelang, das sehr niedrige Nationaleinkommen je Kopf der (wachsenden) Bevölkerung, das vor seiner Regie-
rungsübernahme um ein Drittel eingebrochen war, bis 1988 um 57% zu
steigern. Burkina Faso erreichte erst im Jahr 2004 wieder den bescheidenen Wohlstand, den es unter der Sankara-Regierung gewann, und verdoppelte diesen danach mit massiver Unterstützung durch UN-Entwicklungs-
gelder bis 2018 auf 660 US-$/Person (Weltbank 2019). Dabei hat sich die
Schere zwischen Arm und Reich deutlich geöffnet, seit 2018 ist Burkina
Faso Teil des Kampffelds Sahel.

Heute ist Thomas Sankara außerhalb Westafrikas unbekannt, obwohl
er einer der wenigen führenden säkularen Aufklärer Afrikas war. Der sich
selbst aufgeklärt wähnende Westen hat es mithilfe seiner örtlichen Satrapen mörderisch verbockt und hat es heute mit Islamisten zu tun, die
den Norden Burkina Fasos infiltriert haben, dort eine Viertelmillion Menschen vertrieben und monatlich Dutzende von Menschen ermorden. Gegen sie werden im benachbarten Mali und Niger auch deutsche Truppen
eingesetzt. Die unter dem UN-Mandat MINUSMA operierende Intervention gilt weitgehend als Fehlschlag, weil sie der Bevölkerung keinen Schutz
bieten kann, und die malinesischen Truppen (Teil der multinationalen einheimischen »G5-Gruppe«) sich einseitig in Stammeskonflikte eingemischt
haben. Dabei haben malinesische Truppen allein im Jahr 2019 in mindestens zwei Fällen die Bevölkerung ganzer Dörfer massakriert und Teile des
Volks der Fulbe radikalisiert. Die wesentlich auf Bamako beschränkte malinesische Regierung hat Ende 2019 unter dem Beifall der intervenierenden
Europäer eine »Befriedungsoffensive« verkündet, an die außer ihrer selbst
im Land niemand glauben kann, weil es dieser Regierung nicht gelungen
ist, glaubwürdig alle widerstrebenden Kräfte des Landes an einen Tisch zu
bringen. Burkina Faso ist Teil der afrikanischen »G5-Gruppe«, hatte zwischenzeitlich allerdings mehr mit sich selbst zu tun, als der Ex-Revolutio-
när und Diktator Campoaré mit großen Demonstrationen in Ouagadougou
erfolgreich daran gehindert wurde, sich ein weiteres Mal wählen zu las-

sen. Darüber wurde der Nordosten des Landes integraler Teil der Kampf-zone Sahel. Der Krieg kam von außen ins Land.

Der Sahel – Herkunfts- und Transitgebiet afrikanischer Flüchtlinge nach Europa – ist zum Pulverfass geworden. Vor dem Sturz des libyschen Gad-dafi-Regimes mithilfe der USA und europäischer Luftstreitkräfte war der Sahel kein Tummelfeld des internationalen Jihadismus. Eine unbedachte, selektiv informierte Militäraktion der nördlichen Hemisphäre gegen einen bizarren »Fürsten« in Libyen hat eine Region von der Größe Gesamteuro-pas in ein Chaos gestürzt, das zunehmend unübersichtlich wird.

Selbstredend ist es spekulativ, darüber nachzudenken, ob Burkina Faso unter einer Sankara-Regierung diesem Chaos entkommen wäre. Ange-sichts seiner auf Bescheidenheit und strategischer Entschiedenheit beru-henden Beliebtheit im Volk hätte Thomas Sankara große Chancen gehabt, Burkina Faso aus großregionalen Wirbelstürmen herauszuhalten. Skepti-ker kommentieren, dass auch Sankara zu einem der vielen Despoten Af-rikas hätte werden können. Sein ungewöhnlicher, kurzer Lebenslauf und das völlige Fehlen von Tribalismus in seinem Denken und Handeln spre-chen eher gegen diese Skepsis.

Abb. 6: Burkina Faso: Bevölkerungs- und Wirtschaftswachstum 1981-2018

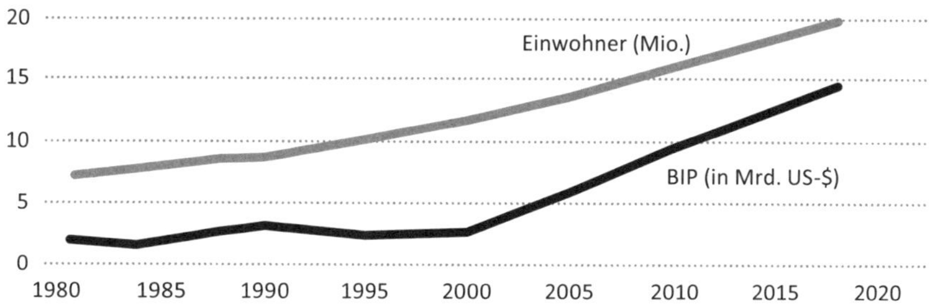

Quelle: Weltbank 2019.

Im Unterschied zu ganz Sub-Sahara-Afrika stieg das Nationaleinkommen Burkina Fasos in der 2. Hälfte der 1980er-Jahre und fiel danach bis zur Jahrhundertwende. Der Wert je Kopf der Bevölkerung des Jahres 1990 (330 US-$) wurde erst wieder im Jahr 2004 (340 US-$) erreicht.

Marginalisierung

Im vierten Jahrzehnt nach Entlassung des Großteils Afrikas aus den Kolonial-regimes leckten die Länder der nördlichen Hemisphäre ihre Wunden aus den ersten Börsen-Crashs nach dem Zweiten Weltkrieg und kürzten die »Entwick-lungshilfe«. Westeuropa wandte sich nach Auflösung des »Warschauer Pakts« Osteuropa zu, in Afrika versiegten Hilfen, die sich aus dem »Kalten Krieg« ergaben. Erstmals in der Geschichte erklärte der UN-Sicherheitsrat einen Staat zum »Failed State« – das einzige Land Afrikas mit einem Staatsvolk – und versagte bei der Übernahme der Verwaltung Somalias vollständig. Ohne dieses Versagen hätte man sich die Frage stellen können, warum nicht die beiden Kongo-Republiken, Gabun und die Zentralafrikanische Republik, gleich mit zu »Failed States« erklärt worden waren, weil sie unzweifelhaft die Bedingungen dafür bis heute erfüllen.

Hollywood produzierte nach einer glücklosen UN-Intervention in Mogadischu den Blockbuster *Black Hawk Down*. Vor dem Nicht-Staat Somalia, wo es keine Küstenwache mehr gab, leerten Fischfabrikschiffe aus Asien und Europa das Nahrungsmittelpotenzial im Indischen Ozean. An den Küsten starben zuerst die Rinder, dann die Menschen. Im benachbarten Eritrea entstand aus einer blutigen Unabhängigkeitsbewegung gegen das zentralistisch regierte Äthiopien ein stalinistisches Regime, im Kongo löste ein Kleptokrat einen zum Milliardär gewordenen anderen Kleptokraten ab, in Angola bemächtigte sich der Kalte-Kriegs-»Sozialist« José Eduardo dos Santos mit seiner Großfamilie nach einem langen, verlustreichen Bürgerkrieg des plötzlichen Ölreichtums in einer nördlichen Exklave des Landes.

Seine Tochter, Isabel dos Santos, wurde zu einer der reichsten Frauen weltweit. Als Präsidentin der staatlichen Ölgesellschaft *Sonangol,* des Telefonmonopolisten *Unitel* und der Bank *Fomento de Angola* soll sie zwei Milliarden US-Dollar gestohlen haben, die sie teilweise in Dubai versteckte und wofür sie nach einem Machtwechsel in Angola haftbar gemacht wird (Economist vom 11.1.2020: »Her struggle«). Die Immobilienspekulation in Angolas Hauptstadt Luanda, einer der teuersten Städte der Erde, ist dabei noch nicht erfasst. Dort besitzen sie und ihr Bruder eines der weltweit hochpreisigsten Apartmenthäuser, in dem ausschließlich Geschäftsleute und »Entwicklungshelfer« der nördlichen Hemisphäre zu Monatsmieten logieren, die das Zehnfache des Jahresbudgets einer angolanischen Familie betragen. Während des Ölbooms in Angola wurde Luanda zum Zielort eines »umgekehrten Braindrains«: Mindestens ein Viertel der Hochschulabsolvent*innen Portugals zog es in die ehemalige Kolonie und nach Brasilien, ihre Rücküberweisungen in die Heimat (»Remittances«) werden auf 1,3 Mrd. US-$ jährlich geschätzt.

Die Europäische Union löste im Jahr 2000 die »Lomé-Verträge« durch das Abkommen von Cotonou ab, mit dem »Wirtschaftsbeziehungen auf Augenhöhe« eingeführt werden sollten. Diese Grundhaltung des Abkommens mag zwar auf den ersten Blick als »fair« erscheinen, ist bei näherer wirtschaftspolitischer Betrachtung jedoch das Gegenteil. Die Industrialisierung der nördlichen Hemisphäre im 19. Jahrhundert – und Südkoreas im 20. Jahrhundert – war nur auf Grundlage protektionistischer Maßnahmen erfolgreich (Beckert: 2019: 159ff.). Als mit dem anglo-ägyptischen Zollvertrag im Jahr 1844 die Zölle zwischen den Vertragsparteien auf maximal 8% begrenzt wurden, ging umgehend die zarte Pflanze der Textilindustrie Ägyptens zugrunde (ebd.: 167). Aus dieser Erfahrung heraus wäre die Zollfreiheit für Exportprodukte Afrikas und die Erlaubnis temporärer Zölle für Produkte der Industrieländer in Afrika zielführender gewesen (dazu auch Groth/Kneifel 2007: 16ff.).

Zugleich keimte Hoffnung für eine Selbstorganisation des Kontinents auf: Am Anfang stand eine Gipfelkonferenz der Organisation für Afrikanische Einheit (OAU) im Juli 1990, die eine »Demokratie-Charta« verabschiedete. Dieser Charta folgte die »African Charter on Democracy, Elections and Governance (ADEG)« von 2007 (ratifiziert 2012), die eine »African Governance Architecture« enthielt, eine Art Anleitung zum guten Regieren. Ergebnisse blieben bis heute mager (Anieke u.a. 2017), zumal sich die Staaten unhinterfragt selbst bewerten dürfen.

Südafrika, das wirtschaftsstärkste Land des Kontinents, erlebte einen gewaltlosen Paradigmenwechsel, wählte den Menschenrechtler und Versöhner Nelson Mandela zum Staatspräsidenten, stürzte aber nach dessen Tod unter seinen Nachfolgern Thabo Mbeki und Jacob Zuma ab. Bemerkenswert blieben jedoch die Unabhängigkeit von Teilen der Justiz und die weitgehende Überwindung der Konflikte zwischen den großen Stämmen durch den regierenden *African National Congress* (ANC). Mit der Abwahl des korrupten Jacob Zuma brach der ANC – wenn auch mit hauchdünner Mehrheit – im Jahr 2018 jedenfalls vordergründig mit der in Sub-Sahara-Afrika geläufigen Günstlingswirtschaft.

Namibia, vormals ein Südafrika überantwortetes UN-Treuhandgebiet, wurde 1990 unabhängig und wie Botswana nebenan eine Mehrparteiendemokratie. Im westafrikanischen Benin setzte sich (bis ausschließlich 2019) eine Demokratie westlichen Musters durch, nachdem der linksgerichtete Militär und Putschist Mathieu Kérékou durch den Intellektuellen Nicéphore Soglo abgelöst wurde, und nach fünf erfolglosen Jahren die Macht in demokratischen Wahlen wieder an Kérékou abgeben musste. Ein Völkermord in Ruanda mündete 1994 in ein aufgeklärtes Regime der massakrierten Minderheit, das ein kleines, dichtbesiedeltes Land zum wirtschaftlichen Star des Kontinents machte, das allerdings seinen östlichen Nachbarn Kongo (DRC) wiederholt destabilisierte, zeitweise die Hälfte der riesigen Landmasse besetzte und zum Sturz der morbide gewordenen Vetternwirtschaft des Mobutu Sese Seko durch Laurent Kabila wesentlich beitrug, der das »System Mobutu« mit ausgewechseltem Personal fortführte.

Ghana pflegte ab 1992 demokratische Wahlen, der 1979 und 1981 putschende frühere Militärdiktator Jerry Rawlings verließ das Militär und führt heute den linken Flügel einer der beiden großen Parteien an. Er war während der Militärregierung einer der wenigen Soldaten weltweit, die über wirtschaftspolitischen Sachverstand verfügten, war in der Bevölkerung außerordentlich beliebt und wollte mit dem ihm gleichgesinnten, basis-sozialistischen

Hauptmann Thomas Sankara Ghana und Burkina Faso zu einer volksdemokra-
tischen Republik vereinigen.

Diese Absicht blieb Papier. Rawlings und Sankara sind für viele hoffnungs-
frohe Afrikaner*innen dennoch zur Legende geworden, im Fall des Ghanesen
sogar zur lebenden Legende. Die Bescheidenheit und persönliche Integrität
der beiden Staatsmänner spielen dabei die entscheidende Rolle. Sie gaben
nicht den »Big Man«, ließen sich nicht einmal militärisch befördern: Rawlings
blieb Luftwaffenleutnant, Sankara Hauptmann. In diesem Sinne blieben sie
in Afrika Ausnahmeerscheinungen, liefern auch den Beweis dafür, dass man
nicht im westlichen Ausland ausgebildet sein muss, um afrikanische Länder
kompetent zu regieren.

Andernorts lähmten Geschenkkaskaden (»Cadeau, Cadeau«) weiterhin die
Eigeninitiative. Über den Agrarhaushalt der Europäischen Union subventionierte Lebensmittel und weiter sinkende Weltmarktpreise zum Beispiel für Kaffee und Kakao trieben die örtliche exportorientierte Landwirtschaft ebenso in
den Ruin wie von den afrikanischen Regierungen niedrig festgesetzte Erzeu-
gerpreise, die in vielen Ländern zum passiven Widerstand der Bauern führten, der städtischen Bevölkerung hingegen niedrige Preise für niedrige Löhne
sichern sollten. Im zweitgrößten Baumwollproduzenten des Kontinents, dem
erwähnten Burkina Faso, kauften parastaatliche Konzerne die Ernten zu Nied-
rigpreisen auf und waren zugleich Monopolisten für die Lieferung von Dünger
und Pestiziden (siehe dazu auch Hoering 2007). So hielt unter anderem *Mon-
santo* ein knappes Jahrzehnt später Einzug in das kleine Sahel-Land und dessen Nahrungsketten. Die Leiter (halb)staatlicher Aufkäufer der Baumwolle leben in Palästen, die Baumwollbauern in Hütten. Die Auftraggeber des Mords
an Thomas Sankara hatten ihr Ziel erreicht.

Terms of Trade

Afrika leidet periodisch unter sich zu seinen Ungunsten wendenden »Terms
of Trade«. Sie sind einer der wichtigsten Verhältniswerte der Volkswirtschaft, geben an, wie sich die Preise für Exportprodukte im Verhältnis zu
den Preisen für Importprodukte verhalten. Fallen sie, dann muss ein Land
für den Import der gleichen Gütermenge mehr bezahlen als bisher. Steigen
sie, dann ist es umgekehrt, das Land »kann sich mehr Importe leisten«.
Weil Ex- und Importe in den verschiedenen Ländern einen unterschiedlichen Anteil am Nationaleinkommen haben, setzt die OECD die Terms of
Trade in Bezug zum Bruttoinlandsprodukt (»gewichtet sie«).

Beispiel: Für Äthiopien ist Arabica-Kaffee ein dominierendes Exportprodukt. In den Jahren 1986-1987 fiel der Kaffeepreis auf dem Weltmarkt

um 40%. Dadurch verringerte sich das Nationaleinkommen um 6% (Ceshin/Pattillo 2000).

In der Langzeitbetrachtung 1980-2019 fällt auf, dass die gewichteten Terms of Trade für reiche Länder wie Deutschland oder die USA stabil blieben oder anstiegen, während sie für die Sub-Sahara-Länder fielen. Am stärksten verbesserten sie sich für die USA, die zwar ein hohes Außenhandelsdefizit haben, aber mehr Dienstleistungen exportieren als importieren. Der Preis dieser Dienstleistungen erhöhte sich damit deutlich im Vergleich zu von den USA importierten Waren und Dienstleistungen. Ähnlich verhält es sich für Großbritannien und Italien, während Deutschland seine Terms of Trade wesentlich über den Export hochpreisiger Fertigwaren verbesserte. Die Terms of Trade für Rohstoffexporteure haben sich dagegen verschlechtert. Neben Sub-Sahara-Afria leidet darunter zum Beispiel auch Kanada.

Abb. 7: Terms of Trade (Warennettoexportpreise gemessen am Anteil des Exportvolumens am Nationaleinkommen) 1980-2019

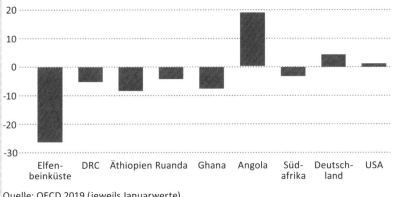

Quelle: OECD 2019 (jeweils Januarwerte)

Die Abbildung 7 stellt für fast 40 Jahre die Nettoexportpreise im Verhältnis des Exports zum Nationaleinkommen für sieben afrikanische Länder sowie Deutschland und die USA zum Vergleich dar. Unter den afrianischen Ländern stehen prototypisch Äthiopien für Kaffee, die Côte d'Ivoire für Kakao, die DRC Kongo für nicht-weiterverarbeitete Bodenschätze und Angola für den Export von Rohöl.

Kriseninterventionen

Im fünften und sechsten Jahrzehnt nach Entlassung des Großteils Afrikas aus den Kolonialregimes versanken Teile Nordafrikas nach der Absetzung autokratischer Herrscher im Chaos. In Ägypten etablierte sich kurz danach wieder bluttriefend »der tiefe Staat«, in Tunesien hielt sich die durchgesetzte Demokratie. Westafrika erlebte nach einem unfassbar brutalen Bürgerkrieg am Golf von Guinea in Liberia und Sierra Leone die erste Pandemie (Ebola) seit der Kansas-Grippe (genannt »Spanische Grippe«) Anfang des 20. Jahrhunderts. Eine andere Pandemie, die Immunschwächekrankheit HIV, hat bis zu einem Viertel der Bevölkerung Ost- und Südafrikas erfasst. Sowohl gegen Ebola als auch gegen HIV/Aids konnten innerhalb einer – menschheitsgeschichtlich betrachtet – kurzen Zeit lebenserhaltende Pharmazeutika entwickelt und in Afrika angewandt werden. Im Fall antiviraler HIV-Medikamente bedurfte es der massiven Intervention der Weltgesundheitsorganisation WHO und der Drohung Südafrikas, ohne Erlaubnis der Patenthalter Generika herstellen zu lassen (siehe auch weiter unten S. 109ff.).

Abb. 8: HIV-Verbreitung und AIDS-Tote 2016
(10 meistbetroffene Staaten der Erde)

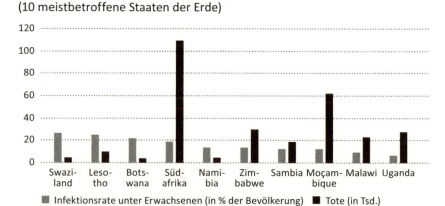

Quelle: Wikipedia mit Quelle CIA World Fact Book 2019.

Die y-Achse wird sowohl für die Infektionsrate (%), als auch für die absolute Zahl der Toten benutzt. Erst an 17. Stelle der meistbetroffenen Länder erscheint ein Staat außerhalb Süd- und Ostafrikas, die Bahamas. West- und Nordafrika sind deutlich weniger prävalent als die anderen Großregionen Afrikas, angeblich aufgrund dort vorherrschender Sexualnormen.

Im Jahr 2003 endete ein fünfjähriger Krieg im östlichen und südlichen Kongo (DRC), an dem die Staaten Angola, Burundi, Tschad, Ruanda, Simbabwe, Sudan und Uganda beteiligt waren, der etwa vier Millionen Menschen das Leben gekostet hatte und damit der verlustreichste internationale Waffengang

Abb. 9: Tödlichste Bürgerkriege in Sub-Sahara-Afrika seit 1980

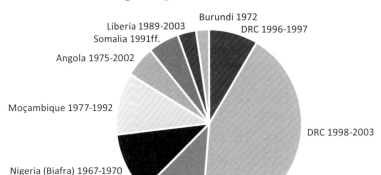

Dargestellt sind alle Bürgerkriege mit mehr als 100.000 Toten (einschließlich Hungertoten). Die Zahlen sind grobe Schätzungen vor allem der UN. Die Hälfte der Opfer der verlustreichsten Bürgerkriege (4,8 Mio. Menschen) sind in der Demokratischen Republik Kongo (DRC) gestorben. Hinzu kommen etwa 200.000 in den Kongo nach dem Völkermord am Volk der Tutsi (800.000 Ermordete) in die DRC geflohene und dort umgekommene Menschen des Volks der Hutu (in der Abbildung Ruanda zugerechnet). Die Angabe für Burundi 1972 enthält ganz überwiegend von Tutsi ermordete 210.000 Hutu. Im Jahr 2020 sind drei verlustreiche Bürgerkriege im Gang: Somalia, Süd-Sudan und Zentralafrikanische Republik. Für den Sudan insgesamt (z.B. Völkermord in Darfur) liegen keine auch nur annähernd belastbaren Angaben über Opferzahlen vor. Die entsprechende UN-Intervention beschränkte sich auf das Grenzgebiet des Tschad zum Sudan, später auf die neu gebildete Republik Süd-Sudan.

nach dem Zweiten Weltkrieg war. Dieser Krieg brachte jedoch keinen Frieden, sondern hinterließ einen Dschungel rivalisierender, die Zivilbevölkerung terrorisierender Milizen, darunter vertriebene Hutu und nachsetzende Tutsi aus den kleinen östlichen Nachbarländern Burundi und Ruanda, denen die Soldaten ohne Sold des Kongo nichts entgegensetzen wollten. Auch sie holten sich ihren ausstehenden Sold von der Zivilbevölkerung.

Nach dem Sturz des einzigen je im Amt als Völkermörder vom Internationalen Strafgerichtshof gesuchten, 1989 an die Macht geputschten Staatspräsidenten al-Bashir haben Militär und Zivilgesellschaft im Sudan am 17. Juli 2019 nach zähem Ringen vereinbart, unter einem neuen »Souveränen Rat« eine dreijährige Übergangsregierung zu bilden, die freie Wahlen vorbereiten soll. Mitglied dieses Rates ist auch Muhammad Hamdan Dagalo, der Anführer der arabischen Miliz *Janjaweed* war, die für den Völkermord in Dafur verantwortlich ist, und der inzwischen einer der reichsten Männer des Sudan ist (Economist vom 24.8.2019: »The start of something new?«). Ein Jahr nach der Gründung des »Souveränen Rats« ist im Sudan das Alkoholverbot aufgehoben und die barbarische rituelle Beschneidung der Genitalien von Mädchen verboten worden. Neben dem sich liberalisierenden Äthiopien und dem sich auf seine Verfassungswerte rückbesinnenden Südafrika ist der Sudan unverhofft zum spannenden politischen Experiment des Kontinents geworden. Wesentlich dafür war auch, dass der (Nord-)Sudan seine im heutigen (Süd-)Sudan gelegenen Ölquellen verloren hatte und damit kurz vor dem Staatsbankrott stand.

Nachdem sich die »Blauhelme« der UN nach dem für sie desaströs ausgegangenen Engagement im kongolesischen Katanga 1960 und wegen gegenseitiger Blockaden der Großmächte im UN-Sicherheitsrat bis 1989 drei Jahrzehnte aus Afrika herausgehalten hatten, waren sie am Ende des sechsten Jahrzehnts mit neun Missionen auf dem Kontinent unterwegs. Die Einsätze in Liberia und Sierra Leone, wo zeitweise etwa 20.000 UN-Truppen standen, haben bisher nachhaltige Erfolge gezeigt. Jedenfalls finden in beiden Ländern hinreichend demokratische Wahlen statt, die Anarchie auf den Straßen wurde zurückgedrängt. Alle anderen UN-Missionen sind mehr oder weniger gescheitert, besonders deutlich in Somalia, im östlichen Kongo, in Darfur (Sudan) und im Tschad (Economist vom 28.10.2017: »Looking the other way«). Die Einsätze der wenigen Kriseninterventionskräfte der Afrikanischen Union AU (seit 2002) sind jedenfalls nicht erfolgreicher.

Der Einsatz von bis zu 18.000 UN-»Blauhelmen« im Kongo (DRC) zeigte deutlich, dass UN-Truppen mit einem »starken Mandat« ausgestattet werden müssen, um überhaupt wirken zu können. »Starkes Mandat« bedeutet, dass sich die »Blauhelme« bewaffnet in Bürgerkriege einmischen können und nicht nur »zusehen müssen«. Ihr größtes Desaster erlebte die UN, als vorwiegend belgische und französische Interventionstruppen dem Völkermord in Ruanda im Jahr 1994 so untätig zusehen mussten wie niederländische UN-Truppen dem Massenmord einer serbischen Soldateska in Srebrenica. Auch im unter US-amerikanischen Fanfaren im Jahr 2011 aufgrund eines Volksentscheids neu gegründeten, erdölreichen Süd-Sudan sahen UN-Truppen dem Völkermord zwischen den dort rivalisierenden Dinka und Nuër passiv zu.

Für die Weltorganisation und für jeden einzelnen Soldaten unter blauem Helm sind dies ähnlich traumatische Erlebnisse wie für die betroffene Zivilbevölkerung. Die minderwertige sachliche und finanzielle Ausstattung der meisten UN-Missionen in Afrika – insbesondere in Somalia, wo nur noch schlecht ausgebildete und ausgestattete AU-Truppen aus Burundi und Uganda stehen – beschreibt zunehmend den Standard dortiger UN-Missionen. Daraus erklärt sich teilweise die Verstärkung französischer Direktinterventionen in »Françafrique«, in die inzwischen auch die deutsche Bundeswehr einbezogen wird (Einsatz in Mali und Niger, siehe weiter unten). Entsprechende UN-Resolutionen

Abb. 10: Die 20 instabilsten Länder Sub-Sahara-Afrikas

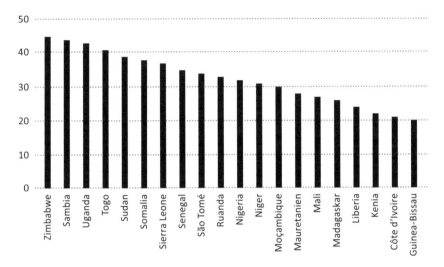

Quelle: geopoliticalfutures.com/coups-in-africa-since-1950/ vom 12.1.2019.

Die Abbildung 10 verdeutlicht, in welchem Maße es in den entsprechenden Ländern nicht möglich war, interne Konflikte friedlich (zum Beispiel durch Wahlen) zu lösen. Sie gibt keine Auskunft über das Ausmaß staatlicher Repression gegen die Bevölkerung, da die Dauer von (Militär-)Diktaturen nicht erfasst ist. Die Zahl der Militärcoups ging seit Ende des »Kalten Kriegs« (1990) zurück: Von 3,2 Coups/Jahr (54% erfolgreich) 1950-1990 auf 2,6 Coups/Jahr (40% erfolgreich) 1991-2019. In den Staaten Botswana, Namibia, Südafrika und Tansania gab es im gesamten Zeitraum keine Militärcoups oder Versuche dazu.

ziehen meistens nur von Frankreich geschaffene Fakten nach, das sich nach wie vor als der »Gendarm Westafrikas« versteht.

Dem Braindrain der Jahrzehnte zuvor folgt der Zug der Hoffnungslosen auf den Straßen afrikanischer Städte, die zu gesetzlosen Megacities herangewuchert sind. Ein »Marshall-Plan« wird nördlich des Mittelmeers gefordert, die Subventionierung »krimineller Vereinigungen« verstärkt sich, als ob nicht drei Jahrzehnte zuvor fundierte Kritik von Entwicklungspraktikern geäußert worden wäre. Alle Signale stehen auf Gelb, während Rohstoffkonzerne aus Nordamerika, der Schweiz und China den Kontinent weiter ausplündern und beflissene »Helfer« wie zuvor vor allem sich selbst nähren (siehe zum Beispiel Hildegard Schürings Beitrag über Ruanda in der Frankfurter Rundschau vom 13.6.1990 und die *Panama-Papers*). Fischfabrikschiffe aus Asien und Europa leeren die Küstengewässer rund um den Kontinent, arm werdende Fischer und andere Hoffnungslose ziehen nach Norden und lösen im reichen Europa eine politische Krise aus. Im Sahel stehen offen und verdeckt Armeeverbände, Geheimdienste und Grenzpolizei der nördlichen Hemisphäre. Die Art ihrer Kooperationspartner ist ihnen nicht mehr wichtig – auch libysche Terrormilizen und das repressive Militärregime im Tschad gehören dazu.

Die europäische »Entwicklungshilfe«, die inzwischen jedenfalls auf dem Papier rechtsstaatliche Mindestbedingungen setzt, hat scharfe Konkurrenz aus China erhalten, die »unter Wahrung staatlicher Souveränität« auch Regimes Geld leiht, die ihr Land offen ausplündern und verelenden lassen. Die bald größte Wirtschaftsmacht der Erde erschließt sich Afrika bedingungslos als Rohstoffquelle, die größte Militärmacht verteilt verdeckte Kriseninterventionskräfte auf dem Kontinent, Frankreich interveniert wie immer unverhohlen in »Französisch Westafrika«, die Europäische Union schiebt ihre Südgrenze in den Sahel. Die Russische Föderation versucht sich ausgerechnet in zwei der instabilsten Staaten Afrikas zu etablieren: der Zentralafrikanischen Republik und in Libyen.

Hollywood produziert unter dem Beifall vieler Kulturszenen den Blockbuster *Black Panther* (2018) mit der Deutsch-Uganderin Florence Kasumba als Kriegerin im afrikanischen Fantasialand »Wakanda« und verkauft das Machwerk als Zugeständnis an Menschen schwarzer Hautfarbe. Der senegalesische Regisseur Moussa Touré dreht das Flüchtlingsdrama *La Pirogue* (2012) nach dem gleichnamigen Roman von Abasse Ndione, *Revenir* (Regie David Fedele/Kumut Inesh). Es berichtet über die Flucht eines Jugendlichen aus der Côte d'Ivoire über Marokko nach Europa.

Afrika ist nach der UN-Weltbevölkerungsprognose von 2019 der einzige Kontinent, dessen Bevölkerung von derzeit 1,3 Milliarden Menschen bis zum Ende des 21. Jahrhunderts weiter wachsen wird – um fast das Vierfache. Angesichts ausgedehnter Wüsten und Regenwälder ist die Bevölkerungsdichte Afrikas mit 42,3 Einwohner*innen je Quadratkilometer bereits heute verhältnismäßig hoch, wenn auch noch geringer als in Ostasien und Westeuropa. Im Jahr 2100 wird sie bei heute nicht vorstellbaren 150,7 Einwohner*innen je Quadratkilometer liegen (NEPAD 2013).

Nur in Botswana und in der Republik Südafrika liegt die Geburtenrate um 2,5 (Economist vom 22.9.2018: »Babies are lovely, but ...«). In Sub-Sahara-Afrika werden 2018 durchschnittlich 4,8 (in den Sahel-Staaten und in der DR Kongo mehr als 6) Kinder für das Überleben im Alter geboren, weil soziale Netzwerke fehlen. 80% der Afrikaner*innen leben in einer »informellen Ökonomie«, die keine Sozialabgaben und Steuern kennt. Die verbleibenden mageren Steuer- und Zolleinnahmen werden für Armeen, Polizeikräfte und den Luxus selbsternannter Eliten verbraucht. Diese Art der Taxierung hat der US-Ökonom Raul Sanchez de la Sierra 2013 am Beispiel von Preissprüngen bei Coltan und Gold und der Reaktion ostkongolesischer Milizen darauf untersucht (Frankfurter Allgemeine Sonntagszeitung vom 22. Dezember 2013: »On the Origin of States: Stationary Bandits and Taxation in Eastern Congo«).

Vor allem für Europa sind Teile Sub-Sahara-Afrikas zur »Bedrohung« geworden. Nach Prognosen der Weltbank werden um das Jahr 2030 fast alle Menschen in extremer Armut (Tagesbudget unter 1,90 US-Dollar) in Sub-Sahara-Afrika leben (Economist vom 22.9.2018: »A thin gruel«). Europa versucht, seine Grenze in den Sahel zu verlegen (in der Europäischen Kommission »Karthum-Prozess« genannt). Aus dem »Marshall-Plan für Afrika« fließt das Geld vor allem an Grenzpolizei und Militärs (in der Europäischen Kommission »Grenzmanagement« genannt). Die Menschen des Kontinents sollen angesichts einer drohenden Völkerwanderung auf der Weltkarte ausgeknipst werden, nichtlebende Ressourcen dürfen dagegen weiter grenzenlos auswandern. Das aber funktioniert schon deshalb nicht, weil die Menschen selbst den Tod im Mittelmeer und im Ärmelkanal in Kauf nehmen, um an andere Küsten zu gelangen. Die Fluchtbewegungen Afrikas zeigen jedoch nicht nur in den Norden.

Yeoville: Südliche Pforte afrikanischer Einwanderung

Yeoville ist ein Stadtteil mit etwa 20.000 Einwohner*innen im östlichen Innenstadtrand von Johannesburg/Südafrika. Gegründet wurde es im Jahr 1886 in der Nähe neu eröffneter Bergwerke. Heute besteht es aus mehrgeschossigen Mietshäusern, ruhigen Wohnstraßen mit Einfamilienhäusern, zwei Geschäftsstraßen, einem öffentlichen Freibad und einigen Parkanlagen.

Yeoville war in der »Belle Époque« vor dem Ersten Weltkrieg das Tor nach Südafrika für viele europäische Juden, nach dem Zweiten Weltkrieg vorwiegend für Osteuropäer, die sich ein besseres Leben im Süden Afrikas versprachen. Während der schlimmsten Zeiten des Apartheid-Regimes sah man außerhalb Kapstadts am ehesten in Yeoville Lokale mit (verbotenem) »rassisch« gemischtem Publikum, sogar einige Gay-Clubs, die im übrigen Afrika ein absolutes »No Go« waren und sind. In Yeoville war man so liberal, wie man es unter dem und leicht jenseits des rassentrennenden Group Areas Acts von 1950 sein konnte.

In den 1990er Jahren wandelte sich die Bevölkerungsstruktur des Stadtteils, der ein Tor für Einwanderer blieb. Anstelle der Europäer kamen Einwanderer aus Angola, Kongo, Moçambique, Sambia, Zimbabwe, Äthiopien und in geringerem Umfang aus Westafrika. Viele der in Yeoville lebenden Kongolesen erkennt man in ihrer Freizeit an gut geschnittener Bekleidung, mit der vor Jahrzehnten gegen das Verbot europäischer Kleidung in Mobutus Zaïre gewaltlos protestiert wurde. Sie werden *Sapeurs* genannt. Die frühere Synagoge ist heute eine »Congolese Mall«, »Blessings Café« hat einen Wirt aus dem Süden Nigerias, einige Kaffeehäuser sind in äthiopischer Hand und die Äthiopisch-Orthodoxe Tewahedo-Kirche Johannesburgs liegt in Yeoville. Der Stadtteil beherbergt jetzt ein panafrikanisches Völkergemisch. Viele seiner kleinen Wohnungen, die nach wie vor teuer vermietet werden, sind mit fünf bis acht Personen belegt, von denen nur wenige den erhofften geregelten Job haben, wegen dem sie nach Südafrika kamen. Den Gewinn daraus ziehen die Grundeigentümer*innen, die selten in Yeoville leben.

Einwanderer sind in Südafrika nicht mehr so willkommen wie zu Nelson Mandelas Zeiten. Die ANC-Regierungen haben zwar landesweit 1,5 Millionen Einfachst-Wohnungen für Einheimische errichten lassen, an vielen Orten für sauberes Trinkwasser gesorgt und ein minimales Gesundheitswesen für die Armen aufgebaut. Was allerdings nicht gelang, war die Förderung neuer Arbeitsplätze außerhalb der Landwirtschaft. Angesichts dessen, dass nach Ende des Apartheid-Regimes das internationale Kapital bereit war, in Afrikas einzigen Industriestaat zu investieren, ist dieses kardinale Versagen dem ANC anzurechnen. Die Arbeitslosenrate Südafrikas liegt bei über 29% (2019), mehr als die Hälfte der Jugendlichen hat keine Aussicht auf geregelte Arbeit. Die Konsequenz ist im Süden wie im Norden des Kontinents dieselbe: Unzufriedenheit, Unruhen, Straßenschlachten. Im Sahel zehren Islamisten davon, südlich davon vorwiegend fanatische Evangelisten und aggressive Tribalisten. Diese drei Bewegungen konstituieren die großen politischen Gefahren für den Kontinent.

Es mag sein, dass die schwarzen Südafrikaner*innen von ihrer Regierung zu viel in zu kurzer Zeit erwarteten. Sicher ist, dass Südafrika zum Hoffnungsort vieler anderer Afrikaner*innen wurde. Durch die Zuwanderung wächst die Abneigung der einheimischen Zulu und Xhosa gegen afrikanische Einwanderer. Sie äußert sich zuweilen eruptiv in brutalen Angriffen und Morden. In Yeoville sind solche Verbrechen seltener als im übrigen urbanen Südafrika. Dennoch werden bei nur 20.000 Einwohner*innen jährlich 30 Morde und über 680 Raubüberfälle verübt, die meisten in Verbindung mit Körperverletzung (South African Police Crime Statistics, Provinz Gauteng, Precinct Yeoville 2019, erfasst ist die Zahl registrierter Fälle). Über das Schicksal innerafrikanischer Migranten in Südafrika berichten die Filme *SINK* (Regie Brett Miachel Innes, Südafrikanische Republik 2016) und *VOTSEK! US BROTHERS?* (Regisseurin Andy Spitz, Südafrikanische Republik 2018).

Nach dieser Darstellung eines der südlichen innerafrikanischen Migrations-tore, die zeigen soll, dass Migration innerhalb Afrikas bisher weitaus bedeu-tender ist als Migration aus Afrika hinaus, wollen wir uns die komplexe Frage stellen, warum Afrika heute so ist, wie es ist. Dafür nehmen wir uns sowohl wirtschaftliche als auch politische Dysfunktionalitäten vor und machen an ei-ner Stelle – der Frage, ob es eine spezifisch afrikanische »Staatsform« gibt – einen Ausflug in 800 Jahre Geschichte im Sahel. Dazwischen tauchen immer wieder kurze Erzählungen über Erfolgsprojekte auf, die von Afrikaner*innen aufgebaut wurden. Diese Erzählungen sollen nicht vorspiegeln, dass in Sub-Sa-hara-Afrika alles bestens wäre, ließe man die Afrikaner*innen nur selbst ma-chen. Denn dieses »Selbst-Machen« erfordert institutionelle Rahmenbedin-gungen, die in weiten Teilen des Kontinents nicht vorhanden sind. Politische Dysfunktionalitäten zu benennen und zu begründen, weshalb sie vorhanden und partiell in sich logisch sind, ist offensichtlich eine mühsame Arbeit, die mit diplomatischen Floskeln nicht zu leisten ist. Fangen wir wieder mit der Wirtschaftsstatistik an, um zu zeigen, welch geringes Gewicht Afrika für sol-che Fragestellungen heute erdumspannend hat. Danach widmen wir uns Er-klärungen für institutionelle Dysfunktionalitäten, die erklären können, warum Afrika als Migrationsquelle ein geopolitisch bedeutsames Thema bleiben wird.

4. Selbstorganisation in Sub-Sahara-Afrika

Im Unterschied zu Lateinamerika stand die wirtschaftliche Problematik des »Schwarzen Kontinents« in den letzten sechs Jahrzehnten selten im Mittel-punkt der Weltwirtschaft. Dazu reichen 3,3% Beitrag zur Weltwirtschaftsleis-tung bei 16,8% der Weltbevölkerung nicht aus. Afrika hatte bis zum Jahr 2014 einen Außenhandelsüberschuss, seitdem ist es umgekehrt. Aus afrikanischer Sicht fließt ein Drittel der Exporte nach Europa, für Europa sind es nur 7%, die zudem zu drei Vierteln aus Nordafrika und der Republik Südafrika stammen. Sub-Sahara-Afrika hatte mit einem Exportvolumen von 212 Mrd. US-$ und ei-nem Importvolumen von 228 Mrd. US-$ 2017 eine leicht negative Handels-bilanz von -1,82% seines Nationaleinkommens (Weltbank 2018). Seine fünf größten Exportproduktgruppen bestehen ausschließlich aus Rohstoffen (siehe Abbildung 11). Seine Importe kommen zu einem Drittel aus China (16,42%), Deutschland (5,9%), Indien (5,77%) und den USA (5,16%), darüber hinaus als Erdöl aus dem Nahen Osten.

Heute steht im Wesentlichen der überschüssige Teil der Bevölkerung des nicht-industrialisierten Afrika in der politischen Diskussion der nördlichen He-misphäre, ohne jede Rückbesinnung auf die eigene Problemlage 150 Jahre zu-vor, als überschüssige Europäer*innen nach Nord- und Südamerika auswander-

Abb. 11: Die 5 größten Ex- und Import-Produktgruppen Sub-Sahara-Afrikas (Mrd. US-$ 2017)

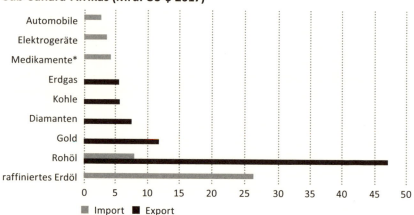

Quelle: Weltbank, World Integrated Trade Solutions (WITS) 2018.

* = einschließlich Nahrungsergänzungsmittel. Die Exporterlöse kommen nur einigen Ländern am Golf von Guinea sowie im südlichen und zentralen Afrika zugute, meistens jedoch nicht deren Bevölkerung.

ten. Selbstkritische Kräfte der nördlichen Hemisphäre erklären die Probleme Afrikas immer noch als Folge der europäischen Kolonialherrschaft und des nordamerikanischen und sowjetischen Imperialismus während der Zeit des »Kalten Kriegs«. Die selbstreferenzielle Kulturszene streitet über die Restitution afrikanischer Kunst in europäischen Museen, was allenfalls afrikanische Eliten interessiert. Der senegalesische Intellektuelle Felwine Sarr schreibt vom Erfordernis einer »kulturellen Revolution« in Afrika, während sein Kontinent materiell in Scherben liegt.

Richtig an Erzählungen über die *ökonomische Dysfunktionalität* Sub-Sahara-Afrikas ist, dass die Kolonien während der »Ersten Industriellen Revolution« keine Möglichkeiten hatten, warenverarbeitendes Gewerbe der damals modernen Form aufzubauen. Die Industrialisierung benötigte souveräne Staaten mit starken Institutionen, die industrielle Keimzellen mit Zollschranken nach außen und Fördermaßnahmen nach innen unterstützten (Beckert 2019: 159ff.). Diese Voraussetzungen konnten Kolonien per se nicht erfüllen. Mit der Entlassung der Kolonien in die Unabhängigkeit war die von einem Europa der Nationalstaaten willkürlich gezogene Staatenbildung verbunden, die fast immer und überall bis heute auf dem Kontinent dysfunktional und verheerend wirkt.

Afrika ist ein Kontinent der Stämme, nicht der Staaten. Diese Struktur zeigt sich bei so gut wie allen Spannungen und Bürgerkriegen auf dem Kontinent, unbeschadet dessen, dass es dabei immer auch um materielle Ressourcen geht, um das »Gelangen an die Fleischtöpfe«. Die Konflikte im flächenkleinen, aber kontinental enorm wichtigen Land Uganda, das früher aus den Mini-Königreichen der Angkole, Baganda, Bunyoro, Busoga und Toro bestand, bestätigen diese Sichtweise ebenso wie die gewalttätigen Wahlkämpfe in Kenia (mit bis zu 1.500 Toten), dessen Parteien sich weitgehend entlang von Stammesgebieten orientieren. Falsch an diesen Erzählungen ist, dass inzwischen 60 Jahre afrikanischer Souveränität ausgeblendet werden. Nach 60 Jahren hat der Kontinent zur Selbstbestimmung gefunden – wenn auch nicht die Mehrheit seiner Bevölkerung.

Die meisten außerafrikanischen Beobachter und Handlungsträger in Sub-Sahara-Afrika beklagen *politisch-institutionelle Dysfunktionalitäten*. Betrachten wir uns diese Klage unter Einbeziehung positiver afrikanischer Beispiele etwas genauer. Nur wenige afrikanische Staatslenker haben versucht, jenseits salbungsvoller Reden eine »afrikanische Demokratie« aufzubauen: Julius Nyerere in Tansania (verstorben und durch wirtschaftsliberale Nachfolger ersetzt), Kwame Nkrumah in Ghana (nach sechs Regierungsjahren 1966 weggeputscht), der frühe Yoweri Museveni in Uganda (heute als feister Despot im Amt) und Thomas Sankara in Burkina Faso (1987 ermordet). Diese Konzepte orientierten sich immer an mehr oder weniger großer Selbstbestimmung örtlicher Gemeinschaften – ähnlich wie jener in den Kleinstädten des US-amerikanischen Neu-Englands, ergänzt um das Genossenschaftsprinzip. George Ayittey wies 2007 darauf hin, dass vorkoloniale Reiche in Afrika auf dem »Konföderationsprinzip« beruhten, dem Einhegen mächtiger Regenten durch örtliche und regionale Führer. Die Mehrheit afrikanischer Staatslenker hetzt dagegen die Stämme innerhalb ihrer von Europäern gebildeter und von ihnen selbst wohlweislich nie hinterfragter »Staaten« gegeneinander auf und spielt sie aus – bis heute.

Beispiel für lokale Selbstbestimmung: Gazi/Kenia

Nur wenige Afrikaner*innen organisieren sich an wenigen Orten so, dass sie sich selbst ernähren und entwickeln können. Zum Beispiel im 5.000 Einwohner*innen kleinen kenianischen Fischerdorf Gazi, das CO_2-Zertifikate für sechs Euro je Tonne an den Norden veräußert, indem es Mangrovenwälder pflegt und erweitert. 3.000 Tonnen CO_2-Aufnahme verkauft Gazi jährlich und investiert den Erlös in Bildung, Gesundheitsdienste und Wasserversorgung. Würde die kongolesische Großstadt Kisangani (früher »Stanleyville« genannt) dasselbe tun, wäre die örtliche Gemeinschaft nicht mehr ganz so arm, sofern das Geld nicht sofort in anderen Taschen verschwinden würde. In der ariden Sahel-Zone ist dies keine Option. Dort könnten große Wasserstoffkraftwerke für die weltweite Energieversorgung sorgen.

Die Besonderheit des Dorfs Gazi ist, dass seine Finanzierung stabil an internationalen Geldströmen ansetzt und einen, wenn auch kleinen, Nord-Süd-Transfer in Gang setzt. Darin unterscheidet es sich von anderen Ansätzen lokaler Armutsbekämpfung und Infrastrukturverbesserung wie den »Millenniumdörfern« des US-Ökonomen Jeffrey Sachs (Frankfurter Allgemeine Sonntagszeitung vom 17.4.2016), die von vielen Experten als gutgemeint-ziellos kritisiert werden, weil sie kurzatmig sind und die wirtschaftliche Autonomie der »Empfänger« nicht fördern.

Ein jenseits dysfunktionaler politischer Zustände immer wieder genannter Grund für den Rückstand Afrikas ist die im Verhältnis zu asiatischen Ländern deutlich geringere Produktivität, die bewirkt, dass in etwa der Hälfte der Sub-Sahara-Staaten die realen Arbeitskosten um bis zu 80% höher liegen als zum Beispiel in China (Economist vom 29.3.2014). Dies ist sicher nicht allein dem Umstand geschuldet, dass afrikanische Beschäftigte weniger emsig und botmäßig arbeiten als ihre Pendants in Asien. Zu den hohen Arbeitskosten trägt die Misswirtschaft afrikanischer Firmenleitungen, die obligatorische Anstellung netzwerkender »Lotsen« und die bei jeder Gelegenheit offene Hand von Bürokraten bei, die keinerlei Interesse an der wirtschaftlichen Entwicklung der Länder und Regionen zeigen, für die sie angeblich tätig sind.

Beispiel für regionale Selbstbestimmung: ECOWAS in Gambia

Ein großmaßstäblicheres Beispiel für afrikanische Selbstorganisation ist der winzige westafrikanische Staat Gambia mit seinen zwei Millionen Einwohner*innen. Bis 2018 regierte dort ein absoluter Herrscher, der behauptete, dass tödliche Krankheiten durch Auflegen seiner Hände geheilt werden könnten. Dieser Potentat war derart selbstsicher, dass er freie Wahlen zuließ, die er prompt verlor. Danach erklärte er die Wahlen für ungültig. Daraufhin drohte ihm die Westafrikanische Wirtschaftsgemeinschaft ECOWAS, die im Jahr 1975 von westafrikanischen Regierungen gegründet wurde, mit dem Einmarsch senegalesischer Truppen. Er trollte sich mitsamt seiner Luxuskarossen und dem geraubten Staatsetat in die Diktatur Guinea-Bissau von dannen. Diesen Abgang inmitten mehrer Fracht- und

Passagierflugzeuge stellte er in »soziale Netze«, weil er sich als »Poser« verstand. Guinea-Bissau ist als Transitstaat für südamerikanisches Kokain bekannt, der sich durch »fast völliges Fehlen von Gesetzesvollzug« auszeichnet (UNODOC 2008). Dieses Kokain finanziert heute nicht unwesentlich den unübersichtlichen Krieg im Sahel.

Für Europa war Gambia deshalb relevant, weil es zeitweilig auf der fünften und sechsten Stelle der Herkunftsländer von Flüchtlingen stand, 20% seiner jüngeren männlichen und hoffnungslosen Bevölkerung auf der Flucht waren. Bis heute gibt es im weitgehend rohstofflosen Gambia kein (staatlich) europäisch finanziertes Selbsthilfeprojekt. Gambia ist für den europäischen »Marshall-Plan« uninteressant geworden. Einem Tuttlinger Unternehmer, der dort einen »Business-Park« mit Lehrwerkstatt errichtete, wurde vom zuständigen deutschen Ministerium bescheinigt, sein Unternehmen (mit 180 Beschäftigten) sei als Projektmittelempfänger »zu klein« (Sebastian Schlenker: »Der Mittelstand als Entwicklungshelfer«, in: Südkurier vom 9.3.2017). Richtig daran ist nur, dass Direktinvestitionen kleinerer Unternehmen in Sub-Sahara-Afrika wegen des dortigen Fehlens eines stabilen rechtlichen Rahmens über staatliche Absicherungen (Bürgschaften) abgesichert werden sollten. Jenseits dessen wäre es irrig, in ausländischen Direktinvestitionen einen überragenden Teil der Zukunft Afrikas zu suchen (Molt 2018). Ausgenommen davon ist momentan die Extraktion von Erdgas und Erdöl, zukünftig möglicherweise die Produktion von Wasserstoff in der Sahara und im Sahel, deren Kinderschuhe derzeit in saudi-arabischer Hand liegen, obwohl die technischen Grundlagen aus Westeuropa stammen. Europa ist dabei, auch diese eigene und afrikanische Chance zu verschlafen und wahabitischem Einfluss zu überlassen.

Der »Partner auf Eigenhöhe« des Staatenbundes Europäische Union ist in Westafrika zur Zeit der Staatenbund ECOWAS, dessen früher französisch besetzte Teile eine Währungsunion bilden und – theoretisch – ein Äqivalent zur Schengen-Union sind (siehe den Punkt »Föderalisierung« in Teil 3). Dort liegen riesige, für Solar- und Wasserstoffkraftwerke geeignete Flächen. Für das im tropischen Gürtel liegende Gambia ist dies – im Unterschied zum Ferntourismus – keine Option, weil es mit dem Abholzen großer Waldflächen verbunden wäre.

Wie wir sehen, gibt es in Sub-Sahara-Afrika Beispiele dafür, dass sich lokale und überstaatlich-regionale Gemeinschaften selbst regulieren können. Diese Beispiele sind auf supralokaler Ebene jedoch eher die Ausnahme, nicht die Regel. Eine der lokalen Chancen liegt im »Empowerment«, einem politischen

Konzept, das im urbanen Nordamerika gegen herrschende Eliten entwickelt wurde. Im Erfolgsfall stürzt es diese Eliten und verschafft Mehr- oder Minderheiten die Kraft, lokale Angelegenheiten lokal zu regeln. Ganz ohne »Cadeau«-Mentalität, ganz auf eigene Gestaltungskraft setzend. Die Afrikaner*innen sollten europäische und ostasiatische »Helfer« und »Partner« hinauswerfen und ihre Angelegenheiten, ihren Reichtum selbst gestalten.

US-Präsident Barack Obama rief im Juli 2009 einer jubelnden Menge in Accra (Ghana) zu: »Africa's Future is up to the Africans«. Dieser Appell klang gut und selbstbewusst. An seiner Umsetzung haben die herrschenden Cliquen in afrikanischen Staaten allerdings keinerlei Interesse, solange sie einen großen Teil der zufließenden »Entwicklungshilfe« und sonstige Staatseinnahmen offen und ungeniert in die eigenen Taschen stecken können. Rupert Neudeck, der verstorbene Vorsitzende der karitativen Organisation »Cap Anamur«, berichtete davon, dass sich afrikanische Beamte für Gespräche über Nothilfe ein Tagegeld (»Per Diem«) zahlen lassen (Vorwort zu Seitz 2018). Derweil suchen afrikanische Eliten ihre persönliche Zukunft, insbesondere jene ihrer Kinder, immer noch in London und Paris, wo fast alle anderen Afrikaner allerdings im Getto leben.

Es gibt den Satz, Afrikas größtes Unglück sei, dass je ein Weißer seinen Fuß auf den Kontinent setzte. Dieser Satz ist richtig und falsch zugleich. Richtig ist, dass bis heute außerafrikanische Konzerne die Bodenschätze des Kontinents plündern und sich so benehmen, als ob es auf diesem Kontinent kein Selbstbestimmungsrecht gäbe. Die Jagd nach Sklaven ist zwar seit 200 Jahren abgeschafft, dafür werden die Herkunftsregionen der Sklaven ausgebeutet. Richtig ist aber auch, dass Afrika völlig unabhängig davon seine ureigenen, in seiner Geschichte verwurzelten Probleme hat.

Zur Zeit von Henry Morton Stanley wütete der kongolesische Häuptling und gewiefte Handelsherr Tibbu Tip als Sklavenhändler – und Verhandlungspartner Stanleys – rund um den Tanganjika-See. Arabische Händler waren spätestens seit dem siebten Jahrhundert n.Chr. an Ostafrikas Küsten präsent (Ndione 2015). In Afrika galt es wie in Rom als üblich, die Menschen besiegter Stämme zu töten oder als Sklaven zu nehmen. In Abomey, der früheren Hauptstadt des Königreichs Dahomey (von französichen Truppen 1894 erobert, heute Benin), steht ein Thron, dessen Fundament menschliche Schädel bilden. Während der Kolonialzeit war Benin einer der bedeutendsten Handelsplätze für Sklaven.

In der Antike und bis ins siebte Jahrhundert waren Sklaven nicht über ihre Hautfarbe definiert. Sie stammten zum Beispiel aus Osteuropa. Das germanische und angelsächsische Wort »Sklave/Slave« ist von der Stammesbezeichnung »Slave« abgeleitet. Slaven dürften bis ins frühe Mittelalter rund um das Mittelmeer und im Zweistromland neben den nilotischen Nubiern die größte Gruppe der Sklaven gebildet haben. Bis in die Neuzeit unterschieden die »Korsaren«, Freibeuter des Mittelmeers, nicht nach Hautfarbe, wenn sie Schiffe kaperten und deren Besatzung auf Sklavenmärkten verkauften. Die Sklaverei ist historisch besehen also kein Thema der Hautfarbe. Zu einer solchen wurde sie erst im Rahmen der Entstehung des globalisierten Kriegskapitalismus (siehe im Teil 2 das Kapitel über die »Demokratische Republik Kongo«).

Kehren wir zurück zur heute wesentlichen Frage, ob das vorkoloniale Afrika Ansatzpunkte für die postkolonial gebildeten Nationen kannte. Nicht zuletzt, weil es in Sub-Sahara-Afrika außerhalb des islamischen Einflussgebiets und Äthiopiens keine Schrift gab, fehlt es an genuinen Zeugnissen der Geschichte dieses Sub-Kontinents, auf die man sich beziehen könnte. Sieht man von dem in vieler Hinsicht einmaligen Fällen Äthiopien und Kongo/Angola ab, fällt jedem Betrachter ein Fall vor die Füße: das Mali-Reich.

Das legendäre Königreich Mali – eine Form afrikanischer Staatenbildung?

Wenn man sich in Westafrika bewegt, ist es fast unvermeidlich, von gebildeten Afrikaner*innen auf ein blühendes großes Reich in der Sahara und im Sahel gestoßen zu werden: das Königreich Mali, neben dem viel älteren Reich Koush im heutigen Sudan, dem Kaiserreich Äthiopien und dem Altägyptischen Reich das bekannteste Staatswesen im vorkolonialen Afrika. Einer seiner Könige, Mansa Musa, habe auf dem Weg nach Mekka in Kairo im Jahr 1324 so viel Gold auf die Märkte gebracht, dass der Wert des ägyptischen Gold-Dinar in die Knie ging. Es war wohl die erste Finanzkrise der Erde, die sich schnell bis nach Europa herumsprach (»Katalanischer Atlas« von 1375). Mansa Musa weckte weit vor der Eroberung der Azteken- und Inkareiche durch die Spanier die Goldgier der Europäer auf fremden Kontinenten. Was hat es mit dem Königreich Mali wirklich auf sich?

Das Mali-Reich war Nachfolger des sagenumwobenen Reichs Ghana, das zwischen dem 8. und 11. Jahrhundert nördlich des heutigen Staats Ghana existierte und vom Volk der Soninke beherrscht wurde. Im frühen 13. Jahrhundert gründeten die Eisenschmiede des Sahel, Mandika genannt, auf Grundlage der von ihnen entwickelten Produkte für das Handwerk einschließlich des Kriegshandwerks im westlichen Sahel eine Dynastie. Ihr Anführer Sundjata Keita (» Mansa« [König] genannt), gliederte ein rasch erweitertes Herrschaftsgebiet in 16 Vasallen-Regionen, deren Statthalter »Ton-ta-jon-ta-ni-woro« genannt wurden (»Die 16 bogentragenden Sklaven«) und zugleich die Feldherren einer Armee waren, die eine Kavallerie aus adligen Pferdebesitzern und etwa 90.000 Infanteristen befehligten, die nicht ständig unter Waffen standen, aber wie die Soldaten im mittelalterlichen Europa Eigentümer ihrer Schwerter waren. Das Königreich Mali erstreckte sich damals über 1,3 Millionen Quadratkilometer zwischen dem Atlantik im Westen und dem heutigen Niger sowie Burkina Faso im (Süd-)Osten. In diesem Reich lagen befestigte Städte wie die Gelehrtenstadt Timbuktu, die Handelsstädte Mopti und Djenné mit seiner palastähnlichen Moschee. Wirtschaftliche Grundlagen waren die Förderung von Eisenerz und Gold und der Handel mit Salz, das für die Lagerung von Lebensmitteln unentbehrlich war.

Etwa hundert Jahre nach der raschen Expansion des Reichs, im Jahr 1340, sagten sich mehrere Vasallenstaaten los: zunächst das nordöstlich gelegene Songhay, dann das westliche Jolof an der Atlantikküste. Der damalige König, Mansa Musa II., wurde von seinem »Kanzler« Sandaki Mari Djata gefangen gehalten, der versuchte, Songhay und die im nördlichen Reich gelegene Erzmine von Takedda wieder zu erobern. Zwischen den Jahren 1433 und 1439 nahm das von Norden eindringende Berbervolk der Tuareg (Kel Tamashek) die Städte Timbuktu, Arawan und Walata ein, womit das Königreich fast alle wichtigen Trans-Sahara-Routen verlor, und die Tuareg zu »Königen der Karawanen« wurden.

Im weiteren Verlauf des 15. Jahrhunderts überraschte die Ankunft portugiesischer Kriegsschiffe mit bestaunter »weißgesichtiger Besatzung« an der Atlantikküste im Jahr 1444, und die schnelle Ausdehnung des früher tributpflichtigen Songhay-Königreichs im Osten die Herrscher Malis. Die Portugiesen gründeten Handelsstützpunkte, exportierten Gold und zwischen dem 15. und 18. Jahrhundert (mit dem Segen päpstlicher Bullen) etwa eine Million Sklaven. Die Songhay dehnten ihre Herrschaft bis zur Atlantikküste aus. Südlich des Königreichs Mali organisierte sich ein Verbund des großen Volks der Fulbe, der nicht von Mali, sondern von Songhay besiegt wurde. Im Westen verlor das Königreich seine Handelsplätze und damit den fruchtbaren Warenaustausch mit den bleichen Europäern. Nach einem Kampf um die mächtige Stadt Djenné, die 1477 von den Songhay eingenommen wurde, löste sich das geschrumpfte Mali-Reich in kleine Fürstentümer auf, die größtenteils dem Songhay-Reich tributpflichtig wurden. Intrigen und Seitenwechsel waren die treibenden Kräfte dafür. Höflinge und Prinzlinge belauerten sich, manche »Könige« regierten kaum zwei Jahre. Währenddessen erlebte das Songhay-Reich unter dem früheren königlichen Berater Mohammed Touré sowohl militärisch, als auch wirtschaftlich und wissenschaftlich eine Blütezeit, die sich bis heute in den gelehrten Schriften von Timbuktu erhalten hat, wo im 16.

Jahrhundert höhere Schulen des malikitischen Islam entstanden, die man heute Universität nennen würde. 1591 endete diese Blütezeit mit dem Einmarsch marokkanischer Truppen abrupt. Im Unterschied zu den Songhay verfügten die Marokkaner über Gewehre, womit der Kampf schon vor seinem Beginn und der raschen Eroberung der Songhay-Hauptstadt Gao entschieden war.

Im 19. Jahrhundert wurden die entstandenen Zwergstaaten und dazwischen liegende Kampfregionen Teile der Kolonie Französisch-Sudan. Die Kolonie war nicht konsistent zentralistisch regiert, weil die in den nördlichen und östlichen Teilen der Landmasse stationierten Kräfte zu schwach dafür waren. Aus Sicht vieler Vertreter der von den Songhay wegen ihrer Raubzüge gehassten Händler- und Nomadenstämme der Tuareg (Kel Tamashek) war diese Kolonialzeit trotz erbitterter Kämpfe mit der Kolonialarmee bis ins 20. Jahrhundert hinein die beste Periode seit Gründung des Ghana-Reichs, weil sie von der französischen Kolonialmacht bevorzugt wurde und die französisch besetzte Sahara grenzenlos war.

1960 entließ Frankreich den westlichen Sahel als »Föderation Mali« in die Unabhängigkeit, von der sich umgehend der heutige Senegal abspaltete, womit Mali ein Binnenstaat wurde, der bis 1968 vom erfolglosen Maoisten Modabou Keita, dann von putschenden Militärs und weiter putschenden reformorientierten Militärs geführt wurde. Zwischendurch gab das Militär seine Macht an eine gewählte Zivilregierung ab, was den Westen dazu bewegte, von einer »Afrianischen Modelldemokratie« zu sprechen. Kaum jemand wollte zur Kenntnis nehmen, dass sich dieses »Modell« auf alte Stammesdynastien stützte (die uralten Familiennamen Keita, Touré und Traoré tauchen in Mali und im Senegal regelmäßig auf) und teilweise von arabischen Drogenhändlern in der Stadt Taoudémit finanziert wurde. Im Jahr 2012 putschten junge Militärs. Diesen Putsch nahmen die Tuareg nach ähnlichen Versuchen in den Jahren 1963 und 1990 zum Anlass, im flächengroßen nördlichen, fast unbewohnten Teil des Landes ihren eigenen Staat »Azawad« auszurufen, nachdem sie üble Erfahrungen mit der von anderen Stämmen und Clans beherrschten Republik Mali gemacht hatten. Weil sie sich dabei der Hilfe unter anderem der »Al-Qaida im Islamischen Maghreb« (AQUIM) – im Wesentlichen algerische Islamisten – bedient hatten, intervenierte Frankreich auf Bitte einer Rumpf-Regierung in der malinesischen Hauptstadt Bamako im Jahr 2013 mit der »Operation Barkhane« (Sicheldüne) militärisch.

Daraus wurde die UN-Operation MINUSMA, an der auch die Bundeswehr beteiligt ist. Eines der Probleme dieses Einsatzes ist, dass sich die Gegner der Regierung Malis nur in dieser Gegnerschaft einig sind, sich ansonsten zersplittern und ständig wechselnde Koalitionen bilden. Dies gilt auch für die Tuareg, die sich in Gruppen aller möglichen Schattierungen von der islamistischen »Ansar Dine« bis zu Unterstützern der Regierung in Bamako (GATIA) aufgespalten haben, und damit die Geschichte der Kel Tamashek wiederholen, die aus einer Fülle von rivalisierenden Clans und Großfamilien bestehen. Außer der AQUIM und der mauretanischen MUJAO sind bisher nur die »Ansar Dine« und die »Front de Libération du Macina« (FLM) einem aggressiv-salafistischen Islam verbunden – eine im Vergleich zu den afghanischen »Taliban« recht schmale Basis. Das größere »Mouvement National pour la Libération de l'Azawad« (MNLA) hat demgegenüber angeblich eine säkulare Führung. Der Anführer der »Ansar Dine« in Timbuktu steht inzwischen vor dem Internationalen Strafgerichtshof in Den Haag.

Das 1,24 Millionen Quadratkilometer große Land kann mit der UN-Intervention nicht stabilisiert werden, weil ein malinesischer Staat jedenfalls im Norden des Landes schlicht nicht existiert und die malinesische Armeeführung korrupt, undiszipliniert und in sich gespalten ist. Konflikte zwischen den Songhay und den Tuareg im Norden, zwischen den Dogon und Fulbe (»Peul«) im Süden und der Mitte der Republik schwelen weiter. Der Norden Malis hat sich seit den 2000er Jahren zu einer zunehmend paramilitarisierten Drehscheibe des internationalen Drogenhandels (insbesondere für Kokain aus Südamerika und marokkanisches Haschisch) entwickelt, deren Bekämpfung auch daran scheitert, dass sie »die höchsten Ebenen der Regierungen erreichen könnte« (International Crisis Group 2018).

Im Juli 2020 eskalierten Proteste gegen die »Wahl« des malinesischen Parlaments im Februar 2020. An dieser Wahl nahmen nur 20% der Wahlberechtigten teil, 38% der gewählten Abgeordneten sind Verwandte oder gelten als Freunde des Präsidenten Ibrahim Boubakar Keita. Die Proteste wurden von der »Bewegung des 5. Juni« organisiert, deren Sprecher ein in Saudi-Arabien ausgebildeter Imam ist. Ein Vermittlungsversuch der regionalen Wirtschaftsgemeinschaft ECOWAS zur Bildung einer »Regierung der Nationalen Einheit« scheiterte. Teile des malinesischen Militärs putschten nach anhaltenden Protesten auf den Straßen Bamakos am 18. August 2020 mit dem Versprechen, baldmöglichst eine Neuwahl durchführen zu lassen. Sofern sie damit die Neuwahl einer zentralen Regierung ohne Bildung eines Bundesstaates meinen, wird auch dieser Militärcoup das Schicksal Malis nicht beeinflussen, das – man will es nicht glauben – von einigen »Afrika-Kennern« noch vor wenigen Jahren als Modell für eine afrikanische Demokratie bezeichnet wurde.

Eine formelle Föderalisierung Malis stand historisch mehrfach in der Diskussion und wurde in den Verträgen von Algier vom April 2006 und vom Juni 2015 festgelegt, ist jedoch von den Konfliktbeteiligten nicht ernst genommen worden, obwohl insbesondere die Tuareg (Kel Tamashek) im Kern nichts anderes wollten. Es ist möglich, dass sich dieses Desinteresse aus dem faktisch rechtsfreien Raum im Norden Malis ergibt, in dem vorwiegend arabische Clans (Berabiche und Tilemsi) Drogenhandel betreiben und zur Bewachung von Drogen-Konvois Tuareg anheuern, die auch schwere Waffen mit sich führen (neuzeitliche Form der traditionellen *Rezzous*, der Überfälle auf fremde Karawanen). Hauptumschlagplätze sind Khalil und Kidal (nahe der algerischen Grenze), Tabankort, Ber und Lerneb (nahe Gao) und Taoudémit. Die Namen der Narko-Bosse sind bekannt, sie können sich jedoch im Sahel frei bewegen. Bezeichnend ist folgender Ausschnitt aus einem Polizeibericht: »Die letzte Beschlagnahme großer Mengen von Kokain fand 2010 in Nara (Koulikoro-Region) statt, nahe der Grenze zu Mauretanien; die konfiszierten Drogen sind verschwunden.« (International Crisis Group 2018).

Die bildende Kunst und die Musik Malis und Senegals sind über den Kontinent hinaus bekannte Reminiszenzen an ein Königreich, das schnell startete und nach relativ kurzer Blüte wieder versank. Insbesondere der pentatonische »Mali-Blues« der Tuareg (Tinariwen, Tamikrest, Kader Tarhanine) hat einen Platz in der Weltmusik-Szene gefunden. Kulturell ist das Königreich Mali durchaus eine Größe geblieben und in vielen seiner Facetten erdumspannend bekannt geworden.

Gibt Mali also eine Orientierung für Afrikaner*innen? Es war eines der wenigen dokumentierten Königreiche Sub-Sahara-Afrikas, zu denen neben der Theokratie Äthiopien auch das Königreich Kongo gehörte. Seine »Halbwertzeit« war kurz, sein Mythos ist größer als der Zerfall, der schon seiner Gründung innewohnte. Spannend ist die Interpretation des Mali-Reichs durch Achille Mbembé in seiner »Kritik der schwarzen Vernunft« (Mbembé 2017): Er spricht von einer kontextabhängigen Territorialität, die aus vielfältigen, ineinander verschachtelten Räumen besteht, die ständig geschaffen und wieder aufgelöst wurden und keine flächendeckenden Treuepflichten beinhaltete (ebd.: 188ff.). Diese Beschreibung des aus heutiger Sicht bedeutendsten Reichs im vorkolonialen Sub-Sahara-Afrika (außer Äthiopien) zeigt Parallelen zur Herrschaft des Osmanischen Reichs in seinen äußeren Provinzen, wo es nur durch Tributpflicht, seltener auch durch Rekrutierung von Soldaten, präsent war. Das einzig andere, sich über drei Kontinente erstreckende Weltreich der Menschheitsgeschichte, das

Römische Imperium, war dagegen in allen seinen Provinzen durch seine römisch rekrutierten Legionen präsent, konnte also an jedem Ort jederzeit militärische Repression ausüben. Folgt man Mbembés Beschreibung des Mali-Reichs, dann zeigt sich, dass afrikanische Formen territorialer Verfasstheit sich außerhalb des theokratischen Äthiopien vom Staatsbegriff, der sich im 18. und 19. Jahrhundert in Europa ausformte, grundsätzlich unterscheiden. Das Elend Afrikas liegt sicher auch daran, dass seine Befreiung vom Kolonialismus von den Kolonialisten mit einer Afrika fremden Staatenbildung verbunden wurde. Für »Françeafrique«, also auch den Sahel, waren vor der Entkolonialisierung auch andere, großräumigere Formen in der Diskussion. Zum Beispiel solche, die dem Verständnis der Kel Tamashek von ihrem Lebensraum nahekamen. Sie wurden jedoch nicht nur in Paris verworfen, sondern auch von Afrikanern (siehe Teil 3). Das Spannungsverhältnis zwischen regionalen Machtzentren und gewollter Staatsgründung wurde zugunsten der europäischen Staatsidee nicht gelöst.

5. Sind afrikanische Staatslenker zwangsläufig Despoten?
Die Fragen des Keith Richburg

Häuptlinge und Könige wurden in Afrika oft begeistert gefeiert, als Kämpfer bewundert, bevor sie begannen, ihre Stämme und Völker zu unterdrücken und fremde Stämme zu überfallen, auszurauben, zu massakrieren und als Sklaven zu halten oder zu verkaufen. Heute sind sie Staatspräsidenten und tun dasselbe. Der Afroamerikaner Keith Richburg fragte sich während seiner drei Jahre Erfahrungen als Korrespondent der *Washington Post* in Afrika, woran es liegen könnte, dass Afrikaner*innen ihre Unterdrücker nicht abschütteln können. Neben der allgegenwärtigen Korruption kam er auf nur eine weitere Antwort, die ihm der Intellektuelle Yoweri Museweni in einem Interview gab: Es fehle ihnen nicht an Mut, sondern an (Selbst-)Disziplin (Richburg 1998: 233f.). Museweni war zum Despoten Ugandas geworden, nachdem er mit seiner Rebellenarmee den Diktator Milton Obote weggefegt hatte, nachdem wiederum die Armee des benachbarten Tansania dessen Vorgänger, den bizarren Menschenschlächter Idi Amin, ins libysche Exil getrieben hatte.

Vor dieser Kaskade von Diktaturen und vor der Kolonialzeit gab es auf dem Gebiet des heutigen Staats Uganda die fünf Königreiche der Stämme Angkole, Baganda, Bunyoro, Busago und Toro, die jeweils kommunales Land für sich beanspruchen, das ihnen vom Staat – im Norden von den Mordbrennern der pseudo-christlichen »Lord's Resistance Army« – genommen wurde. Während des letzten halben Jahrhunderts hat sich die Zahl der Menschen in Uganda jedoch von sechs Millionen auf 31 Millionen verfünffacht und fast alle blieben Subsistenzbauern. Uganda liegt heute in der Skala der Menschenrechtsorganisation »Human Rights Watch« am untersten Ende der Werteskala. Es gibt wenige Länder der Erde, in denen fundamentale Menschenrechte heftiger mit Füßen getreten werden als in Uganda. Und es gibt nicht viele Länder, in denen sich Stammeskonflikte jederzeit zum Völkermord auswachsen können. Sie liegen fast alle in Afrika.

Keith Richburgs wütende Schlussfolgerung lautet: »Afrikaner könnten diesen Prozess ›einer kritischen Überprüfung von Afrikas eigenen Fehlern‹ beginnen … mit der Analyse ihres selbstzerstörerischen Hangs, alle Arten von Leid zu ertragen und auf Erlösung von außen zu warten.« (Ebd.: 239; bestätigt unter anderem durch die Dokumentation *Congo Calling* des Regisseurs Stephan Hilpert 2019) In seinem erschütternden Bericht über Familien im weltgrößten Flüchtlingslager Dadaab (Nordkenia) beschreibt Ben Rawlence exakt diese Haltung von Somalier*innen, die dem Terror der Clans in ihrem Heimatland entkamen: Die höchste, die einzige Hoffnung dieser einfachen Menschen war, auf die Listen für Auswanderer nach Australien, Kanada oder die USA zu gelangen. Gelangten sie nicht auf diese Listen, wollten sie ohne Rücksicht auf ihr Überleben durch die Wüsten des Sudans und Libyens an die Küste des Mittelmeers ziehen. International bekannt wurde der Zug von 17.000 Kindern aus dem Süden Sudans zunächst nach Äthiopien, dann im Jahr 1988 in das nordkenianische Flüchtlingslager Kakuma, wo sie von anderen Sudan-Flüchtlingen nicht mehr akzeptiert wurden (Economist vom 18.11.2000: »Lost boys found«). Ein Teil dieser Kinder wurde vom UN-Hochkommissar in die USA gebracht. In Afrika gab es für sie kein Israel.

Keith Richburgs Gedanken ergänzte die Redaktion des Londoner Wirtschaftsjournals *The Economist* mit ihrem Schwerpunkt »Hopeless Africa« vom Mai 2000, der sich unter anderem der Frage widmete, warum in Sub-Sahara-Afrika überdurchschnittlich oft korrupte Despoten an die Macht kommen, an ihrer Macht festhalten und diese möglichst an Familienmitglieder oder Vasallen übergeben wollen (Economist vom 13.5.2000: 23ff.). Zunächst bestätigte die Redaktion, dass kleine afrikanische Eliten einfach Strukturen einer autoritären, bürokratisierten und zentralistischen Kolonialverwaltung aufnahmen und für sich selbst nutzten. Dies stimmt allerdings nicht durchgehend. Zum Beispiel stützten sich die britische Kolonialverwaltung in Sierra Leone und die deutsche Kolonialverwaltung im westlichen Deutsch-Ostafrika (heutige Staaten Tansania und Burundi) auf traditionelle, von lokalen Häuptlingen vertretene Herrschaftsstrukturen, schon, weil ihre eigene Personaldecke zu dünn für die Verwaltung großer Gebiete war. Die belgische Kolonialmacht stützte sich im heutigen Ruanda auf die hoch gewachsenen Tutsi, denen sie als Zuwanderern aus dem Nil-Tal höhere Kompetenz zusprachen als den Ackerbauern der Hutu. Die Bevorzugung einzelner Bevölkerungsgruppen war eine vor allem von den britischen Kolonisatoren gepflegte Form des Machterhalts, die nach Beendigung der Kolonialherrschaft beispielsweise in Indonesien und Malaya zu genozidähnlichen Massakern gegen die chinesische Minderheit in den 1960er-Jahren führte.

Die Redaktion des *Economist* skizzierte Verbindungen zwischen vorkolonialer und nachkolonialer Führung:

- Afrikanische Führer tendieren dazu, sich als mächtige und reiche »Big Men« zu inszenieren, nicht als Diener ihrer Völker. Der senegalesische Ökonom Felwine Sarr weist auf die afrikanische Kultur der »Verausgabung von Reichtum zu Prestigezwecken« hin (Sarr 2019: 77). Gleichgeartete Handlungsweisen absolutistischer Herrscher in Europa hatte er nicht im Blickfeld.
- Afrikanische Führung ist die Personifizierung von Macht, für die nicht-personalisierte Institutionen (wie unabhängige Gerichte, Parlamente und Rechnungshöfe, also *Checks and Balances*) störend und inakzeptabel wirken. Ähnliche Haltungen waren auch für den europäischen Absolutismus kennzeichnend (»L'État, c'est moi«). Frappierend ähnlich verhalten sich übrigens Populisten wie Donald Trump, Benjamin Netanjahu und Jair Bolsonaro. Diese Erklärung scheint also nicht spezifisch afrikanisch zu sein.
- Afrikanische Führer sind zuvorderst ihren (Groß-)Familien verpflichtet, die vor allen anderen bedient und gefüttert werden wollen. Danach kommt der Stamm, wieder danach meistens nichts mehr. Auch hierfür finden sich andernorts bis in die Jetztzeit Parallelen.
- Mit wenigen Ausnahmen (genannt werden der Stamm der Ibo im heutigen Nigeria und die Somali) kannten afrikanische Gesellschaften keine der westlichen Auffassung von Demokratie nahekommenden (Mit-)Bestimmungsrechte. Wohl aber wurde oft die Machtfülle ihrer Regenten dadurch eingehegt, dass man sie mit einem Beraterkreis aus lokalen und regionalen Würdenträgern umgab, dem sie in langen Debatten Rechenschaft legen und den sie um Rat bitten mussten. Diese Konstruktion ähnelt jener in der indischen Staatsrechtslehre *Manusmriti* vorgesehenen Pflicht der aus der Kriegerkaste Kshatriya stammenden Könige, sich mit einem Beraterkreis aus schriftgelehrten Brahmanen zu umgeben und deren Rat beim täglichen Regieren einzubeziehen. Die Inder setzten übrigens ausländische Fürsten, die sich mit solchem weisen Rat nicht umgaben, mit ihrer untersten »Kaste«, den Shudra gleich, die kolonisierenden Engländer bestenfalls mit der zweituntersten »Kaste«, den Vaishya (freie Bauern, Handwerker, Händler).
- Aus Rudimenten alter afrikanischer Königreiche entwickelte sich in den Afrika fremden, nachkolonialen »Staaten« die personifizierte Identifizierung der Führer mit dem Staat, der nicht als Institution verstanden wurde, sondern wie oft im europäischen Zeitalter des Absolutismus als Ressource

persönlicher Macht und persönlichen Reichtums. Der Präsident wurde mit »dem Staat« gleichgesetzt und verstand sich selbst so. Die ursprüngliche Beratungsmacht von Häuptlingen verschwand, wurde allenfalls – wie im Kongo des Mobutu Sese Seko – durch ein Geflecht gegenseitiger Abhängigkeiten zwischen »Kriegerkasten« abgelöst.

■ Ein großer Teil der dünnen nachkolonialen Mittelschicht afrikanischer Staaten richtete sich als Satrap der Führer ein und entwickelte damit keine Zivilgesellschaft im westlichen Sinn. Stattdessen wurde – ausgeprägt in Burundi, Kenia, Nigeria und Ruanda – der Kampf zwischen Stämmen geführt. Nur in seltenen Fällen wie in Botswana, Tansania – außerhalb Sansibars – und Ghana war der Aufbau von Nationen (*Nation Building*) im Sinn der nördlichen Hemisphäre wirklich gewollt. Im bevölkerungsreichsten »Staat« Afrikas, Nigeria, geriet diese Idee zur Farce mit endlosen Putschen und Pseudowahlen sich selbst als Demokraten bezeichnender Militärs, einem an den europäischen Dreißigjährigen Krieg erinnernden Völkermord durch Verhungern (Biafra), und letztendlich zur Entstehung einer zu Sub-Sahara-Afrika eigentlich nicht passenden islamistischen Terrororganisation (*Boko Haram*) im Nordosten des Landes, die als Protestbewegung gegen staatliche Willkür und Mord durch das nigerianische Militär begann.

■ Freie Wahlen im westlichen Sinn wurden und werden auch dort, wo ein Mehrparteienregime eingerichtet oder simuliert ist, nur als Zugeständnis an westliche Geldgeber verstanden, nicht als genuines Recht der Völker auf Selbstbestimmung. Die Geberländer lassen sich regelmäßig auf solche Fiktionen ein, was afrikanische Machthaber aufmerksam registrieren. Nur in wenigen Fällen – wie im Februar 2020 in Malawi – werden solche Scheinwahlen von der Justiz aufgehoben, weil die (Obersten) Gerichte in der Regel von Gefolgsleuten der Regierenden besetzt sind, also eine Gewaltenteilung nicht existiert. Für Afrika typisch ist, dass einmal »gewählte« Präsidenten bis ins hohe Alter wiedergewählt und ihre Macht danach an enge Verwandte übertragen sehen wollen, um den illegal zusammengerafften persönlichen Reichtum zu verteidigen. An solchen Gerontokratien entzünden sich zunehmend Proteste der betrogenen Wählerschaft, wie jüngst (erfolglos) in Guinea und Kamerun.

Diese – von mir angereicherte und kommentierte – Analyse der Redaktion des *Economist*, der seit Mitte des 19. Jahrhunderts die Entwicklung des britischen »Empire« beobachtet, mag zwar in nördlichen Gefilden derzeit als provozierend empfunden werden. Sie erklärt allerdings viele politische Phänomene südlich der Sahara, die aus westlicher Sicht mit den Begriffen Despotismus, Korruption und Selbstbereicherung belegt werden. Sie dringt sozusagen in die Köpfe der Despoten und ihrer devoten Gefolgschaft ein, und wirft ganz nebenbei den Betrachter aus der nördlichen Hemisphäre auf die eigene Geschichte des Absolutismus zurück. Sie zeigt allerdings auch Parallelen zu kontemporären Zuständen andernorts. Vielleicht sind solche Verhaltensweisen in Afrika nur weiter verbreitet.

Ganz sicher ist zivilgesellschaftlicher Widerstand auf dem Kontinent weit weniger ausgebildet als in anderen Weltregionen. Afrika wird nicht bloß »armregiert«, wie Volker Seitz schreibt, es wird absolutistisch regiert. Die Armut der Völker war und ist eine Folge davon. Es mag sein, dass dabei auch die von Keith Richburg beklagte Duldsameit der Völker eine Rolle spielt. Allerdings duldeten auch die Völker Europas ihre adligen und klerikalen Ausbeuter jahrhundertelang, bevor sie sich dagegen erhoben. Der süddeutsche Bauernkrieg wurde genauso blutig niedergeschlagen wie Proteste gegen afrikanische Gerontokraten heute.

Der Franzose René Dumont argumentiert, dass Afrika damit überfordert sei, binnen weniger Jahrzehnte das zu bewältigen, wofür andere Völker Jahrhunderte Zeit gehabt haben. Afrikanische Demokraten, die auf dem weitverbreiteten lokalen Kommunalismus aufbauten, haben allerdings durchaus erfolgreiche Gesellschaftsmodelle umgesetzt. Es fehlte ihnen jedoch die Spreng- und Ausstrahlungskraft der französischen und der nordamerikanischen Revolution. Es fehlt ihnen bisher die innere Organisationskraft der Bürger*innen und Arbeiter*innen, die in Europa, Nordamerika und Südkorea der Ausbeutung unter vorwiegend monarchischen Mänteln Widerstand entgegensetzten. Einerseits blieb die gebildete Mittelschicht Afrikas extrem schmal, andererseits konnte sich jenseits weniger Industrie-Enklaven keine Arbeiterklasse formieren. Die Demokraten Afrikas arbeiten sich immer noch daran ab, den Absolutismus zu bekämpfen, der sich mit engmaschigen Spitzelsystemen, hochgerüsteten Polizeiapparaten und mörderischen Paramilitärs umgeben hat. Das unterscheidet sie allerdings nicht von den süddeutschen Bauern, die ihren gerechten Kampf gegen den Land- und späteren Hochadel (wie die Hohenzollern) verloren.

Aus dieser Perspektive sind aus westlicher Sicht solche Machthaber Sub-Sahara-Afrikas selten, die nach Wahlen anstandslos die Zügel der Macht abgaben, weil sie keine Reichtümer auf Kosten ihrer Völker an sich rissen, oder wie der persönlich eher bescheidene Robert Mugabe im potenziell reichen Zimbabwe buchstäblich zu viele Leichen im Keller liegen hatten: Abou Diouf im Senegal, Ellen Johnson-Sirleaf in Liberia, Julius Nyerere in Tansania, Kenneth Kaunda in Sambia und Jerry Rawlings in Ghana. Johnson-Sirleaf, die ein nach langen Jahren des Bürgerkriegs bizarres und völlig deformiertes Gebilde übernahm, konnte sich auf ihre Erfahrung bei der Weltbank und auf eine in Liberia entstandene Frauenbewegung stützen, die dem Wahnsinn unter Drogen gesetzter Milizen ein Ende machen wollte, deren Kindersoldaten von selbsternannten (männlichen) Evangelisten aufgeputscht wurden und Passanten in der Hauptstadt Monrovia wahllos kontrollierten, ungezählte Male grundlos erschossen. Ihre Aufgabe konnte Johnson-Sirleaf selbst auf dem Hintergrund einer UN-Intervention jedoch nur teilweise meistern, weil die »Masters of Desasters« lauernd gewalttätig blieben oder die Bevölkerung offen als selbsternannte evangelikale Priester weiter aufputschten.

Dennoch muss wieder darauf hingewiesen werden, dass Europa bis ins endende 18. Jahrhundert solche »Lichtgestalten« in führenden Funktionen nicht kannte, Thomas Jefferson ein Sklavenhalter war und Abraham Lincoln ermordet wurde. Insofern verlaufen manche Entwicklungen in Sub-Sahara-Afrika teil- und ausnahmsweise schneller als in der Geschichte der früheren Kolonialmächte. Allerdings sind sie im Unterschied zur europäischen und nordamerikanischen Entwicklung umgeben von Vorbildern andernorts und beziehen sich auch darauf. Im Sinne des Mehrparteiideals der nordwestlichen Hemisphäre funktionierten vornehmlich die Republiken Ghana, Sambia und Senegal insofern überwiegend gut, als Machtwechsel durch freie Wahlen entschieden wurden. Im Sinne einer Basisdemokratie funktionierte während der Herrschaft von Julius Nyerere die Republik Tansania überwiegend gut, die inzwischen zu einer evangelistischen Demokratur mutierte. Nyereres Modell beeinflusste die gestaltenden Teile der Politik Afrikas in hohem Maße. Heute kann allenfalls die Republik Namibia behaupten, in seinem Sinne regiert zu werden (obwohl es dort mehrere lebendige Parteien gibt, die allerdings gegen die regierende Befreiungsbewegung chancenlos sind).

Der einzige regierende, überzeugte Kommunist Afrikas war Thomas Sankara, der seine politische Prägung nicht in Europa, sondern auf Madagaskar fand. Konsequent wurde er im Herbst 1987 im Auftrag Frankreichs und der Côte d'Ivoire ermordet. Patrice Lumuba, das zweite Symbol afrikanischer Unabhängigkeitsbewegungen, war weder Kommunist noch Sozialdemokrat. In den turbulenten Geburtsstunden des Kongo wurde er auf den Beistand der Sowjektunion zurückgeworfen, nachdem sich die Kräfte der kapitalistischen nordwestlichen Hemisphäre auf die Seiten seiner innenpolitischen Gegner gestellt hatten (siehe Teil 2 dieses Buchs). Auch die afrikanische Ikone Nelson Mandela war weder Kommunist noch Sozialdemokrat, sondern (wie Martin Luther King in den USA) Kämpfer gegen Rassismus ohne darüber hinausgehende wirtschaftspolitische Idee. Ahmed Sékou Touré, langjähriger Präsident Guineas, hat sich trotz seiner »Lehrjahre« bei der kommunistischen französischen Gewerkschaft CGT die ideologische Basis seiner nicht sehr erfolgreichen, zunehmend gewalttätigen Herrschaft freigehalten und hinterließ nach seinem Tod in Cleveland/Ohio ein völlig verarmtes Land mit riesigen Bodenschätzen. Er gehörte wie sein Freund Kwame Nkrumah und Léopold Senghor zu jenen frühen Panafrikanern Westafrikas, die sich der Ohnmacht eines in Nationen aufgeteilten Kontinents bewusst waren. Sékou Touré war Mitbegründer der Organisation Afrikanischer Staaten. Der Ghanaer Jerry Rawlings und

Thomas Sankara waren (nur) insoweit Söhne der frühen Panafrikaner, wobei allein Sankara den Sprung über den afrikanischen Schüsselrand wagte.

Richtig an Barack Obamas und Keith Richburgs Schlussfolgerungen ist, dass eine wehrhafte Zivilgesellschaft, zuvorderst nicht-korrumpierte Gewerkschaften und örtliche Genossenschaften, sich den Einzug in eine autonom definierte Moderne Afrikas selbst organisieren muss. Diese Kraft konnten Westeuropa, Nordamerika, Teile Lateinamerikas und Südkorea weitgehend aus sich selbst heraus entwickeln, Japan unter dem Eindruck US-amerikanischer Kanonenboote jedenfalls technokratisch schnell und gründlich. Wirkliche Hilfe für Afrika bedeutet, einer Zivilgesellschaft auch dort Bahn zu schaffen. Eine solche selbstorganisierte und gegen den Welthandel fremdbeschützende Entwicklung braucht Zeit. Bis dahin wird die heute weitgehend beschäftigungs- und hoffnungslose Jugend des Kontinents zunächst millionenfach auf den Straßen der Dörfer und Megastädte wie die Zille-Figur »Eckensteher« herumlungern, sich dann auf der Suche nach Perspektiven Zugang nach Eurasien verschaffen, wie es die jungen »Eckensteher« Europas 150 Jahre zuvor mit Amerika gemacht haben. Der Unterschied wird sein, dass der Widerstand Europas gegen eine solche Migration größer und weit besser organisiert ist als jener der damals dünn besiedelten beiden Amerikas.

Wenden wir uns am Ende dieser Analyse wesentlicher Parameter noch einmal einem positiven Beispiel für die Entwicklung Sub-Sahara-Afrikas zu, das in diesem Fall auf einem Zusammenwirken zwischen einer europäischen Region (Bundesland Rheinland-Pfalz) und einem afrikanischen Kleinstaat beruht, und Wege zur Qualifikation afrikanischer Menschen für dort bereits bestehende Nachfrage aufzeigt. Dieses afrikanische Land ist, wie bereits beschrieben, Ergebnis eines Genozids, dem die Opfer selbst erfolgreich ein Ende bereiteten – also ein Unikat in der Menschheitsgeschichte.

Ausbildung und Arbeit für Afrika: handwerkliche Perspektiven

Sofern sich Eurasien auf eine geordnete Ein- und Rückreise für ausbildungswillige Afrikaner*innen auf breiter Ebene verstehen würde, mit der Entwicklungshilfe systematisch im Sinn des Nobelpreisträgers Angus Deaton zu organisieren wäre, könnten nicht nur die kulturelle, soziale und wirtschaftliche Entwicklung Afrikas besser unterstützt, sondern zukünftige Auswanderungswellen verträglicher gestaltet werden. Betrachtet und erlebt man jedoch die von westlichen Medien beeinflussten Haltungen vieler junger Afrikaner*innen, dann scheint es auf dem Kontinent mehr Rapper und potenzielle Fußballstars zu geben als Facharbeiter*innen und Handwerker*innen. Allein, sie treffen auf eine sehr beschränkte Nachfrage, zumal die konsumtiven Verlockungen der überall präsenten Medien überwiegend von westlichen Konzernen, Künstler*innen und kommerzialisierten Fußballvereinen dominiert werden. Was bleibt, ist eine bisher alternativarme Frustration, verbunden mit ungerichteter Aggression. Es fehlt an gesellschaftlichen und politischen Perspektiven. Der fast »extraterrestrische« Einfluss westlicher Medien ist schädlich für Afrika. *Coca-Cola* ist mit etwa einer Million Arbeiter*innen in Abfüllanlagen und Distributoren der größte einzelne Arbeitgeber des Kontinents (Economist vom 5.7.2008).

Viel spricht dafür, nach Ausbildung erster afrikanischer Handwerksmeister*innen in Europa die Ausbildung von Handwerker*innen in Afrika fortzusetzen, sofern dort parallele und anschließende Beschäftigungsmöglichkeiten geschaffen werden – was die kritische Seite dieser Entwicklungsvariante ist. Jedes deutsche Bundesland, jedes französische Departement könnte zusammen mit den Handwerkskammern eine Patenschaft mit einem der vielen kleinen Länder des Kontinents eingehen – wie seit Jahren Rheinland-Pfalz mit Ruanda. Möglicherweise ließe sich so auch das bekannte Problem lindern, dass in Afrika investierte Anlagen nach kurzer Zeit verkommen und verrotten, weil sich niemand kompetent um deren Unterhaltung kümmert und weil Ersatzteile nicht bezahlbar sind. Das heißt, dass auch die eingesetzten Produkte stimmen müssen. Ein in Afrika und darüber hinaus unübersehbares Beispiel setzte dafür der japanische Autobauer Toyota mit seinen *Landcruiser-J7* und *Hilux*-Modellen, die mit einfachen Mitteln repariert werden können – und im Übrigen auf dem Kontinent selbst (in Südafrika) hergestellt werden.

Ein ganz anderes Beispiel ist der Handwerker Vincent in Lagos/Nigeria. Ohne Schulabschluss verdiente er sich sein Brot mit der Reparatur von Fahrrädern. Nachdem er bemerkte, dass sich Gehbehinderte in der Millionenstadt Lagos kaum bewegen konnten, entwarf er auf Grundlage von Informationen im Internet Lagos-taugliche Rollstühle. Lagos-tauglich sind wegen der miserablen Straßen- und Gehwegverhältnisse Rollstühle mit Stoßdämpfern. Vincent baut solche Rollstühle, wenn auch zu einem für Nigeria hohen Preis. Ein weiteres Beispiel ist eine private Initiative zur Förderung arbeitslos gewordener Fremdenführer in Timbuktu/Mali (*postcardsfromtimbuktu.com*), mit der Jedermann handgeschriebene Ansichtskarten aus der westafrikanischen Kulturmetropole (für 10 US-$) bestellen und damit die Existenz örtlicher Kulturgeschichtler fördern kann.

6. Staaten versagen: Selbstschutz vor Marodeuren

Die meisten absolutistisch regierten Staaten Sub-Sahara-Afrikas sind intern schwach organisiert und im Fall innerer Konflikte weder in der Lage, diese unter Kontrolle zu halten, noch gar friedlich zu lösen. Die Sicherheitsbehörden solcher Staaten neigen deshalb zu exzessiver Gewalt gegen die Zivilbevölkerung. Gegen staatlichen wie nicht-staatlichen Terror bilden sich in schwachen Staaten häufig lokale und regionale Selbstverteidigungskräfte, die meistens stammesorientiert und in der Regel schlecht bewaffnet sind, aber über genaue Kenntnisse der lokalen und regionalen Gegebenheiten verfügen. Ihre ursprüngliche Zielsetzung ist jeweils, ihre Heimat vor extern verursachtem Schaden zu bewahren.

Die International Crisis Group (Brüssel, Niederlassungen in Dakar und Nairobi), die im Auftrag verschiedener Staaten und Stiftungen Konflikte weltweit analysiert, hat die Entstehung und Entwicklung von vier solcher Selbstverteidigungskräfte in Nordost-Nigeria, Sierra Leone, Süd-Sudan und Nordost-Uganda untersucht und zieht daraus Schlussfolgerungen über den Umgang mit derartigen Bürgerwehren. Zwei Fälle decken die gesamte Spannweite bisheriger Erfahrungen ab (International Crisis Group 2017a).

Die *Kamajors* (Jäger) des Volks der Mende standen im Bürgerkrieg Sierra Leones und Liberias (1991-2002) zwischen einer schwachen staatlichen Armee und der *Revolutionary United Front* (RUF), die, ausgehend vom Nachbarstaat Liberia, das Land terrorisierte und die dortigen Diamantenminen zur Eigenfinanzierung kaperte. Im Stammesgebiet der Mende (wahrscheinlich identisch mit dem Stamm der Mande, der das Königreich Mali gründete) bildeten lokale Führer, darunter der Ex-Hauptmann Sam Hinga Norman, eine Selbstverteidigungstruppe, die mit 37.000 Mann bald die Stärke der staatlichen Armee um das Dreifache übertraf. Nach nationalen Wahlen (1996) übernahm eine von Mende dominierte Regierung das Regiment und stützte sich stark auf die *Kamajors*, was im Jahr 1997 zu einem Militärputsch führte. Die *Kamajors* wurden nicht nur in ihrem Stammesgebiet, sondern im ganzen Land eingesetzt. Während sie sich in ihrer Heimatregion unter sozialer Kontrolle ihrer Dorfgemeinschaften kaum übergriffig verhielten, mordeten und plünderten sie in anderen Landesteilen wie die undisziplinierte Staatsarmee und die für ihre Grausamkeit berüchtigte RUF.

Den Militärputsch von 1997 beantwortete die westafrikanische Wirtschaftsunion ECOWAS im Folgejahr mit einem Einmarsch vorwiegend nigerianischer Truppen in Sierra Leone. Die ECOWAS-Truppen bedienten sich der Unerschrockenheit von *Kamajor*-Kämpfern, die glaubten, durch einen Zauber vor Gewehrkugeln ihrer Feinde geschützt zu sein (Ähnliches glauben heute die Mai-Mai-Rebellen im Ostkongo). Im nachfolgenden Friedensvertrag von Lomé wurden keine ausreichenden Regelungen zur Demobilisierung und Reintegration der *Kamajors* in die Zivilgesellschaft vereinbart. Ihr Anführer Norman starb unter merkwürdigen Umständen in einem senegalesischen Militärkrankenhaus.

Die *Arrow-Boys* formten sich im Juni 2003 im nordostugandischen Distrikt Teso gegen die *Lord's Resistance Army* (LRA), die unter Führung des »Geistheilers« Joseph Kony den östlichen Kongo, den Süd-Sudan und den Norden Ugandas terrorisierte, ganze Dörfer massakrierte und Kinder entführte, um sie als Soldaten zu missbrauchen. Einzelne Einsätze der ugandischen Armee gegen die LRA waren nicht geeignet, die Zivilbevölkerung gegen die Marodeure zu schützen. Es gibt Stimmen, die sagen, dass die ugandische Armee nicht zum Schutz der Zivilbevölkerung, sondern zur Bekämpfung des Stamms der Adjoli eingesetzt war, und mit ihrem angeblichen Einsatz gegen die LRA US-amerikanische Unterstützung abgreifen wollte, hinter der amerikanische Evangelisten standen (Renaud 2019).

Im Distrikt Teso lebte eine große Zahl aus früheren Bürgerkriegen erfahrener Rebellen, die mithilfe örtlicher Gemeinschaften binnen kurzer Zeit 9.000 Mann mobilisierten und innerhalb von nur sechs Monaten die LRA in die Nachbarländer vertrieben, wo sie heute noch ihr Unwesen treibt. Sie beschränkten ihre Abwehr auf ihre Heimatregion und wurden von ugandischen Offizieren geführt. Soweit bekannt, kam es durch sie zu keinen Übergriffen auf die Zivilbevölkerung, der sie selbst entstammten, und in deren sozialem Umfeld sie blieben. Ihre Demobilisierung dauerte bis 2007. Die jedem Kämpfer zugesagten 500 US-$ verschwanden in den Taschen ugandischer Militärs. Damit gewann das Museveni-Regime Ugandas im traditionell rebellischen Nordosten des Landes keine neuen Freunde, sondern fügte nur eine weitere Ebene zentralstaatlicher Repression ein.

Die jüngsten »Selbstverteidigungskräfte« Afrikas nennen sich *Koglweogo*, »Verteidiger der Büsche« und *Dan Na Ambassagou*, »Jäger, die in Gott vertrauen«. Die Regierungen von Mali und Burkina Faso haben beide Gruppen mit Waffen ausgerüstet, um den Jihadisten neben ihrem schlecht ausgebildeten Militär lokale Kräfte entgegenzustellen. Faktisch wendeten sich diese Gruppen gegen meistens islamische Fulani, ermordeten ganze Dörfer und trieben junge Männer dieses großen Stamms in die Arme der Jihadisten. 1,7 Millionen Menschen wurden beiderseits der Grenzen zwischen Mali und Burkina Faso zu Binnenflüchtlingen. Inwieweit in die Greueltaten die 1.200 Mann starke Präsidentengarde des im Jahr 2014 nach 27 Jahren Herrschaft abgesetzten Blaise Compoaré, des Mörders von Thomas Sankara, verwickelt ist, bleibt offen. Jedenfalls behauptet es der burkinische Oberbefehlshaber Oumarou Sadou (Economist vom 15.12.2018: »The next domino«, Economist vom 20.7.2020: »The next Afghanistan?«). Sicher ist, dass die beiden »Selbstverteidigungskräfte«

dem größten Stamm Burkina Fasos, den Mossi, angehören, und dessen Bewaffnung im Sinne der Regierung eines Landes ist, deren Territorium lange Zeit nicht Teil des »Sahel-Kriegs« war. Sicher ist auch, dass ihr Einsatz diesen »Krieg« noch unübersichtlicher macht und die Frage, ob und wo man es mit Jihadisten zu tun hat (oder nicht), noch unbeantwortbarer. Jedenfalls ist der Sahel weder das »nächste Schlachtfeld des Jihad« noch das »nächste Afghanistan«, wie der Londoner »Economist« titelte.

Der Sahel ist das wesentliche Spannungsfeld zwischen Afrika und Europa geworden, das nicht durch seinen (fehlenden) Rohstoffreichtum, sondern durch seine geografische Lage mit Krieg überzogen wird. Dazu gehört auch, dass seine Staaten mit der Dekolonisierung von »Françafrique« willkürlich gebildet und inzwischen von herrschenden Eliten gegen ihre Völker regiert werden. Die Niederschlagung einer Revolte gegen den langjährigen Diktator des Tschad, Idriss Déby, mithilfe französischer Truppen im Jahr 2019 ist ein Beispiel für die Einäugigkeit von Interventionen der nördlichen Hemisphäre, die systematisch ausblenden, dass die von ihr unterstützte Gerontokratie im Sahel keine Zukunft mehr haben dürfte, weil zwei Drittel der rasend wachsenden Bevölkerung unter 20 Jahre alt, arbeits- und hoffnungslos ist. Darauf eine kompetente Antwort zu geben, ist die nördliche Hemisphäre bisher nicht in der Lage. Sie reagiert stattdessen mit hoffnungslosen militärischen Manövern und der Leugnung, die Grenzen der »Festung Europa« in den Sahel verschoben zu haben. Bis auf die nach Süden gestemmten Grenzen Europas also so, wie jahrzehntelang gepflegt und heute im Namen »europäischer Solidarität« von deutschen Truppen unterstützt, obwohl Deutschland seit 1918 in Afrika nichts mehr zu suchen hatte – was dem Land jedenfalls in der islamischen Welt bisher Sympathie einbrachte. Dass dieser Umstand erdumspannend wichtiger sein könnte als die neue Grenzschutz-Zone Sahel, sei nur am Rande angemerkt.

Schwache Staaten verlassen sich im Fall innerer Konflikte oft auf Bürgerwehren aus der Zivilbevölkerung. Soweit die meist sehr jungen Kämpfer in ihrer Heimatregion eingesetzt werden, bleiben Übergriffe auf die Zivilbevölkerung wegen ihrer sozialen Einbindung aus. Sobald sie darüber hinauswirken, kann es zu humanitären Katastrophen wie in Liberia, Sierra Leone und neuerdings in Burkina Faso kommen, in denen sich jede Staatlichkeit auflöst. In allen bisher analysierten Fällen führte fehlende Fairness staatlicher Institutionen gegenüber den von ihnen benutzten Bürgerwehren zur Desillusionierung in der Bevölkerung ganzer Regionen bis hin zu »Dolchstoßlegenden«, die in manchen Fällen wie jenem des Sam Hinga Norman – im Unterschied zur Diffamie ihrer deutschnationalen Erfinder – gerechtfertigt sein dürften.

Ein Islamischer Staat am Tschad-See?

An den abflusslosen, etwa 1.350 km^2 großen, maximal sieben Meter tiefen Tschad-See grenzen die Staaten Tschad, Kamerun, Niger und Nigeria. Grenzübergreifend wohnen in diesen Staaten große und kleine Stämme wie die Fulbe und die Kanuri. Die Lingua franca ist das in Nigeria vorherrschende Haussa, das jedoch von vielen Stämmen nicht gesprochen und verstanden wird. In Nigeria werden 470 Sprachen gesprochen. Es wird vermutet, dass die Keimzelle der islamistischen Terrororganisation *Boko Haram* im Stammesgebiet der Kanuri im nigerianischen Bundesstaat Adamawa lag. Ihr Gründer, Mohammed Yusuf, wollte rund um den Tschad-See ein Emirat errichten.

Als nigerianische Sicherheitskräfte, die größtenteils weder die im Nordosten vorherrschenden Gepflogenheiten noch die dort gepflegten Sprachen beherrschten, mit wahllosen Verhaftungen und Exekutionen antworteten, breitete sich Yusufs Bewegung rasch aus und nahm im Jahr 2013 die Hauptstadt Maiduguri des nordöstlichen Bundesstaats Borno ein.

Unter der Bevölkerung im Nordosten Nigerias bildeten sich angesichts der Brutalität sowohl der Islamisten als auch der Armee Selbstverteidigungskräfte, die mit rudimentärer Bewaffnung Schutz bieten sollten. Spätestens mit der Einnahme Maiduguris durch *Boko Haram* realisierte die nigerianische Armee, dass sie ohne die sich zur »*Civilian Joint Task Force (CJTF)*« zusammenschließenden Bürgerwehren mit inzwischen 26.000 Mitgliedern den Kampf kaum gewinnen konnte. Die Stadt wurde nach militärischer Rückeroberung wesentlich durch in ihren Nachbarschaften entstandene Bürgerwehren gesichert, in denen es folglich nicht mehr zu nicht zielgerichteter militärischer Aggression kam, sehr wohl jedoch zu Machtmissbrauch vereinzelter mit dem Militär verbündeter CJTF-Kräfte.

Boko Haram weitete seinen Aktionsradius Zug um Zug auf die Nachbarstaaten Tschad und Niger im Norden und Osten, Nord-Kamerun im Süden aus. Sie finanzierte sich durch Plünderung, Schutzgelder, Wegezölle, wahrscheinlich auch durch Ölgeld aus dem Nahen Osten. Die Anrainerstaaten Tschad und Niger sahen sich nicht in der Lage, der Invasion und Rekrutierung durch *Boko Haram* allein mit regulären Streitkräften zu begegnen. Deshalb stützen sie sich, wenn auch mit Nuancen, auf sich bildende, bewaffnete Selbstverteidigungskräfte, die wesentlich aus Jagd-Bruderschaften (Haussa: *yan baka*) und bewaffnete Garden mächtiger Stammesfürsten (Haussa: *dogari*, in Tschad *goumiers* genannt) bestanden.

Während im Tschad und in Nigeria Teile dieser Bürgerwehren als Kombattanten mitwirkten, beließ es der Staat Niger bei der Bildung vernetzter Informanten. Niger befürchtete nach zwei Tuareg-Aufständen in den 1990er-Jahren und im Jahr 2007 die Herausbildung bewaffneter, sich gegen den Staat wendender Milizen. Deshalb bezog es auch nur Bürgerwehren der Fulbe und der Mohamid-Araber in seine Abwehr ein, die dem Stamm der Buduma feindlich gegenüberstanden, dem Sympathien für die Islamisten unterstellt wurden. Vielleicht musste Niger deshalb im Jahr 2019 die höchsten Verluste aller »G-5-Staaten« unter seinen Regierungstruppen hinnehmen (*Süddeutsche Zeitung* vom 13.12.2019). Im Norden Kameruns, der als Rückzugsgebiet *Boko Harams* diente, benutzte das im Jahr 2001 gegründete staatliche »*Bataillon d'intervention rapide (BIR)*« Bürgerwehren als Hilfstruppen, denen keine modernen Waffen zur Verfügung gestellt wurden, auch nicht, wie in Nigeria, zeitweilig. 2018 und 2019 überlagerte eine Auseinandersetzung zwischen französischsprachigen Staatseliten und dem englischsprachigen Westen Kameruns die Einfälle der *Boko Haram* auf das Staatsgebiet. Diese Auseinandersetzung war und bleibt einer der völlig unsinnigen, von starrsinnigen Erbhöfen provozierten Konflikte Afrikas.

Die Einbeziehung aus staatlicher Schwäche entstandener lokaler Selbstverteidigungskräfte in staatlich-militärisches Vorgehen ist rein organisatorisch gesehen in Nigeria ähnlich wie im bereits zitierten Uganda zunächst gelungen. *Boko Haram* wurde innerhalb der Bundesstaaten Adamawa und Borno auf eine schwer überwachbare Waldregion im Nordosten Nigerias zurückgedrängt und bewegte sich in Nigeria nicht mehr auf breiter Front, sondern in Form singulärer, verlustreicher Attentate vorwiegend gegen die Zivilbevölkerung. Durch die lokalen Bürgerwehren konnten zwar Massaker des Staats gegen die Bevölkerung eingedämmt und verhindert werden, zugleich wurde die Zivilbevölkerung dazu gezwungen, sich einer von zwei Seiten anzuschließen. Daraus wurde ein schmutziger Bürgerkrieg (»a messy civil war«, International Crisis Group 2017b). Teile der Bürgerwehren missbrauchen ihre Macht, indem sie der Zivilbevölkerung Schutzgelder abpressen und persönliche Konflikte austragen. Ursprüngliche Konfliktlinien lösen sich auf zugunsten chaotischer Verhältnisse.

Defizitär bleiben rund um den Tschad-See die wesentlichen Fragen der Entlohnung und Wertschätzung der Bürgerwehren für ihre Sicherheitsleistungen. Fast überall werden die Mitglieder der Bürgerwehren, die regelhaft ihren Familien als mithelfende Angehörige entzogen sind, nur symbolisch und durch gelegentliche Geschenke entschädigt. In Nigeria erhalten militärnahe Mitglieder der Bürgerwehren (BOYES) einen Sold von umgerechnet 50 US-$ monatlich. Die Dschihadisten bezahlen ihren Kämpfern umgerechnet 450 US-$ monatlich und garantieren die Kosten ihrer Beerdigung. Reintegrationsprogramme gibt es auf keiner Seite, womit paramilitärische Existenzen ohne Not alternativlos in die Zukunft projiziert werden. Mit den Milliardenbeträgen militärischer Intervention im Sahel könnte problemlos für Hunderttausende Beschäftigungs- und Hoffnungsloser ein Grundeinkommen bezahlt werden. Ein Waffengang scheint der nördlichen Hemisphäre attraktiver zu sein. Wem und was er in seiner scheinbaren Entschlossenheit auch immer dienen soll.

Auch in diesem Kontext lohnt ein Blick in Achille Mbembés »Kritik der schwarzen Vernunft«: Er schreibt, dass ein afrikanischer Islam jenseits naturreligiöser Hinter- und Untergründe der Herausbildung von Identitäten in Afrika am ehesten diene. Die arabische »Hegemonie des Buches« treffe in Sub-Sahara-Afrika auf einen »häretischen Geist«, der die Fähigkeit habe, »in mehreren Welten zu leben und sich gleichzeitig auf beide Seiten des Bildes zu stellen« (Mbembe 2017: 193). Sollte dies so sein, dann wäre die Förderung subversiver Bewegungen in Sub-Sahara-Afrika allemal effizienter als plumpe militärische Aggression, weil man Subversion nicht nur eurozentrisch definieren sollte (siehe Teil 3 dieses Buches).

Zusammenfassend kann die Situation heute damit beschrieben werden, dass Afrika politisch und ökonomisch eine Entwicklung durchläuft, die am Zustand der europäischen Kolonialmächte zum Zeitpunkt der Kolonisierung ansetzt, also am Absolutismus der europäischen »Neuzeit«. Der Kontinent hat niemals die bürgerliche Revolution in Frankreich, schon gar nicht die Revolution der Arbeiter- und Soldatenräte in Europa nach dem Ersten Weltkrieg erlebt, in dem auch Afrikaner »Kanonenfutter« waren. Weil diese europäische Revolution im Kern nur im überwiegend agrarischen Zarenreich Erfolg hatte, wurde auch dort aus der Befreiung der Arbeiter und Bauern eine leninistische Eliten-Diktatur, die 70 Jahre später ohne große Gegenwehr im Oligarchen-Staat Boris Jelzins unterging. Afrika (mit Ausnahme der Republik Südafrika) erlebte keine »Industrielle Revolution«, die einige wenige Länder Ostasiens zu reichen Industrieländern hochkatapultierte, weil Afrika bis vor 60 Jahren keine eigene industrielle Entwicklung anstoßen konnte, sondern Opfer der Kolonialmächte war.

Nach der Entkolonialisierung sofort dem Weltmarkt ausgesetzt, findet der Kontinent bis heute weder ökonomisch noch politisch einen Halt und verharrt in einem Zustand, den Kritiker als »Postkolonialismus« bezeichnen: Er bleibt Rohstoffquelle der nördlichen Hemisphäre, »gelenkt« von Vasallenregierungen, die sich zwar antikolonialistisch und nationalistisch äußern, aber

vom Verzehr afrikanischer Rohstoffe durch die nördliche Hemisphäre leben.
Zu den Brüchen dieses Entwicklungszustands gehört, dass ab und zu zivilgesellschaftlicher Widerstand aufflammt, der sich nur selten und unter glück-
lichen Umständen (wie derzeit im Nord-Sudan) Bahn brechen kann, in anderen Fällen mehr oder weniger erfolgreich den Selbstschutz vor Angriffen von
außen organisiert, die an den mitteleuropäischen Dreißigjährigen Krieg erinnern. In diesem Sinne hat René Dumont mit seiner Anmerkung recht, Afrika
könne jahrhundertelange Entwicklungen andernorts nicht in wenigen Deka-
den nachholen. Jenseits dessen kann ausgerechnet die Selbstorganisation Europas nach seiner Selbstzerstörung während der ersten Hälfte des 20. Jahrhunderts dem künstlichen Staatengebilde Afrikas politisch und ökonomisch
eine Leitschnur bieten. Diese panafrikanische Perspektive wird jedoch ohne
im Zweifelsfall subversive Förderung der Zivilgesellschaft nicht einlösbar sein
(siehe Teil 3 dieses Buchs). Europa brauchte dazu zwei mörderische »Welt-
kriege« und eine, in Deutschland zwei verheerende Wirtschaftskrisen – was
letztendlich auch das Ende des Kolonialzeitalters mit sich brachte. Am längs-
ten (bis 1974/75) hielten die faschistischen Diktaturen über Portugal und Spanien durch, deren »Erbe« über Afrika besonders schwer lastet.

Am 6. Juli 2019 haben 49 der 55 Staaten Afrikas in Niamey/Niger beschlossen, jenseits bestehender regionaler Freihandelszonen eine kontinentale Freihandelszone (AfCFTA) zu gründen, nachdem im Jahr 2015 drei ost- und südafrikanische Regionalgemeinschaften (EAC, COMESA und SADC) dasselbe
vereinbart hatten. Ziel ist es, die Intensität des innerafrikanischen Warenaustausches jener Europas, Asiens und Amerikas anzunähern. Unter dem Schlagwort »Transformation« hat dies bereits die Konferenz der »Organisation für
Afrikanische Einheit« (Vorgänger der am 1.7.2002 gegründeten AU) in Arusha
(Kenia) im Februar 1990 gefordert. In den 26 Jahren dazwischen verdoppelte
sich die Bevölkerung Afrikas um 673 Millionen von 635 Millionen auf 1,308
Milliarden Menschen. Ein »verschenktes Vierteljahrhundert«?

Vielleicht ist selbst dies zu positiv gesehen, wenn man sich verdeutlicht,
dass die Afrikanische Union für ihre Bevölkerung die Visa-Freiheit vereinbart
hat, aber an ihren künstlichen Nationalgrenzen – und nicht nur dort – nach
wie vor »ausländische« Afrikaner*innen drangsaliert werden, sofern sie die
Grenzen überhaupt überschreiten dürfen. Die Europäische Union bastelt in
der Sahara und im Sahel daran, dass diese Freiheit selbst innerhalb der westafrikanischen Wirtschaftsgemeinschaft ECOWAS beendet wird. Über Satrapen-
regierungen wie jene im Tschad und Niger hat sie damit nördlich des Flücht-
lings-Drehkreuzes Agadez bereits Erfolg: Die Zahl der dort durchgeschleusten
Flüchtlinge ging von jährlich etwa 150.000 auf 10.000 zurück.

Nach dem Fall von Mauern zwischen Ost- und Westeuropa macht sich die
nördliche Hemisphäre daran, eine Wiederholung der transatlantischen Flücht-

lingsströme im 19. Jahrhundert an ihren Südgrenzen entschieden zu verhindern. Wie die damals absolutistischen Herrscher Europas hat die Europäische Union kein Konzept, anders mit ihren früheren Kolonien umzugehen, faselt von einem »Marshall-Plan für Afrika«, wo die einfachsten Grundlagen dafür fehlen und jeder wirtschaftliche Bezug fehlt. Der US-Marshall-Plan für Europa kostete 13 Mrd. US-$ (nach heutigem Wert 135 Mrd. US-$). Gemessen am damaligen Bruttoinlandsprodukt der USA waren es 4,7%, nach heutigem Wert etwa eine Billion US-Dollar, was einem Drittel des Bruttoinlandsprodukts Afrikas entspräche (Moyo 2020).

Wenn uns die Geschichte der Menschheit eins lehrt, dann, dass die nördliche Hemisphäre damit erfolglos bleiben wird. Afrika rückt nicht nur geologisch an Eurasien heran, und das zukünftige mediterrane Gebirge, das im Rahmen von Kontinentalverschiebungen anstelle des Mittelmeers treten wird, wird nicht unüberwindbar sein. Das Mittelmeer wird schon weit früher überwunden werden – aus Rinnsalen werden Ströme. Angesichts der gewalttätigen Grundausstattung des Raubtiers Mensch ist zu befürchten, dass dies nicht unblutig vonstatten gehen wird – allen selbstreflektierenden Eigenschaften der Spezies zum Trotze. Es mag sein, dass der blutige Teil der Auseinandersetzung südlich der Grenzen Europas im Sahel stattfinden wird, solange Europa noch die Definitionsmacht hat. Das der Europäischen Union vorgehende, einzige paneuropäische (und dreikontinentale) Römische Imperium ging allerdings nicht nur am Klimawandel und an drei aufeinanderfolgenden Pandemien zugrunde, sondern auch am »Hunnensturm« aus den riesigen Steppen Zentralasiens (Harper 2020). Jenseits der kriegerischen Komponente dieser Reminiszenz sagt diese Erinnerung Vieles über die Vergeblichkeit aus, sich langfristig gegen Völkerwanderungen wehren zu wollen.

7. Wie das interkontinentale Kapital Afrika erlebt und wo es seine Probleme sieht

Peter Scholl-Latours Rückblick auf seine Erfahrungen in Sub-Sahara-Afrika zeigt, wie er sich auf diesem Kontinent bewegte: Zwischen Flughäfen, Luxushotels und Ministerien, allenfalls Büros prominenter Oppositioneller. Den Millionen-Slum Kinshasa sah er nur durch das Fenster eines Taxis (Scholl-Latour 2003). Diese Perspektive teilte nicht nur er mit nicht-afrikanischen Unternehmensführern, die sich aus unterschiedlichen Motiven für den Kontinent und seine Möglichkeiten interessieren.

Am 8. November 2008 veröffentlichte der Afrika-Korrespondent des Londoner Wirtschaftsjournals *Economist* mit unnachahmlichem britischen schwarzen Humor eine ähnliche Erfahrung, die er auf Einladung des britischen *Lon-*

rho-Konzerns an Bord eines Privatjets vom Typ *Gulfstream 5 Executive* machen konnte. *Lonrho* wurde von Roland »Tiny« Rowland gegründet, um die Ressourcen Afrikas zu plündern. Dabei ging Rowland systematisch Partnerschaften mit staatlichen und parastaatlichen Unternehmen ein, weil er sich damit sicher war, nicht verstaatlicht zu werden. Er begann damit in Süd-Rhodesien (heute Simbabwe) und war an bis zu 680 solcher halbstaatlichen Unternehmen beteiligt, bevor er im Jahr 1998 starb. *Lonrho* sagte afrikanischen Potentaten Investitionen in die Infrastruktur zu und hielt diese Zusagen in der Regel ein.

Die von *Lonrho* bezahlte Visite des *Economist*-Korrespondenten führte in luxuriöse Büros der boomenden, extrem teuren Hauptstadt Luanda des Ölstaats Angola, in kaum weniger komfortable Räume des nur durch »Entwicklungshilfe« existierenden Quasi-Staats Äquatorial Guinea, dessen Autokrat Obiang Nguema *Lonrho* einen überflüssigen Handelshafen spendiert hatte, und in die südostkongolesische Millionenstadt Lubumbashi, Provinz Katanga, wo sich Rohstoffspekulanten vor dem Büro des Regionalfürsten die Klinke in die Hand gaben. Dazwischen wurde im *Gulfstream 5 Executive* kräftig *Chablis* der besten Sorte getrunken. Der Art, wie Executives der Konzerne der nördlichen Hemisphäre Afrika erleben, kam dieser Korrespondent sehr nahe (Economist vom 8.11.2008: »Jet-setting to business as usual«).

Als ob sie keine dringlicheren Aufgaben hätten, arbeiten afrikanische Regierungen an staatseigenen Fluggesellschaften, obwohl eine Myriade solcher Gesellschaften in der Vergangenheit untergegangen ist. In Afrika, speziell im Kongo, gibt es viele private Airlines, deren veraltetes, kaum gewartetes Fluggerät oft versagt und zuweilen über dicht bewohnten Gebieten abstürzt, zuweilen auch über Savannen oder Regenwäldern. Die inzwischen insolvente deutsche Fluggesellschaft *Germania* flog zuweilen als quasi-staatliche Fluglinie für afrikanische Kleinstaaten, zum Beispiel als *Gambia Bird*. Einige »wagemutige« Airlines flogen zwischenzeitlich wieder nach Mogadischu/Somalia und Juba/Süd-Sudan.

Seit Mitte der 2010er-Jahre versuchen faktisch insolvente afrikanische Staaten, eigene Staatslinien aufzubauen. *Uganda Airlines* will mit Turboprop-Maschinen zunächst ein innerafrikanisches Netz zwischen Kampala, Nairobi und Mogadischu (!) aufbauen und bestellte darüber hinaus zwei *Airbus A300-800* für Routen nach London und Kanton. Zuletzt transportierte diese Fluglinie zu Zeiten des Despoten Idi Amin Whisky von Britannien nach Kampala. *Kenya Airways* soll verstaatlicht werden, um die Airline vor dem verdienten Bankrott zu retten. *South African Airways* wird seit der Zuma-Kleptokratie mit knappen Steuergeldern zunehmend öffentlich subventioniert, obwohl nur sehr wenige Südafrikaner*innen davon zehren können.

Die interkontinentale Air Transport Association (IATA) schätzt, dass der interafrikanische Flugverkehr im Jahr 2019 bereits ohne die hypertrophe Gründung neuer nationaler Airlines einen Verlust von 300 Millionen US-$ einfliegen wird (Economist vom 31.8.2019: »Blue-sky thinking«), vergleichsweise 6% der offiziellen Steuereinnahmen des Hungerstaats DRC. So verplempern afrikanische Staatsführer das Wenige, das sie aus ihren Völkern heraussaugen, und das Viele, das sie in ihre eigenen tiefen Taschen wirtschaften. Daneben halten sie sich Privatjets.

Die einzigen sich selbst tragenden Fluggesellschaften des Kontinents sind die staatlichen *Ethiopian Airlines* (36 Zielflughäfen in Afrika) und *Royal Air Maroc* (30 Zielflughäfen in Afrika). *Ethiopian Airlines* gilt seit vielen Jahren als eine der weltbesten Airlines und ist mit 117 Flugzeugen die größte Afrikas. Sie hält inzwischen Anteile an den Fluggesellschaften Ghanas, Moçambiques, Togos und betreibt seit 2018 sicher nicht kostendeckend »*Eritrean Airlines*«. Es ist zu befürchten, dass *Ethiopian Airlines* nach der Pandemie 2020 deshalb nicht mehr bestehen könnte, weil im Unterschied zu großen Fluglinien der nördlichen Hemisphäre keine staatlichen Subventionen verfügbar sind. Eine angesichts ihrer miserablen Rahmenbedingungen erstaunliche afrikanische Erfolgsgeschichte, die unternehmerisch mindestens ebenso gut geführt wurde wie *Lufthansa* oder *Emirates*, wird möglicherweise untergehen.

Wenden wir uns der Beurteilung des Kontinents aus westlicher Unternehmersicht zu, soweit sie zusammenfassend und kontinental publiziert ist. Unternehmer*innen in- und außerhalb Afrikas beklagen vornehmlich die Fragmentierung des Kontinents, der es trotz Bildung verschiedener Wirtschaftsgemeinschaften bisher nicht schaffte, Hemmnisse grenzüberschreitenden Personal- und Warenaustausches zu vereinfachen. Wegen der zum großen Teil miserablen Infrastruktur zwischen den Ländern insbesondere im regenreichen Tropengürtel des Kontinents sind die Logistikkosten interafrikanischen Transports extrem höher als in allen anderen Weltregionen. Grenzüberschreitende Verkehrswege sind während der Regenzeit unüberwindbare Schlammpisten, auf denen regelmäßig Lastkraftwagen abrutschen. Eisenbahnlinien kolonialen Ursprungs verbinden nur inländische Rohstoffquellen mit den nächstgelegenen Seehäfen. Jene zwischen Kinshasa und dem Atlantik kostete zwar Zehntausenden afrikanischer Zwangsarbeiter das Leben, ist heute jedoch überwiegend dysfunktional. Die *Boston Consulting Group* hat die Wirkung der nationalen Fragmentierung zusammenfassend dargestellt (siehe Tab. 1 auf der folgenden Seite).

Außerdem stellte die *Boston Consulting Group* fest, dass unter den 85 Unternehmen »mit dem größten Fußabdruck in Afrika« nur 46 ihre Hauptquartiere innerhalb Afrikas haben, darunter 22 in der Republik Südafrika und sechs in Marokko. Bemerkenswert ist, dass die seit 1852 in Afrika tätige französische Bank *CFAO* im Jahr 2013 vom japanischen Automobilhersteller *Toyota* erworben wurde, der den Automobilmarkt Afrikas beherrscht (siehe auch den Kas-

**Tab. 1: Fragmentierung Afrikas aus Unternehmersicht
im Kontinentalvergleich**

Kontinent	Kilometer zwischen den Wirtschaftszentren	Flugstunden	Logistikkosten
Afrika	4.100	12	320%
Europa	1.300	3	90%
Nordamerika	2.200	5	140%
Südamerika	3.400	7	200%
Ostasien	3.700	7	140%

Quelle: Boston Consulting Group 2018 auf Grundlage von Daten der Encyclopedia Britannica – Flight Search Engine – und der ESCAP-World Bank Trade Cost Data Base. Logistikkosten = Prozent des Warenwerts am Ort der Entstehung (Produktionsstätte), einschließlich Vertrieb.

ten auf S. 66). Das lückenhafte 4-G-Mobilfunknetz Afrikas wird zu 70% vom chinesischen Ausrüster *Huawei* ausgerüstet. Zusammen mit der Dominanz Chinas beim Bau und Betrieb von Infrastruktur (Eisenbahnen, Häfen) und beim Bau ganzer Stadtteile (wie in Angola) weisen beide Vorgänge darauf hin, dass die Entwicklung Afrikas zunehmend aus Ostasien gesteuert wird.

Amerikanischer und europäischer Einfluss reduziert sich immer mehr auf den Vertrieb von zum Teil hochpreisigen Konsumgütern. Von den »bekanntesten Markenherstellern Afrikas« stammen je zwei aus Frankreich und Großbritannien (*Danone, L'Oréal, Diageo und Unilever*), je einer aus Deutschland, Indonesien, Japan und der Schweiz (*Adidas, Indofood, Toyota, Nestlé*), aber vier aus den USA (*Coca Cola, Kellogg, PepsiCo, Procter & Gamble*). Bei importierten Investitionsgütern dominieren dagegen China, Deutschland, Japan und Süd-Korea, bei Pharmazeutika ist die Situation wegen des Einflusses indischer Lizenz- und Nachahmerprodukte (weltweit) unklar. Nur sieben der 20 in Afrika bekanntesten Markenunternehmen stammen aus Afrika selbst, darunter drei aus der Republik Südafrika (*Distell, MTN Group, Naspers*), zwei aus Nigeria (*Dangote Group, Globacom*) und je eines aus Kenia und Uganda (*Safricom, Mukwano Group*).

Große Unternehmen der nördlichen Hemisphäre haben es im Normalfall nicht mit kleinen oder mittleren Unternehmen Afrikas als Geschäftspartnern zu tun, sondern mit für dortige Verhältnisse großen Unternehmen, oft mit afrikanischen Multinationals, die nur Eingeweihten bekannt sind. Die Liste afrikanischer Unternehmen mit Umsätzen über 250 Mio. US-$/Jahr ist überschaubar und konzentriert sich auf Südafrika. Die Tabelle 2 bezieht sich auf Unternehmen Sub-Sahara-Afrikas, deren Hauptquartiere dort und außerhalb Südafrikas liegen. Es fällt auf, dass darunter nur eine Bergbaugesellschaft ist. Alle anderen Rohstoffe (außer Erdöl) extrahierenden Unternehmen befinden sich damit in außerafrikanischer Hand.

Tab. 2: Die 10 größten Privatunternehmen Sub-Sahara-Afrikas 2015
(ohne Südafrika)

Unternehmensname	Branche	Hauptquartier in
Sonangol	Öl	Angola
Zambia Real Estate Investments	Bau/Projektentwicklung	Sambia
MTN Nigeria	Telecom	Nigeria
Société Ivoirienne de Raffinage	Öl	Cote d'Ivoire
Dangote Cement	Bau	Nigeria
Ethiopian Airlines	Transport	Äthiopien
Safricom	Telecom	Kenia
Total Kenya	Öl	Kenia
Flour Mills of Nigeria	Lebensmittel	Nigeria
Kansandui Mining	Bergbau	Sambia

Quelle: IESE Business School, University of Navarra 2017.

Das Jahr 2015 war weltwirtschaftlich ein Krisenjahr für die Rohstoffindustrie, weshalb im Vergleich zum Vorjahr der kamerunische Ölkonzern Société Nationale des Hydrocarbures, der nigerianische Ölkonzern Oando Petroleum Svcs und die gabunische Compagnie Minière de l'Ogooné aus der genannten Liste herausfielen.

Das Consulting-Unternehmen *Delberg* (Delberg 2017) hat die mutinationalen Unternehmen Sub-Sahara-Afrikas ermittelt, die auf dem Kontinent den »größten Fußabdruck« hinterlassen. Elf von 30 Unternehmen dieser Art sind nigerianische Banken und Ölkonzerne. In dieser Liste taucht mit drei Unternehmen erstmals die Steueroase Mauritius auf (*Mauritius Commercial Bank, Ireland Blythe* sowie ein Bauunternehmen). Auffallend ist Platz 12 der *Ecobank Transnational* mit Sitz im Zwergstaat Togo, die für viele »Deals« in Afrika steht. Ebenso fällt der einzige in dieser Liste enthaltene Tourismuskonzern »*New Mauritius Hotels*« auf, dessen Einnahmen sich mit Sicherheit nicht nur auf begrenzte Umsätze einer winzig kleinen Insel mit 1,3 Millionen Einwohner*innen vor der afrikanischen Ostküste beziehen (siehe auch das Kapitel über Botswana im Teil 2). Die *Delberg*-Liste zeigt, dass unter den größten Konzernen, die in Sub-Sahara-Afrika ihren Hauptsitz haben, nur sehr wenige warenproduzierende Unternehmen sind (*Dangote Group*, Nigeria und *Groupe Sifca*, Côte d'Ivoire). Afrika produziert außerhalb der Landwirtschaft fast keine Investitions- und Konsumgüter. Drei Viertel des riesigen Biermarkts werden von *Heineken* (Niederlande) und *InBev/Anhäuser-Busch* (USA/Belgien) über afrikanische Dependencen hergestellt, obwohl ein in weiten Teilen biodiverser Kontinent in der Lage wäre, wohlschmeckenderen Alkohol herzustellen. Die Genuss- und Konsumgüter, die Nordamerika und Europa nach Afrika exportieren, könnten auf dem Kontinent mindestens in derselben Qualität hergestellt werden. Selbst einen Teil der Investitionsgüter, die zunehmend China ausschließlich mit chinesischen Arbeitern erstellt, könnten Afrikaner*innen herstellen. Tun sie aber nicht. Erste Reaktionen von Afrikaner*innen gegen die Invasion chinesischer Arbeitskolonnen gibt es in Angola bereits.

Unterhalb der Sphäre großer Unternehmen finden sich auch in Sub-Sahara-Afrika durchaus bemerkenswerte Unternehmensgeschichten. Eine der eindrucksvollsten ist jene von *Pharmakina*, einem auf Chinin-Salze und damit zusammenhängende Pharmazeutika spezialisierten Unternehmen, das 1961 in Bukavu/Süd-Kivu (DRC) als Tochterunternehmen von *Boehringer/Mannheim* gegründet wurde. Als *Boehringer* 1998 an *Hoffmann-La Roche* veräußert wurde, sollte *Pharmakina* geschlossen werden. Stattdessen erwarben es seine leitenden Angestellten Horst Gebbers und Étienne Erny mithilfe einer 20%igen Beteiligung der früheren *Boehringer*-Eigentümer. Grundlage der Produktion ist eine zwölf Quadratkilometer große Plantage für Chinarinde. Das Unternehmen exportiert seine Produkte sowohl in andere afrikanische Länder als auch nach Asien und Europa über den Flughafen Kigali/Ruanda. *Pharmakina* ist das, was man im Wirtschaftssprech einen »Hidden Champion« nennt, also einen weitgehend unbekannten Weltmarktführer. Süd-Kivu ist einer der schwierigsten Wirtschaftsstandorte der Erde, weil dort seit den 1950er-Jahren bis heute fast ständig Bürgerkrieg herrscht. Das Unternehmen beschäftigt etwa 800 Mitarbeiter*innen und 1.200 Saisonarbeiter*innen.

Drehen wir uns einmal um 180 Grad und blicken aus Sub-Sahara-Afrika nach Europa, genauer in die Schweiz. Der einzige Afrikaner, der als Vorstandsvorsitzender je einer internationalen Privatbank der nördlichen Hemisphäre vorstand, heißt Tidjane Thiam. Der gelernte Ingenieur war zunächst Infrastrukturbeauftragter, dann Entwicklungsminister seines Heimatlands Côte d'Ivoire, wo er im Verlauf eines Militärputsches abgesetzt wurde. Danach leitete er sechs Jahre lang den britischen Versicherer *Prudential*, dessen Asiengeschäfte er ausbaute. 2015 wurde er Thiam zum Vorstandsvorsitzenden der Züricher *Crédit Suisse* berufen, der zweitgrößten Geschäftsbank der Schweiz, die zuvor in erhebliche Schieflage geraten war. Er hatte den klaren Auftrag des Verwaltungsrats, die Bank zu sanieren, was er auch konsequent tat. Zum Beispiel verkleinerte er die einflussreiche Handelsabteilung (Investmentbanking), erhöhte das Eigenkapital und verhandelte erfolgreich milliardenschwere Altlasten seiner Vorgänger. Der Aktienkurs der Bank halbierte sich deshalb zunächst, ab Januar 2019 machte die *Crédit Suisse* erstmals wieder Gewinn – 3,7 Mrd. Franken.

Dennoch wurde Tidjane Thiem im Februar 2020 unvermittelt entlassen. Offizielle Begründung des Verwaltungsrats war der Wechsel von zwei leitenden Mitarbeitern der Bank zu konkurrierenden Unternehmen, der von eben diesem Rat überraschend schnell genehmigt wurde. Der Bankvorstand reagierte auf diesen ungewöhnlichen Zug mit der Überwachung dieser zwei Mitarbeiter durch eine Detektei, weil er vermutete, dass die Beiden Insiderwissen weitergeben würden. Dies wurde, garniert mit in die Boulevardpresse lancierten »Frauengeschichten« und »brüskem Führungsstil«, der organisierte Stolperstein für Tidjane Thiem. Thiem war in seiner Heimat Opfer eines Militärputsches, dennoch wurden ihm »Methoden einer Geheimpolizei« vorgeworfen (Süddeutsche Zeitung vom 14.2.2020: »Abgang mit offenen Fragen«). Selbst die migrationsskeptische, rechtslastige Züricher »*Weltwoche*« kommentierte diesen Vorgang am 13.2.2020 wie folgt: »Der Mann, der die Schweizer Grossbank sanierte, wird jetzt von den gleichen Leuten, die den Sanierungsfall produziert haben, vom Hof gejagt. Der Mohr hat seine Schuldigkeit getan.«

8. Afrika im globalen Vergleich

Im Folgenden gebe ich einen Überblick über die Entwicklung des Wohlstands, der Bildung und der Gesundheit in Sub-Sahara-Afrika, soweit darüber Daten vorliegen und Vergleiche mit anderen Weltregionen möglich sind. Schwerpunkte sind Bodenschätze und Ernährung/Landwirtschaft. Am Ende des Kapitels findet sich eine Darstellung des »letzten Ressorts« überschuldeter Länder, das außerhalb der Weltwährung US-$ vom Internationalen Währungsfonds (IWF) angeboten wird und bis vor Kurzem sehr umstritten war. Im Unterschied zu den Folgen der Weltfinanzkrise 2008-2010 könnte das Angebot des IWF den armen Ländern im dritten Jahrzehnt des 21. Jahrhunderts nach der Pandemie 2020 eine wesentliche Alternative zu Anleihen auf den dollar- und yuandominierten Finanzmärkten bieten.

Beginnen wir mit dem Gegenstand jüngster Bemühungen der Afrikanischen Union, dem afrikanischen Binnenmarkt. Die Abbildungen 12 und 13 zeigen den Rückstand Afrikas beim Binnenhandel und der Wirtschaftsleistung je Kopf der Bevölkerung. Der geringe Binnenhandel Afrikas ist unter anderem Ergebnis der Zollschranken zwischen Ländern, die bedeutende Einnahmequellen für die »Eliten« des Kontinents sind. Sollten sie der Zielsetzung der Afrikanischen Union entsprechend tatsächlich abgebaut werden, dann würde zum Beispiel der namibische Tiefwasserhafen Walvis Bay die Hinterländer Sambia und Zimbabwe effizienter bedienen können als heute. Die zum großen Teil unbeschreiblich schlechten grenzüberschreitenden Straßen entlang des Golfs von Guinea müssten ausgebaut, die Küstenmotorschifffahrt gefördert werden.

Die insgesamt niedrige Wirtschaftsleistung unterscheidet sich innerhalb des Kontinents stark zwischen Nordafrika und der Republik Südafrika einerseits, den dazwischenliegenden Ländern des Sahel, Ost- und Zentralafrikas andererseits. Der Durchschnittswert sagt nichts über Einkommens- und Vermögensungleichheiten innerhalb von Ländern aus, die in Afrika regelmäßig enorm sind.

Abb. 12: Kontinentaler Binnenhandel am Gesamthandel 2015-2017 (in %)

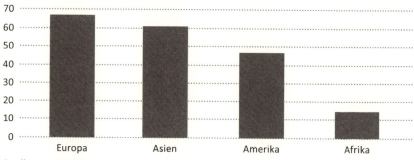

Quelle: UNCTAD 2018

Abb. 13: Wirtschaftsleistung je Einwohner*in (in US-$ 2018)

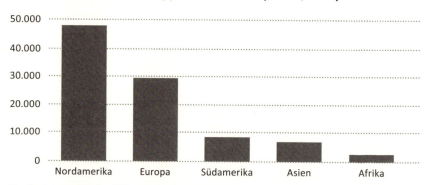

Quelle: Internationaler Währungsfonds, 2019.

Ausländisches Direktinvestment (FDI) in »Leeren Muscheln«

Ausländische Direktinvestitionen (Foreign Direct Investment – FDI) geben an, aus welchen Ländern in welche Länder Investitionsmittel fließen. Sie sind ein Maßstab zur Darstellung weltwirtschaftlicher Verflechtung, der Globalisierung, und lenken seit Mitte der 2010er-Jahre 49% des weltweiten Kapitals in sich entwickelnde Länder, in denen sie 39% des verfügbaren Kapitals ausmachen (andere Kapitalquellen sind Exporterlöse und öffentliche wie private »Entwicklungshilfe«). Üblicherweise fließen aus Ländern mit hohen Außenhandelsüberschüssen wie China, Deutschland, Japan, den Niederlanden und Singapur im Verhältnis zu deren Nationaleinkommen hohe FDIs ins Ausland. Die Statistik des IWF bildet dies auch ab – mit Ausnahme der USA, die trotz ihres hohen Außenhandelsdefizits mit +342 Mrd.

US-$ weit vor Japan, China, Großbritannien und Deutschland die höchs-
ten FDI-Outflows haben. Dieses Paradoxon liegt im Wesentlichen daran,
dass der US-Dollar nach wie vor unangefochten die Leitwährung der Erde
ist. Damit können die USA jedenfalls theoretisch ihr Außenhandelsdefizit durch Währungsmanipulation auf die gesamte Weltwirtschaft abladen
(siehe auch den Unterpunkt »Afrika ist pleite ...«, S. 112).

Nicht nur für den Fall USA ist dieser Umstand interessant. Wo fließen
die Gelder hin, die FDI-Outflows genannt werden? Gibt darauf die FDI-In-
flows-Statistik eine adäquate Antwort? Einerseits ja, weil dort steht, in
welchem Umfang anlagesuchendes Finanzkapital und Märkte suchende
Unternehmen Großregionen und einzelne Länder für sicher und zukunfts-
fähig halten. Den FDI-Empfängern (»Inflows«) kann der Zufluss ausländischen Kapitals neue Infrastruktur und Arbeitsplätze bringen. Er kann aber
auch Unerwünschtes bewirken: Ausländische Investoren kaufen deutsche
Wohnungsbestände auf und modernisieren die Mieter*innen raus, sie
kaufen in Ostafrika landwirtschaftliche Nutzflächen für Schnittblumen-
export, oder sie kaufen Bodenschätze und vertreiben örtliche Bergarbeiter aus Kleinbergwerken.

Über Jahrzehnte betrachtet, haben FDIs Ende des 20. Jahrhunderts ihren Höhepunkt überschritten. Schaubilder zur Bedeutung Afrikas für das
die Erde umschwirrende, anlagesuchende Kapital zeigen zunächst dasselbe Bild wie alle Wirtschaftsgrafiken: Der Kontinent hat wirtschaftlich
kaum Bedeutung. Allerdings ist die seit der Weltfinanzkrise 2008/2009
ständig steigende FDI-Kurve Mitte der 2010er-Jahre abgeknickt (2017 zu
2016: Welt -23%, EU -42%, Nordamerika -39%, Afrika -21%) und hat sich
zugunsten der sich entwickelnden Länder verschoben. Innerhalb Afrikas
sank der FDI-Inflow deutlich im zentralen Afrika (-22%) und und im südlichen Afrika (-66%), in Nord- und Westafrika jedoch weniger stark (-4% und
-11% respektive). Marokkko (+23%) und Kenia (+71%) lagen an der Welt-
spitze, was im Fall Marokkos mit Investitionen in die Automobilindustrie,
im Fall Kenias mit dem Aufbau mobiler Digitalnetze zu tun hatte. Die Direktinvestitionen in Äthiopien – üblicherweise die Hälfte aller ausländischen Investitionen in Ostafrika und in Gesamt-Afrika nach Ägypten die
zweithöchsten – sanken weniger stark um -10% (im bevölkerungsreichsten afrikanischen Staat Nigeria dagegen -21%). Das schlechte Abschnei-
den des südlichen Afrika (-66%) ist mit dem Staatsbankrott Moçambiques
und der korrupten Zuma-Regierung in der Republik Südafrika erklärbar.

Infolge der Covid-19-Pandemie erwartet die UNCTAD (United Nations
Conference on Trade and Development) einen mittelfristigen Rückgang

der FDIs um 30-40%. Ob diese Vorhersage belastbar ist, wird sich vor allem innerhalb Asiens zeigen, zum Beispiel durch Verlagerung von Ferti-
gungsketten aus China in benachbarte Länder.

Nun zum zweiten Begriff dieses Kastens, den »Leeren Muscheln«
(»Empty Shells«): Im Deutschen hat sich seit den *Panama-Papers* der
Begriff »Briefkastenfirmen« eingebürgert und meint Niederlassungen mul-
tinationaler Unternehmen und Vermögensverwalter ohne sichtbare Ge-
schäftstätigkeit an den Orten, an denen die Briefkästen hängen, oft ohne
Personal. Solche Briefkästen stehen konzentriert in kleineren Ländern überwiegend in Westeuropa und der Karibik. Der IWF schätzt, dass über solche
Briefkästen 38% der weltweiten FDIs allein zum Zweck der Steuervermei-
dung, des Steuerbetrugs und der Geldwäsche fließen (Damgaard/Elkjaer/
Johannes 2019). Von den etwa 40 Billionen US-$, die weltweit anlagesu-
chend unterwegs sind, greift der Kleinstaat Luxemburg 10% ab (umgerechnet auf seine etwa 0,6 Mio. Einwohner*innen 6,6 Mio. US-$ je Kopf der Be-
völkerung). Dort und in den benachbarten Niederlanden wird die Hälfte der
weltweiten Phantom-FDIs vermutet, die über Grenzen verschoben werden,
um Steuern zu vermeiden. Weitere 35% verteilen sich auf die Bermudas,
die Britischen Jungfern- und Cayman-Inseln (Steuerbelastung für Unternehmen: 0%), die Schweiz und Irland (Steuerbelastung für Unternehmen:
12,5%), Hongkong und Singapur in Ostasien und Mauritius in Ostafrika.

Anders, als die Lautstärke der Proteste gegen steuervermeidende Groß-
unternehmen vermuten lässt, liegen die größten Radiergummis für Steu-
erschulden also in Europa, nachgeordnet in Ostasien und in karibischen
Zwergstaaten unter britischer Flagge. Auch einzelne Bundesstaaten der
USA sind dabei, zuvorderst Delaware. Dort werden aber eher Vermögen
verschleiert und dem Zugriff gieriger Aktionäre entzogen. Hochbezahlte
Finanzexperten in den »Leeren Muscheln« haben transnationale Produkte
entwickelt, mit denen Unternehmenseinkommen aus Ländern mit geringer
in Länder mit keiner Steuerlast verschoben werden können. Ein Produkt
dieser Art heißt »Doppelter Irish mit holländischem Sandwich«. Dieser einfache Lunch verschiebt steuerpflichtige Kapitalflüsse aus Holland und Irland in die Karibik, wo die Unternehmenssteuern ..., genau: bei 0% liegen.

Auf diese Weise kamen Luxemburg und die Niederlande sogar in den
offiziellen IWF-Statistiken im Jahr 2016 auf einen FDI-Abfluss von 216 Mrd.
US-$, nur ein Fünftel weniger als die USA und viermal mehr als das ex-
portstarke Deutschland. Die Städte Hongkong und Singapur kamen auf 88
Mrd. U-$, 60% mehr als Deutschland und dreimal mehr als der starke In-
dustriestaat Südkorea. »Steuerfluchtgelder« machen nach Schätzung des

IWF derzeit etwa 15 Billionen US-$ aus, was den kombinierten National-
einkommen Chinas und Deutschlands entspricht. Es gibt keine Gruppe des
Organisierten Verbrechens, keine Kleptokraten, die auch nur ein Zehntel
dieses Betrags vereinnahmen könnte.

Die Autoren der IWF-Studie schlussfolgern:»Die meisten Volkswirtschaften investieren intensiv in ›Empty Corporate Shells Abroad‹ (leere
ausländische Unternehmenshülsen) und erhalten selbst substanzielle Investments von dort, im Durchschnitt mehr als 25% der FDI (ebd.). Einige
kleine Länder richten ihr Rechtssystem danach aus und profitieren wie Irland in Höhe eine Viertels ihres Nationaleinkommens davon. Die meisten
anderen Länder verlieren Steuereinnahmen und Gestaltungskraft: Jährlich 15 Billionen US-$.

**Abb. 14: Investiertes Auslandsvermögen (FDI-Inflow) nach Weltregionen
2016/2017 (in Mrd. US-$ pro Jahr)**

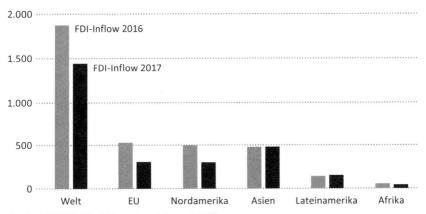

Quelle: UNCTAD, World Investment Report 2018.

Im längerfristigen Zeitverlauf waren die FDI-Inflows in Afrika deutlich ste-
tiger als jene in anderen Weltregionen. Als Anteil am Nationaleinkommen
ausgedrückt, waren die FDI-Inflows Sub-Sahara-Afrikas im Jahr 2018 nach jenen Ostasiens (2,2%) mit 1,9% höher als im Rest der Welt (zum Beispiel reiche OECD-Länder nur 0,8%). Das Jahr 2018 war jedoch insofern atypisch, als
die Bedeutung der FDIs in den hoch entwickelten Ländern und Weltregionen,
insbesondere in der EU, gegenüber dem mittelfristigen Durchschnitt absackte.
In den Jahren 2010 und 2015 lag der Anteil der FDIs in Sub-Sahara-Afrika mit
2,4% und 2,7% des Nationaleinkommens noch an zweitletzter Stelle aller Weltregionen (nach Nordamerika respektive China). Er lag damit zum Teil deutlich

Abb. 15: Anteil der FDI-Inflows am Nationaleinkommen nach Weltregionen 2000-2018 (in %)

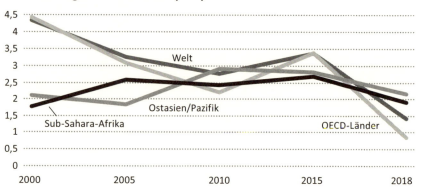

Quelle: Weltbank 2019.

FDI-Netto-Inflows = zufließende Auslandsinvestitionen minus Abflüsse für Investitionen im Ausland bzw. in externen Weltregionen (in % der regionalen Nationaleinkommen).
Die FDI-Abflüsse (Outflows) sind in den reichen Weltregionen naturgemäß größer als in armen Weltregionen. Der Verlauf des Weltdurchschnitts folgt jenem der OECD-Länder wegen deren überwiegender Bedeutung.

niedriger als die privaten Überweisungen von Migrant*innen in ihre Heimatländer (siehe oben S. 29ff.).

Die Abbildung 16 zeigt die Herkunftsländer direkter ausländischer Investitionen, die Hinweise auf steuervermeidende Kapitalflüsse einiger »Steuerparadiese« geben.

Wenden wir uns einem Indikator für die Zukunft Afrikas zu: Die Abbildung 17 zeigt den Anteil der Hochschüler*innen an der relevanten Altersgruppe. Dieser Wert kann als Indikator für die Zukunftsfähigkeit der Weltregionen gewertet werden. Zwar hat er sich in Sub-Sahara-Afrika (wie auch in Lateinamerika) zwischen 1970 und 2017 verneunfacht (in Ostasien verfünfzehnfacht). Allerdings liegt Sub-Sahara-Afrika damit immer noch bei nur einem Viertel des Weltdurchschnitts. Der Anteil der Hochschulabsolventen in MINT-Fächern (Mathematik, Ingenieurwesen, Naturwissenschaften und Technik) liegt in ganz Afrika bei etwa 30%, in Asien dagegen bei 47% (Economist vom 10.8.2019: »A higher challenge«). Über die Qualität der Hochschulausbildung ist dabei noch kein Wort verloren.

Die Situation wird sich absehbar verschlechtern. Der Anteil ausgebildeter Lehrer*innen für die Primär- und Sekundärschulbildung in Sub-Sahara-Afrika sank seit Anfang des Jahrhunderts um jeweils 25%: in den Grundschulen auf 70%, in der Sekundärstufe auf 55% (Antoninis 2019). Dabei werden derzeit

Abb. 16: Herkunftsländer ausländischer Direktinvestitionen (FDI-Outflow) 2016/2017 (in Mrd. US-$ pro Jahr)

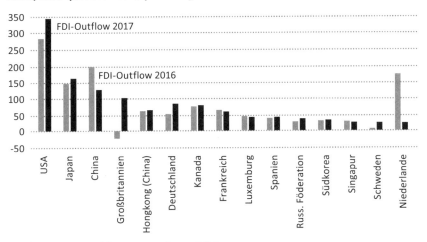

Quelle: UNCTAD, World Investment Report 2018.

Abb. 17: Anteil der Hochschüler*innen an der relevanten Altersgruppe (20- bis 24-Jährige) nach Weltregionen (in %)

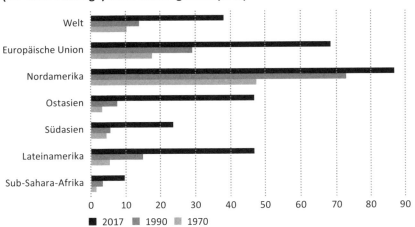

Quelle: UNESCO Institute of Statistics, 2019.

schon ein Fünftel aller Kinder zwischen sechs und elf Jahren, ein Drittel der Kinder zwischen zwölf und 14 Jahren und 60% aller Jugendlichen zwischen 15 und 17 Jahren überhaupt nicht beschult (UNESCO 2019). Die Zukunftsfähigkeit Sub-Sahara-Afrikas nimmt trotz einiger weniger regionaler Erfolge ab.

Abb. 18: Wachstum des Bruttoinlandsprodukts je Einwohner*in nach Weltregionen 1960-2016 (in % pro Jahr)

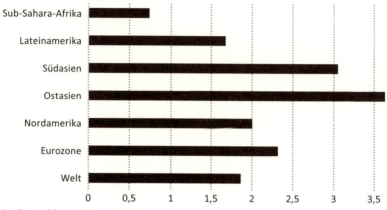

Quelle: Weltbank 2018

Das Nationaleinkommen dieser Weltregion sank in den 1980er-Jahren um jährlich 2,2%, womit der Kontinent noch nicht einmal den Lebensstandard seiner Ausgangsbevölkerung, geschweige denn des Bevölkerungszuwachses gewährleisten konnte. In geringerem Maße war das auch in Nordafrika und Lateinamerika der Fall. Demgegenüber kündigte sich bereits in den 1980er-Jahren der Aufstieg Ostasiens zur weltweit führenden Wirtschaftsregion an. Hohe Wachstumsraten der Wirtschaftsleistung afrikanischer Staaten Anfang des 21. Jahrhunderts fielen mit wenigen Ausnahmen (darunter Äthiopien) kurz darauf in sich zusammen, waren rückblickend eher Strohfeuer, die vom internationalen Finanzkapital wie gewohnt exaltiert wurden.

Langfristige Datenreihen zeigen die Sonderrolle Afrikas im Rahmen der erdumspannenden Entwicklung. Das Bruttoinlandsprodukt wuchs zwischen 1960 und 2016 in Sub-Sahara-Afrika deutlich weniger als in anderen Weltregionen.

Vergleicht man das jährliche Wirtschaftswachstum der vergangenen fünfeinhalb Jahrzehnte mit dem jährlichen Bevölkerungswachstum (2018), dann fällt unter allen großen Weltregionen Sub-Sahara-Afrika völlig aus dem Rahmen. Unter den Einzelstaaten mit den höchsten Bevölkerungszuwächsen liegen jene in der Sahelzone zwischen Mauretanien und Äthiopien (jeweils zwischen +2,8% und +3,8% jährlich).

Abb. 19: Wirtschaftswachstum je Einwohner*in 1960-2016 und Bevölkerungswachstum 2018 nach Weltregionen (in % pro Jahr)

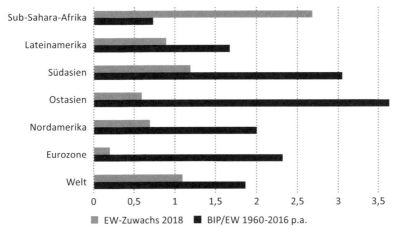

Quelle: Weltbank 2019; EW = Einwohner*innen, BIP = Bruttoinlandsprodukt

Wie viele Menschen leben wo?

An dieser Stelle eine Anmerkung zu Bevölkerungsbeständen und -prognosen: Während in fast allen Staaten der nördlichen Hemisphäre die Geburten- und Sterbestatistiken sehr zuverlässig sind, gilt dies für Sub-Sahara-Afrika nur in eingeschränktem Umfang. Insbesondere im Tschad, am Horn von Afrika, in der DRC, Tansania, Malawi, Sambia, der Zentralafrikanischen Republik und Zimbabwe wird die Geburtzahl höchst unzuverlässig festgestellt. In Liberia, Sierra Leone und Uganda werden Geburten bestimmter ethnischer Herkunft nicht erfasst (Economist vom 7.12.2019: »Papers please«, auf Grundlage von Daten der Weltbank). Die Wahrscheinlichkeit einer Untererfassung der Bevölkerung ist vor allem in diesen Ländern höher als jene einer Überschätzung. Die Bevölkerung großer afrikanischer Länder könnte höher sein als in der Statistik angegeben.

Etwa die Hälfte des Bevölkerungswachstums zwischen 2015 und 2050 wird in nur neun Staaten stattfinden, von denen vier in Sub-Sahara-Afrika liegen (Nigeria, DR Congo, Äthiopien, Uganda). Bis zum Jahr 2100 wird nach der mittleren UN-Bevölkerungsprognose 2019 die Bevölkerung auf allen Kontinenten mit Ausnahme Afrikas zurückgehen. Die Bevölkerung Afrikas wird dagegen ungebrochen wachsen und jene Asiens fast erreichen. Ohne die Verbesserung der landwirtschaftlichen und die Schaffung einer industriellen Grundlage in

Afrika wird diese Entwicklung zu weiteren kriegerischen Auseinandersetzungen innerhalb Afrikas und zu konfliktreichen Völkerwanderungen führen. Eine Abwärtsspirale aus Gewalt, Korruption und Plünderung kann durch eine deutliche Verringerung der Geburtenrate, vor allem durch breit angelegte Bildungsoffensiven und damit zu verbindende Beschäftigungsprogramme sowie durch die beschriebene Entwicklung zur gemeinwirtschaftlichen Selbstorganisation sowohl auf lokaler als auch auf kontinentaler Ebene gemildert und vielleicht gewendet werden. Auf dem Weg dorthin dürften Kriseninterventionen vorerst unvermeidlich bleiben.

Erschwerend wird hinzukommen, dass die Beschäftigungsbasis der bisherigen »Geberländer« infolge des Wegfalls von Arbeitsplätzen durch die Ersetzung menschlicher Arbeit durch intelligente Automation (»Künstliche Intelligenz«) um bis zu 54% abschmelzen könnte (so Carl Benedikt Frey und Michael Osborne von der Oxford University in: Süddeutsche Zeitung vom 22.8.2019: »In der Technologiefalle«), was einige Ökonomen panisch bestreiten, andere mit der Notwendigkeit eines bedingungslosen Grundeinkommens ohne Bezug auf dessen Finanzierbarkeit beantworten. Unter der Annahme eines nach der Ersten Industriellen Revolution des 19. Jahrhunderts weiteren Schubs des Ersatzes menschlicher Arbeit durch Maschinen wird sich unter gegebenen Umständen ein erdumspannendes Ausspielen des Proletariats durch multinationale Konzerne ausbilden, das kurz- und mittelfristig rechtsradikale und rassistische politische Kräfte befördern dürfte.

Mit anderen Worten: Es fehlt derzeit die konstruktive Idee, wie mit einer erneuten, massiven Erhöhung der Produktivität durch den Ersatz menschlicher Arbeit durch Maschinen weltweit bei gleichzeitigem Bevölkerungszuwachs in Afrika und einer sich seit Längerem abzeichnenden Völkerwanderung nach Europa umgegangen werden kann. Eine solche Idee wird nicht von *Coca-Cola* oder *Google* kommen, sie wird umfassend länder- und kontinentübergreifend zu formulieren sein. Dazu gibt es drei Grundpositionen: Die »im Westen« geläufige setzt darauf, dass sich der globalisierte Kapitalismus als anpassungs- und erneuerungsfähig beweisen wird. Den zweiten Weg geht derzeit die Volksrepublik China in Form einer etatistischen, informationellen Diktatur, die wirtschaftliche Globalsteuerung mit einer engmaschigen Überwachung der Bevölkerung verbindet. Der dritte Weg setzt auf die Wiederaufnahme der Idee einer demokratischen sozialistischen Internationale, die sich im Unterschied zur Mikrosteuerung vergangener Systeme auf Globalsteuerung konzentrieren will.

Arbeitsproduktivität

Im Umfeld der »Globalisierung« spielt schon bisher neben staatlichen Kernleistungen und Subventionen die Produktivität eine wesentliche Rolle bei arbeitsmarktrelevanten Investitionsentscheidungen. Die Produktivität ist nicht nur

Abb. 20: Arbeitsproduktivität 2018 (in BIP je Arbeitskraft, US-$-Kaufkraftparität 2011) nach Weltregionen

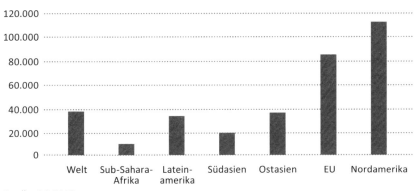

Quelle: ILO 2019

eine schlichte Bilanzierung des Beitrags einer durchschnittlichen Arbeitskraft zur Bruttowertschöpfung eines Landes. Hinter ihr verbergen sich, wie im Folgenden gezeigt wird, unterschiedliche Verhältnisse im Einsatz von Kapital und menschlicher Arbeit. Zum Beispiel ist die Arbeitsproduktivität in völlig automatisierten Fabriken, in denen nur noch wenige Qualitätskontrolleure arbeiten, deutlich höher als jene in den »Sweat-Shops« der Textilindustrie in Südasien, wo Tausende von Näher*innen Handarbeit leisten. Die Bruttowertschöpfung je Beschäftigten ist in internationalen Finanzzentren extrem höher als in durchschnittlichen warenproduzierenden Ländern, weil dort sehr hohe Umsätze relativ wenigen Beschäftigten zugeordnet werden. Dieses Beispiel war jahrzehntelang Gegenstand einer Debatte unter Ökonomen darüber, ob das Bewegen von Geldströmen überhaupt Teil der Bruttowertschöpfung sein kann. Im Zeitalter des grenzenlosen Finanzkapitalismus ist diese Frage selbstredend positiv beantwortet worden. Die Abbildung 20 zeigt die so definierte Arbeitsproduktivität nach Weltregionen (ohne Beiträge der »informellen Ökonomie«).

Wie in den bisher gezeigten Statistiken liegt Sub-Sahara-Afrika weit abgeschlagen auf dem letzten Platz, Südasien (Bangladesch, Indien, Pakistan und die Himalaya-Staaten) auf dem zweitletzten. Untersucht man die Länderwerte innerhalb dieser Weltregionen näher, dann fällt auf, dass weltweit zwei Ländertypen auf den besten Plätzen liegen: Staaten mit hohen, unaufwändig förderfähigen Rohstoffen wie Katar (158.013 US-$ – jeweils je Arbeitskraft 2018), Norwegen (130.246 US-$) und Saudi-Arabien (123,506 US-$) und solche, die Zentren der internationalen Finanzspekulation sind (Luxemburg mit 216.165 US-$, Irland mit 155.252 US-$, Hongkong mit 111.327 US-$ und die britischen Kanalinseln mit 106.952 US-$). Eine Ausnahmeerscheinung ist die Repubik Tai-

Abb. 21: Arbeitsproduktivität 2018 (BIP je Arbeitskraft) in Ländern Sub-Sahara-Afrikas

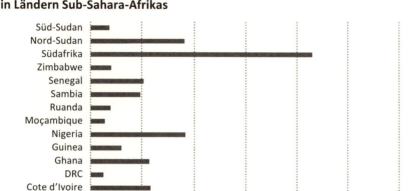

Quelle: ILO 2019.

DRC = Demokratische Republik Kongo; x-Achse: US-$ Kaufkraftparität. Die hohe Steigerung in Äquatorial-Guinea ist auf Erdöl-Exploration und Drogenhandel zurückführbar.

wan, die ohne wesentliche Bodenschätze und ohne weltweit bedeutende Finanzdienstleistungen 126.198 US-$ verzeichnet und damit das effizienteste Industrieland der Erde sein dürfte. Deutschland liegt mit 91.358 US-$ zusammen mit Australien im oberen Mittelfeld der entwickelten Länder, um knapp 10% unter den europäischen Kleinstaaten Dänemark und Niederlande und um 5% unterhalb Frankreichs.

In Sub-Sahara-Afrika gibt es keine Finanzzentren und außerhalb Südafrikas kaum industrielle Kerne. Die Abbildung 21 zeigt die Arbeitsproduktivität für 18 Staaten des Subkontinents. Das Beispiel des ölreichen Zwergstaats Äquatorial-Guinea beweist, wie der Reichtum an leicht zu hebenden Bodenschätzen die Arbeitsproduktivität heben kann, ohne dass breite Kreise der Bevölkerung davon etwas mitbekommen. Ähnliches zeigt sich – wenn auch mit deutlich geringerem Wachstum – in Nigeria und Angola. Der Vergleich zwischen Nord- und Südsudan beweist, dass der Ölreichtum des Sudans jedenfalls bis 2018 nach wie vor vom Nordsudan abgeschöpft wurde, obwohl die Quellen im »Nicht-Staat« Südsudan liegen. Interessant ist auch der Vergleich zwischen Sambia und Zimbabwe, die beide als »Kornkammern Afrikas« gelten: Sambia hat im Vergleich zu Zimbabwe eine dreifach höhere Produktivität. Der wesentliche Unterschied liegt darin, dass Zimbabwe über Jahrzehnte heruntergewirtschaftet, Sambia dagegen mehr oder weniger ordentlich regiert wurde. Die Abbildung 21 zeigt auch, auf welch geringem Produktivitätsniveau derzeitige »Lieblinge« des weltweit vagabundierenden Kapitals liegen (Äthiopien, Ruanda, Uganda).

Die ILO veröffentlichte neben den Bestandsdaten zur Arbeitsproduktivität auch Ausblicke bis zum Jahr 2023. Alle Staaten mit negativen Produktivitätsprognosen liegen in Sub-Sahara-Afrika: Der »Nicht-Staat« Südsudan mit -8,8% pro Jahr an letzter Stelle, Äquatorial-Guinea mit -2,1%, Congo-Brazzaville mit -1,5%, die scheinbar endlose Despotie Zimbabwe mit -0,6%. Überdurchschnittlich hohe Produktivitätszuwächse werden für Ruanda, Äthiopien, den Senegal, die Elfenbeinküste (Côte d'Ivoire) und Burkina Faso prognostiziert: (jeweils mindestens +2,9% im Vergleich zu +3,9% in Ostasien, +1,8% weltweit und +1,5% in Westeuropa). In diesen Ländern ist die Beschulungsquote verhältnismäßig hoch, was auch die Migration nach Europa erleichtern dürfte.

Armes Afrika – Reiches Afrika: Bodenschätze
Die im Vergleich zu anderen Kontinenten große Armut Sub-Sahara-Afrikas steht in starkem Kontrast zum Reichtum des Kontinents an international nachgefragten Mineralen. Während die Länder des Sahels und am Horn von Afrika wenige Bodenschätze besitzen, verfügen andere Länder über großen Reichtum:

- Nordafrika, die Länder am Golf von Guinea, Angola und Moçambique verfügen unter ihren Landflächen oder vor ihren Küsten über erhebliche Erdöl- und Erdgasvorkommen.
- Entlang des Großen Afrikanischen Grabens erstreckt sich südlich des Sudans bis nach Sambia in Nord-Süd-Richtung ein Zinngürtel, der in seinem zentralen, vulkanisch aktiven Bereich des östlichen Kongo eine Vielzahl weiterer Bodenschätze aufweist.
- Das südliche Afrika (Angola, Botswana, Namibia, Republik Südafrika) hat reichhaltige Diamanten-, Gold- und Kohlefelder, Moçambique Rubin- und Kohlevorkommen.
- Im südlichen Mali, im nördlichen Ghana und in Tansania wird Gold gewonnen.
- Im Landesinnern der westafrikanischen Republik Sierra Leone, von Gabun, Kongo-Brazzaville und der Zentralafrikanischen Republik liegen Diamantenfelder, in Guinea, Mauretanien und Sierra Leone große Eisenerzvorkommen, in Sierra Leone auch Titan (Rutil).
- Auf drei Feldern wird im östlichen Mali und im nördlichen Niger Uran abgebaut.
- In Guinea liegt ein Viertel der Bauxit-Reserven der Erde. Bauxit ist Grundstoff für die Produktion von Aluminium.

Mit Ausnahme Botswanas und der Republik Südafrika haben diese Bodenschätze zwar Konzernen der nördlichen Hemisphäre (von Nordamerika über

Europa bis nach China) und den nationalen afrikanischen Eliten gigantischen Reichtum beschert, dem Großteil der Bevölkerung jedoch bestenfalls nichts, schlechtestenfalls Terror und Tod gebracht. Selbst dort, wo oberflächennahe Rohstoffe wie Diamanten und Coltan durch Millionen selbständiger Miniers abgebaut werden, sorgen mehrstufige Ketten vor allem arabischer Zwischenhändler und Abgaben erhebende Milizen dafür, dass bei den Bergarbeitern nur kümmerliche Löhne ankommen. Soweit internationale Konzerne den Bergbau übernommen haben, zahlen sie ihren einheimischen Lohnarbeitern maximal ein Zehntel bis ein Zwanzigstel der Löhne von Bergarbeitern der nördlichen Hemisphäre. Die Ausbeutungsverhältnisse gleichen jenen rumänischer Arbeiter in den Schlachthöfen Niedersachsens.

Die mineralreichste Region Afrikas ist zugleich eines der größten Menschenschlachtfelder des Kontinents: Der östliche Rand der DRC zwischen Uganda im Norden und Sambia im Süden. Dieses knapp 760.000 km² große Gebiet ist etwa doppelt so groß wie Deutschland und hat seit Entdeckung seiner Bodenschätze um die vorletzte Jahrhundertwende herum in jedem Zeitabschnitt des Kapitalismus werthaltige, hochpreisige mineralische Rohstoffe im Angebot. Der Ostkongo umfasst nur etwa ein Drittel der Fläche der DRC (2,4 Millionen km², halb so groß wie die gesamte Europäische Union, die im Vergleich mehr als sechsmal so viele Einwohner*innen hat). Die potenziell reiche DRC ist aktuell (2019) das drittgrößte Herkunftsland von Flüchtlingen an den Grenzen Europas.

Brennpunkt Katanga

Der Ostkongo, eine abgelegene Region südlich des Sudans, wurde in den 1870er-Jahren durch den Deserteur, Entdecker und Hasardeur Henry Morgan Stanley in der nördlichen Hemisphäre erstmals zur Kenntnis genommen. Stanley war auf seiner ersten Afrika-Expedition 1871 in britischem Auftrag unterwegs, den verschollenen Arzt und Missionar David Livingstone zu finden und hatte damit eher zufällig Erfolg. Mit seiner zweiten Afrika-Expedition 1874-1877 sollte er die Quelle des Nils finden, die er mit jener des Kongo-Flusses verwechselte. Seine dritte Afrika-Expedition fand 1878 im Auftrag des belgischen Königs Leopold II. statt, für den er lokalen Häuptlingen entlang des Kongo-Flusses Land und Leute abluchste, also lange nach dem Verbot des Sklavenhandels durch Britannien eine neue, innerafrikanische Sklaverei errichtete.

1884 nahm Stanley an der Berliner Westafrika-Konferenz teil, in der die europäischen Kolonialmächte Afrika unter sich aufteilten. Während er nach dem Auffinden Livingstones in Großbritannien gefeiert und mit Ehrentiteln überhäuft wurde, fiel später sein falsches Spiel dadurch auf, dass über den Kongo-Fluss (bis zu den nach ihm benannten Wasserfällen, die eine durchgehende Schiffbarkeit des Kongo unmöglich machen) wertvolle Naturprodukte (zum Beispiel Elfenbein) exportiert, aber nur Waffen importiert wurden. Die

Tab. 3: Internationale Bergbaukonzerne in Sub-Sahara-Afrika

Unternehmen	Hauptsitz	In Afrika tätig in	Umsatz 2016 in US-$
Glencore plc	Baar/CH + St.Hellier	DRC	153 Mrd.
Coal India Ltd.	Kalkutta	Moçambique	114 Mrd.
Rio Tinto plc	London + Melbourne	Moçambique, Namibia, Südafrika	33 Mrd.
Vale S.A. (Vale do Rio Doce)	Rio de Janeiro	Guinea, Malawi, Moçambique, Sambia	28 Mrd.
Anglo-American plc	London	Botswana, Namibia, Südafrika	23 Mrd.
Alcoa Corp.	Pittsburgh/USA	Guinea	9 Mrd.
Barrick Gold Corp.	Toronto	Sambia	9 Mrd.
Norilsk Nickel	Moskau	Südafrika	8 Mrd.
China Sonangol*	Hongkong	Angola	Unbekannt
DeBeers Ltd.**	Luxemburg	Botswana, Namibia, Südafrika	3 Mrd.
SMB/Shandong Weiqiao	Singapur/Peking	Guinea	Unbekannt

Quelle: technik-einkauf.de 2017 und weitere.

CH = Schweiz; DRC = Demokratische Republik Kongo; St. Hellier = Steueroase auf Jersey/ Großbritannien.
* China Sonangol wurde während Ermittlungen von US-Behörden gegen das Unternehmen in Nan Nan Ressources Enterprise Ltd umbenannt. ** Ango American hält seit 2012 40% an DeBeers Ltd. In Afrika tätige Ölkonzerne sind mit Ausnahme von Sonangol nicht erfasst, haben ihre Hauptsitze aber ebenfalls außerhalb Afrikas. Beteiligungen an afrikanischen (Staats-) Unternehmen sind nicht erfasst.

folgende Empörung in Europa kostete Leopold II. seinen »Privatbesitz Kongo« und Stanley seine Reputation als Retter Livingstones und des südsudanesichen Gouverneurs Emin Pascha vor dem arabisch-sudanesischen Mahdi-Aufstand, der in Wirklichkeit ein Deutscher namens Eduard Schnitzer war. Stanleys Geschichte ist so bizarr wie die sich Jahrzehnte später ergebende Entwicklung des östlichen Kongo mit ihrem Schwerpunkt Katanga.

Die Bodenschätze des Ostkongo wurden erst nach dem Zweiten Weltkrieg – also viel später als jene Südafrikas, Rhodesiens und Deutsch-Südwestafrikas (Namibias) – vom internationalen Kapital entdeckt und gehoben. Vom südlich benachbarten Rhodesien drangen britische Konzerne vor. In dem im Jahr 1960 als Staat unabhängig werdenden Katanga bildete sich die *Union Minière du Haut Katanga*, die nach Einbeziehung Katangas in die kongolesische Republik als *Gécamines* im Jahr 1966 verstaatlicht wurde. Die *Gécamines* förderte sehr bald selbst keine Bodenschätze mehr, sondern wurde staatlicher Vertragspartner internationaler Bergbaukonzerne und ein Instrument des Transfers ihrer

Einnahmen auf die Privatkonten kongolesischer Eliten. Während der Staatshaushalt der DRC wenig mehr als fünf Milliarden Euro groß ist, fließt über *Gécamines* ein mindestens Achtfaches davon auf deren Konten in der Schweiz und in anderen Steuerparadiesen.

Nach einer Vielzahl regionaler Konflikte, in die auch die kongolesischen Nachbarstaaten Burundi, Ruanda, Sambia und Zimbabwe (para)militärisch eingriffen, ist der östliche Kongo zu einem Sinnbild für todbringende Anarchie, für »Failed States«, geworden. Die lokal und regional herrschenden Milizen finanzieren sich überwiegend aus der Besteuerung von Bergwerken und dem Schmuggel leicht transportabler Rohstoffe in die östlich benachbarten Staaten, wo sie »gewaschen werden«. Darunter sind auch Diamanten, die nach dem international vereinbarten »Kimberley-Protokoll« klassifiziert sein sollten. Die entsprechenden Zertifikate werden im Ostkongo in Bretterbuden gefälscht.

Daneben überfallen Milizen regelmäßig Dörfer, ermorden die Männer, vergewaltigen die Frauen und entführen die Kinder, um sie als unter Drogen gesetzte Kindersoldaten zu verwenden. Der landschaftlich schöne Ostkongo ist zu dem geworden, was sich Christen als »Vorhof zur Hölle« vorstellen (von Christen organisiert, einige seiner Opfer waren christliche Missionare). Heute wabern durch die östlichen Provinzen des Kongo die abstrusesten Geister- und Heilerglauben der Erde, die beispielsweise Söldner der Mai-Mai-Milizen durch »Heiliges Wasser« für unverwundbar erklären sollen. Ähnliche Monstrositäten tauchten auch während des liberianischen Bürgerkriegs in den 1990er-Jahren auf, bei dem es letztendlich um die Diamanten Sierra Leones ging, die nach dem Bürgerkrieg bei der israelischen *Beni-Steinmetz-Group* mit Sitz in Genf landeten, den Begriff »Blood Diamonds« formten und zum weitgehend unwirksamen »Kimberley-Protokoll« führten. In von Gewalt gezeichneten Regionen gelten auch internationale Vereinbarungen nichts, die außerhalb als Qualitätssiegel gelten.

Zwar hat die nördliche Hemisphäre erkannt, dass wertvolle Rohstoffe in Afrika brutale »Bürgerkriege« finanzieren. Dagegen wurden Zertifizierungs-Systeme entwickelt: Neben dem »Kimberley-Protokoll« für Gold, Tantal (Coltan), Wolfram und Zinn in den USA der Dodd-Frank-Act von 2010. Damit sollte die Transparenz von Lieferketten hergestellt werden. Ähnliches wird in jüngerer Zeit für die Lebensmittel- und Textilindustrie versucht. Angesichts der Anarchie am Ursprung dieser Lieferketten laufen solche Bemühungen jedoch bisher regelhaft ins Leere. Der Dodd-Frank-Act, der alle in den USA börsennotierten Unternehmen verpflichtet, wurde zum »Congo-Free-Act« (keine Importe aus dem Kongo), führte zur Massenentlassung von Bergarbeitern im Ostkongo und deren Weiterexistenz als scheinselbständige Miniers, denen Abgaben erhebende Milizen und Ketten von Zwischenhändlern von Katanga bis nach Dubai/London/Shanghai im Nacken sitzen. Er führte auch zur Sonderrolle des

schweizerischen Mineralraubkonzerns *Glencore*, der erdumspannend überall dort eine Rolle spielt, wo Bodenschätze preiswert gehoben und teuer verkauft werden können.

Dies ist allerdings keine schweizerische Spezialität, wie das Geschäftsfeld
des britischen *Lonrho*-Konzerns beweist. Einer der großen Makler von Berg-
baukonzessionen, Freund der früheren, von Ruanda protegierten DRC-Minis-
terpräsidenten Laurent und Joseph Kabila, ist der US-Amerikaner Dan Gertler,
der durch die international recherchierten »*Panama-Papers*« enttarnt wurde.

Der Rohstoffreichtum des Ostkongo hat über die Menschen dieser entlege-
nen, dicht besiedelten Region Elend und Tod gebracht. Seitdem die UN in den
1960er-Jahren in »Elisabethville« (heute Lubumbashi) einmarschierten, um das
Regime des Moïse Tschombé (Auftraggeber des Mords an Patrice Lumumba)
unter Kontrolle zu bringen, hat es die stärkste und längste »Blauhelm-Mission«
nicht vermocht, wesentlich auf die lokal, national und international geprägte
Konfliktlage im Ostkongo Einfluss zu nehmen. Allein während des »Kongo-
Kriegs« (1998-2003) fielen diesem Konflikt etwa vier Millionen Menschen zum
Opfer, womit dieser Krieg der tödlichste seit dem Zweiten Weltkrieg wurde.

Coltan/Tantal – Triebkraft von Digitalisierung und E-Mobilität

Die gewalttätige Anarchie im Ostkongo wird sich absehbar nicht lindern. Seit
den 1990er-Jahren ist Coltan zum unverzichtbaren Rohstoff für IT-Hardware
geworden. In jedem Smartphone der Erde steckt Tantal, eines der Elemente
dieses komplexen Minerals. Um das leichte, aber reaktionsfreudige Lithium in
Batterien zu bändigen, wurde in den 1970er-Jahren für die Batterie-Kathode
zunächst Titansulfat eingesetzt. Der im Jahr 2019 (mit Akira Yoshima und Stanley Whittingham) als Nobelpreisträger geehrte Brite John Goodenough ersetzte
Titansulfat durch Cobaltoxid und verdoppelte damit die Leistung von Lithium-
Ionen-Batterien. Seitdem ist Coltan einer der teuren Rohstoffe der Erde.

Im Ostkongo wurden im Jahr 2018 710 Tonnen der erdumspannend 1.800
Tonnen Coltan gefördert, im benachbarten Ruanda 500 Tonnen. Damit generieren der Ostkongo und Ruanda zwei Drittel der gesamten Coltanproduktion.
In Ruanda ist vor allem die *Tri-Metals Mining Ltd* operativ tätig, ein Tochterunternehmen der *MB Holding Co. LLC* in Oman. Im Kongo hat die kanadische *United Materials Congo SARL (UMC)* mit mehreren Bergarbeitergenossenschaf-
ten Verträge zum Abbau von Coltan geschlossen (US Geological Survey 2016).
Dort sind auch die Unternehmen *Kemet Electronics Corporation* (Fort Lauder-
dale/Florida und Wilmington/Delaware, eine Steueroase) und *AVX Corporation* (Fountain Inn/South Carolina) tätig.

Derzeit treibt die batteriebasierte Mobilität sowohl der Datenverarbeitung
als auch des Verkehrswesens die über Jahrzehnte postkolonial-kapitalistische
Verelendung des Ostkongo an. Die bekannte Alternative dazu, die wasserstoff-

Tab. 4: Die Bodenschätze des Ostkongo

Provinz der DRC	Hauptstadt	Fläche (km2)	Bodenschätze
Ituri (Orientale)	Bunia	65.658	Cobalt, Gold, Kupfer
Nord-/Süd-Kivu	Goma/Bukavu	124.553	Coltan, Gold, Seltene Erden, Zinn, Wolfram
Tanganyika (Katanga)	Kaleuni	134.940	Gold, Zinn
Haut Lomani (Katanga)	Kamina	108.204	Kohle, Kupfer, Zinn
Haut Katanga	Lubumbashi	132.425	Blei, Kupfer, Zink, Zinn, Uran
Lualaba (Katanga)	Kolwezi	121.308	Cadmium, Cobalt, Kohle, Kupfer, Zinn
Kasai Central/Oriental	Kananga/Mbuji-	70.439	Diamanten

Quelle: elektronikpraxis.vogel.de/Konfliktmaterialien-im-Kongo, Mineralienkarte

basierte Mobilität, fände ihre Quelle nicht mehr dort, sondern in den Steppen und Wüsten der sonnenreichen, trockenen Sahara- und Sahel-Staaten und Zentralasiens. Diese Perspektive gäbe erstmals den rohstoffarmen Ländern Afrikas und ihrer extrem wachsenden Bevölkerung eine Perspektive. Zwar benötigen Wasserstoff-Kraftwerke vordergründig wenig Personal. Auf den zweiten Blick benötigen sie in windreichen Wüsten allerdings Reinigungs- und Wartungskräfte, um nicht binnen kurzer Zeit bis zu einem Drittel ihrer Leistungsfähigkeit zu verlieren. Darüber hinaus ist in Gebieten mit Sicherheitsgefährdung für die weitflächigen Anlagen Wachpersonal erforderlich. Perspektiven dieser Art sind dann überflüssig, wenn der Betrieb von Solar- und Wasserstoffwerken wie bisher überwiegend Saudi-Arabien überlassen wird, das damit teilweise den islamistischen Terror in der Sahara und im Sahel finanziert.

Die CO$_2$-Falle im Kivu-See

Der Ostkongo, Ruanda und Burundi verfügen über eine andere, nur lokal verwertbare Rohstoffquelle, die auch in einer Katastrophe enden könnte: den Kivu-See. Unter diesem kleinen Binnenmeer schlummern Millionen Tonnen Kohlendioxid und Methan. Bisher wurden nur zwei weitere Seen dieser Art entdeckt, beide sind kleiner und liegen in Kamerun. Der dortige Nyos-See gab in einer Augustnacht des Jahres 1986 innerhalb weniger Minuten ungeheure CO$_2$-Mengen ab. In einem dünn besiedelten 27 Kilometer langen Gebiet starben in dieser Nacht etwa 1.700 Menschen.

Tab. 5: Weltweite Tantal-Förderung 2011-2016

	2011	2012	2013	2014	2015	2016
Preis/kg in US-$	275	239	260	221	193	193
Weltproduktion (in Tonnen pro Jahr)	916	1010	1290	1440	1210	1220
Davon in:						
DRC (Congo)	260	250	270	450	350	370
Ruanda	290	310	600	580	410	350
Nigeria		75	110	150	150	192
Brasilien	111	97	152	97	98	103
VR China	43	45	48	61	95	94
Äthiopien	95	100	11	46	59	63

Quelle: US Geological Survey-National Minerals Information Center 2017.

Würde der Kivu-See in ähnlicher Weise ausbrechen, dann würden Hunderttausende Menschen ersticken.

Ruanda führt seit Längerem unter dem See schlummerndes Methan ab und nutzt es für die Energieversorgung seiner östlichen Distrikte. Die Nachbarstaaten Burundi und DRC sind angeblich »zu arm«, die nördliche Hemisphäre interessiert sich nicht dafür. Zusammen mit der Virunga-Vulkankette, die den Ostkongo und Ostafrika vom riesigen Kongobecken trennt, ist die Region einer der auch geologisch explosivsten Orte der Erde – ähnlich dem viel längeren »Pazifischen Feuergürtel«, der im Verlauf der erdgeschichtlich unbedeutenden, schriftlich fixierten Menschheitsgeschichte der Erde bereits mehrfach »Winter im Sommer« und damit Hungersnöte beschert hat.

Die Klimaschutz-Bewegung der nordwestlichen Hemisphäre interessiert sich nicht dafür, würde es doch ihr Weltbild vom allein menschengemachten Klimawandel stören. Sie kümmert sich lieber um den Erhalt der vom Aussterben bedrohten Primaten im Virunga-Nationalpark, die im Fall eines Ausbruchs des Kivu-Sees wie die Menschen dem Untergang geweiht wären, soweit sie nicht in großer Höhe leben. In diesem Sinn ist die Millionenstadt Goma ähnlich wie die Millionenstadt Neapel eine Zone des lauernden Todes, gegen den die Mittel der Menschen nichts ausrichten können, ein Pompeji der Moderne.

Überflüssiger Hunger: Afrikas Landwirtschaft

13 der 30 Millionen Quadratkilometer Landfläche Afrikas (43%) werden land-wirtschaftlich genutzt. Das ist viel, wenn man die Sahara und den Regenwald im Kongobecken abzieht. 55% der Bevölkerung arbeiten ganz überwiegend als Kleinbauern in der Landwirtschaft, in der 23% des kontinentalen Nationalein-kommens erwirtschaftet werden (ILOSTAT 2017). Diese beiden Zahlen weisen darauf hin, dass die Produktivität der afrikanischen Landwirtschaft gering ist. Seit der Jahrhundertwende ist der Kontinent vom Nettoexporteur zum Net-toimporteur von Lebensmitteln geworden. Dies gilt allerdings nicht im Wa-renaustausch mit der Europäischen Union, der in den 2010er-Jahren einen zu-nehmenden Exportüberschuss Sub-Sahara-Afrikas verzeichnet. Im Jahr 2018 lagen die Exporte landwirtschaftlicher Güter aus Sub-Sahara-Afrika in die EU bei 13,4 Mrd. €, jene der EU nach Sub-Sahara-Afrika bei 8,6 Mrd. €. Ein Viertel aller Agrarimporte Sub-Sahara-Afrikas kommen aus der EU (gefolgt mit je unter 8% von Thailand, Indien, Brasilien, Malaysia, Indonesien, den USA und China).

Für die Zuwächse der Agrarimporte Sub-Sahara-Afrikas aus den acht wich-tigsten Herkunftsländern können nur für den Zeitraum 2009 bis 2014 Angaben gemacht werden (USDA 2015): Indien (3. Stelle) +500%, Indonesien (6. Stelle) +379%, Malaysia (5. Stelle) +92%, China (8. Stelle) +65% und EU (1. Stelle) +64%. Während Sub-Sahara-Afrikas Agrarimporte zwischen 1994 und 2011 jährlich mit zweistelligen Prozentsätzen zunahmen, erlebten sie 2013-2014 einen Ein-bruch und erholen sich seither teilweise wieder. Ähnliches gilt für den Export landwirtschaftlicher Güter aus Sub-Sahara-Afrika, unter denen neben den in der Abbildung 23 aufgeführten Produkten Baumwolle (zum Beispiel aus Bur-kina Faso und Mali) und Reis eine Rolle spielen.

Angesichts seines zukünftigen, exorbitanten Bevölkerungswachstums in Afrika stellt sich die Aufgabe, die Ernährung der Bevölkerung mindestens zu sichern, im zentralen Afrika möglichst zu verbessern. Dort leiden heute noch 40% der Menschen an Unterernährung, im südlichen Afrika dagegen nur 5,2%, im gesamten Sub-Sahara-Afrika 23%.

Die Maputo-Erklärung der Afrikanischen Union (AU) von 2014 formulierte unter anderem das Ziel, dass mindestens 10% der staatlichen Haushalte für die Förderung der Landwirtschaft aufgewandt werden sollten. Nur vier Staaten des Kontinents haben dieses Ziel bisher erreicht oder übertroffen: Malawi, Mo-çambique, Niger und Zimbabwe. Die Schlusslichter sind Tansania (4%), Ägypten (2%) und Angola (1%). Einen starken Rückgang verzeichnete Burkina Faso nach dem Ende der Sankara-Regierung von 31% auf nur noch 9% (Mengoub 2018).

Die Welternährungsorganisation FAO bezeichnet Sub-Sahara-Afrika als »the most food insecure region in the world« (OECD-FAO 2016: 68f., 71, 92). Diese Bewertung gründet sich vor allem darauf, dass der Teilkontinent seit Langem von großregionalen Trockenperioden heimgesucht wird: Der Sahel von Oszil-

Abb. 22: Export landwirtschaftlicher Produkte aus Sub-Sahara-Afrika in die EU 2014-2018 (6 größte Produktgruppen, in Mio. Euro)

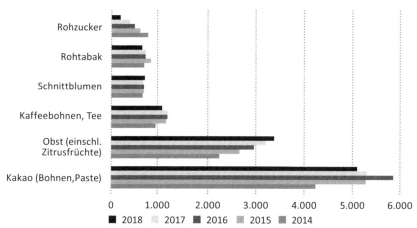

Quelle: Europäische Kommission, Generaldirektion Landwirtschaft und ländliche Entwicklung, 2019. Zitrusfrüchte wurden überwiegend aus Südafrika, Kakao überwiegend aus Staaten am Golf von Guinea, insbesondere aus Côte d'Ivoire, importiert.

Abb. 23: Export landwirtschaftlicher Produkte aus der EU nach Sub-Sahara-Afrika 2014-2018 (6 größte Produktgruppen, in Mio. Euro)

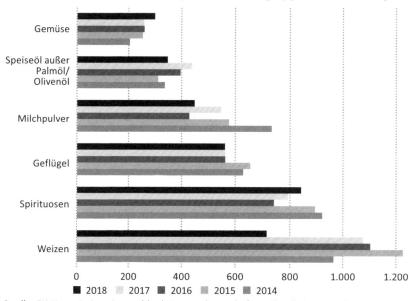

Quelle: EU-Kommission, Generaldirektion Landwirtschaft und ländliche Entwicklung, 2019.

lationen der Tiefdruckgebiete am Golf von Guinea, Ost- und Südafrika vom El-Niňo-Effekt im Pazifik und Indischen Ozean, der alle fünf Jahre erscheint (nächstens also in den Jahren 2021 und 2026). Die Hungerkatastrophen in Nordostafrika waren ebenso Ergebnisse dieser Dürren wie der ganz Ost- und Südafrika erfassende Absturz der landwirtschaftlichen Produktion in den Jahren 2015 und 2016. Vor diesem Hintergrund ist es ein Versagen gesellschaftlicher Selbstorganisation, dass nur 1,4% aller landwirtschaftlichen Nutzflächen Afrikas bewässert werden (in Lateinamerika: 3,1%, in Asien 15%).

Afrika ist klimatisch ein Kontinent der großen Unterschiede: Von der sich über den ganzen Erdteil in Ost-West-Richtung erstreckenden Wüste im Norden über die Trockensavannen des Sahels und Kenias südlich davon, den Tropengürtel entlang des Golfs von Guinea und im zentralen Afrika (westlich des Großen Afrikanischen Grabens), bis zur gemäßigten Klimazone im Süden erstrecken sich alle Klimavarianten der Erde mit Ausnahme der polarnahen, kalten Klimata Nord-Eurasiens, Nord- und Südamerikas. Außerhalb des Einflussbereichs des Golfs von Guinea und Angolas ist die Westküste wegen der kalten Atlantikströmung stärker vom trockenen Wüstenklima betroffen als die Ostküste, die ihrerseits kaum über ausgedehnten tropischen Regenwald verfügt.

Nicht zuletzt wegen dieser klimatischen Diversität, aber auch wegen kulturell-religiöser Unterschiede sind die Ernährungsgrundlagen Sub-Sahara-Afrikas sehr unterschiedlich: Gemeinsam sind die Grundlebensmittel Mais, Sorghum und Yams. Reis wird dagegen überwiegend in Ostafrika gegessen, Wurzel- und Knollengewächse überwiegend in West- und Zentralafrika (65 kg/Person und Jahr, im Vergleich dazu im südlichen Afrika nahezu 0). Nach Südasien ist Sub-Sahara-Afrika der zweitgrößte Produzent und Konsument von proteinreichen Hülsenfrüchten (z.B. Erbsen). Die Bedeutung der Hülsenfrüchte erklärt sich aus folgenden Faktoren:

- Geringe Input-Kosten (Saat aus der vorhergehenden Ernte)
- Dürre-Toleranz
- Erfolgreicher Anbau auch auf nährstoffarmen Böden
- Erhaltung der Fruchtbarkeit des Bodens (natürlicher Nitratgehalt) im Fall von Mehrfelderwirtschaft
- Geringe Transport- und Lagerkosten
- Arbeitsintensität des Anbaus, der sich damit für Kleinbauern eignet
- Außerdem ist die Produktion von Hülsenfrüchten die klimaschonendste Produktion von Lebensmitteln.

Der Konsum von Hülsenfrüchten liegt in Sub-Sahara-Afrika deutlich über dem Weltdurchschnitt (Ostafrika: 22 kg/Person und Jahr, Westafrika: 17 kg/Person und Jahr, Südliches Afrika: 10 kg/Person und Jahr, Weltdurchschnitt 7 kg/Person und Jahr). Die größten Produzenten sind (in absoluten Zahlen) Indien, China, Myanmar (Burma), Brasilien und Nigeria, die höchsten Erträge je Kopf

Abb. 24: Reiskonsum (kg/Person und Jahr) 2018 und 2028 nach Kontinenten

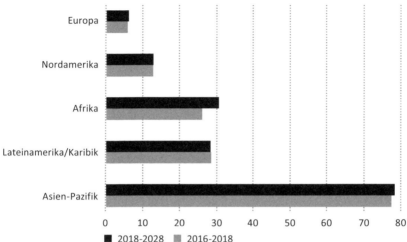

Quelle: OECD Agriculture Statistics 2019

der Bevölkerung werden in der Sahelzone und Äthiopien erzielt (researchgate.net/figure/global-and-regional-trends-in-production-trade-and-consumption-of-food-legume-crops).

Reis ist neben Weizen eines der wichtigsten Nahrungsmittel der Erde. In (Ost-)Asien ist der Konsum von Reis mit knapp 80 kg/Person und Jahr dreimal höher als auf den nächstfolgenden Kontinenten, unter denen sich auch Afrika befindet. Wie andere Hülsenfrüchte ist Reis verhältnismäßig leicht transportier- und lagerfähig. Die Welternährungsorganisation FAO erwartet, dass der Reiskonsum in Afrika bis 2028 rund dreimal stärker steigen wird als auf den anderen Kontinenten.

Im Unterschied zu anderen Hülsenfrüchten ist der Reisanbau wegen des damit verbundenen Ausstoßes von Methan die klimaschädlichste Produktion pflanzlicher Lebensmittel. Hauptexporteure sind Indien, Thailand, Vietnam, Pakistan und die Vereinigten Staaten von Amerika, Hauptimporteure sind China, Nigeria, die Philippinen, die EU und Iran. Afrikas Reiskonsum (siehe Abbildung 24) wird sich von 17 Mio. Tonnen (2018) auf 29 Mio. Tonnen (2028) erhöhen, sein weltweiter Anteil von 35% auf 49%. Sub-Sahara-Afrika hat daran einen Anteil von etwa der Hälfte. Die Zunahme des Reiskonsums ergibt sich weniger aus der überdurchschnittlichen Zunahme des Konsums pro Person und Jahr, sondern aus dem exorbitant hohen Bevölkerungszuwachs (OECD-FAO 2019).

Der Fleischkonsum der Afrikaner*innen ist außerhalb der Republik Südafrika gering (11 kg/Person und Jahr, etwa ein Drittel des Weltdurchschnitts, den die Republik Südafrika mit 45 kg/Person und Jahr übertrifft). Viehwirtschaft findet extensiv, teils nomadisch, auf »Kommunalflächen« statt und tritt dort in Konflikt mit den Ackerbauern, wo die Bevölkerungsdichte hoch ist, vor allem in Burundi, Ruanda, Uganda, Teilen der DRC und Tansanias. Der afrikanische Fleischkonsum bevorzugt Geflügel (36%) vor Rind (33%) und Schaf (19%). Schweinefleisch (12%) wird im Weltvergleich wenig gegessen (OECD-FAO 2016: 85f.).

Das zweitgrößte Exportprodukt der EU nach Sub-Sahara-Afrika ist Geflügel, das in der EU in industriellem Maßstab gezogen und geschlachtet wird. Auch für den US-Geflügelexport ist Sub-Sahara-Afrika der weltweit drittgrößte Markt. Geflügel könnte von afrikanischen Klein- und Nebenerwerbslandwirt*innen ohne großes Investment gezüchtet und zu guten Preisen verkauft werden, wenn die nördliche Hemisphäre den afrikanischen Markt nicht mit Geflügelteilen so überschwemmen würde, dass dort importiertes Geflügelfleisch zu wenig mehr als der Hälfte der einheimischen Produktionskosten angeboten wird. Auf die verheerende Wirkung wurde bereits vor mehr als zehn Jahren am Fall Ghana hingewiesen (Groth/Kneifel 2007). Ghana ist vor der DRC mit Abstand der größte Geflügelfleischimporteur Sub-Sahara-Afrikas. Im Jahr 2018 wurden dort 162.695 Tonnen Geflügel eingeführt, eine Steigerung gegenüber dem Vorjahr um 12,4% (in der DRC um 24,5%, in Angola, Moçambique und Sambia bei wesentlich geringerer Tonnage um 132 bis 243%). Der Geflügelexport Europas ist ein krasses Beispiel dafür, wie Länder der nördlichen Hemisphäre ihre unter fragwürdigen Bedingungen produzierten überschüssigen landwirtschaftlichen Produkte in sich entwickelnden Ländern loswerden, dort lokale Beschäftigung und lokales Einkommen schmälern beziehungsweise, wie im Fall Ghana, erschlagen. Ähnliches gilt für den Export/Import von Getränken (Spirituosen und *Coca-Cola*), von Billigtextilien und Billigschuhen aus Süd- und Ostasien, für einfache Maschinen aus Asien, sogar für bauliche Infrastruktur (Straßen/Eisenbahnen) aus China, das selbst vor 150 Jahren die systematische Entführung von Lohnsklaven für den Eisenbahnbau in Nordamerika und britischen Kolonien erleiden musste.

Zucker war lange Zeit eines der ertragsreichsten Agrarprodukte weltweit. Zu Beginn des 19. Jahrhunderts wurden 70% der afrikanischen Sklaven in Nord- und Lateinamerika auf Zuckerrohrplantagen, nicht auf den »Cotton Fields« zur Arbeit gezwungen (Beckert 2019: 116f.). Der Zuckerkonsum liegt heute in Sub-Sahara-Afrika (und in China) nur etwa halb so hoch wie der Weltdurchschnitt. Der Teilkontinent ist Zucker-Nettoimporteur, einzelne ostafrikanische Staaten, Mali und die Republik Südafrika exportieren jedoch Zucker vornehmlich in die EU, die auf diese Importe keine Zölle erhebt, weshalb Rohzucker bis 2017 zu den sechs größten Exportprodukten Sub-Sahara-Afrikas in die EU gehörte. Allerdings sinken in Europa die Zuckerpreise, weshalb sich die zuckerexportierenden Länder kurzfristig den Nettoimporteuren Westafrikas zuwenden müssen. Im Jahr 2018 sank der Zuckerexport Sub-Sahara-Afrikas in die EU um 51% im Vergleich zum Vorjahr und um drei Viertel im Vergleich zu 2014 (EC-Market Access Data Base, madb.europa.eu). Das Produkt Zucker macht auch deutlich, dass Afrika bisher oft auf der Stufe des Rohstoffexporteurs verharrt: Ostafrika exportiert Rohzucker und importiert raffinierten Zucker.

Für viele Länder des tropischen und subtropischen Gürtels spielt der Export dort gedeihender Früchte eine wesentliche Rolle: Zitrusfrüchte (die Republik Südafrika ist der weltweit zweitgrößte Orangenexporteur), Kakao (Côte d'Ivoire ist der weltweit größte Kakaobohnenexporteur), Kaffee (Äthiopien ist einer der weltgrößten Kaffeebohnenexporteure), Tee (Ostafrika) und Wein (Südafrika und Namibia).

Fisch spielt bisher bei der Ernährung der Afrikaner*innen eine geringe Rolle (8-9 kg/Person und Jahr, Weltdurchschnitt 19-20 kg/Person und Jahr), obwohl vor den Küsten reiche Fischgründe liegen. Dies ist einerseits Ergebnis hoher Anforderungen an Lieferketten, andererseits Resultat der weitverbreiteten Raubfischerei (»Illegal, Unregulated and Unreported Fishing«, das nach internationalem Seerecht verboten ist) durch Fischfabrikschiff-Flotten reicher Länder (China, Europa, Südkorea). Während einige Länder Afrikas (z.B. Senegal) unvorteilhafte Verträge zum Leerfischen ihrer 200-Meilen-Zonen geschlossen haben, finden vertragslose Raubzüge vor allem dort statt, wo keine wehrhaften Küstenwachen bestehen oder wo Regierungen Fischereianteile unter der Hand verhökern.

Raubfischerei vor Somalia und Namibia:
Erfolg und Scheitern von ATALANTA und der Fishrot-Skandal

Der Staat Somalia kollabierte spätestens im Jahr 1991, als die Diktatur des Siad Barré nach dem verlorenen Ogaden-Krieg mit Äthiopien von rivalisierenden Clans gestürzt wurde, die ihrerseits keine Regierung mehr zu stellen in der Lage waren. Somalias wirtschaftliche Grundlage war im Wesentlichen der Export von Rindern auf die saudi-arabische Halbinsel, nachgeordnet auch die Fischerei. Mit Ausnahme von Teilen des früher britischen Nordsomalia (Somaliland, bedingt auch Puntland) versank das Land in einem endlosen Bürgerkrieg mit ungezählten Hungertoten und Kriegsopfern.

Eine UN-Mission (UNISOM), die Hilfslieferungen über den Hafen von Mogadischu in das verwüstete Land bringen wollte, wurde von Milizen angegriffen, die diese Hilfsgüter überteuert auf den lokalen Märkten verkaufen wollten. Daraufhin griffen auch US-Truppen ein, die kurzfristig durch pakistanisches Militär abgelöst werden sollten. Pakistan lieferte jedoch nicht rechtzeitig. Die USA zogen sich nach einem verlustreichen Einsatz im urbanen Dschungel Mogadischus zurück und animierten zehn Jahre später Äthiopien, in Somalia einzumarschieren. Hintergrund war die Absicht islamischer Rechtsgelehrter, in Somalia einen sunnitischen »Gottesstaat« nach iranischem Vorbild (!) errichten zu wollen. Die überlegene äthiopische Armee marschierte zwar binnen zweier Wochen bis nach Mogadischu durch, verließ das Land jedoch nach einem Jahr wieder, um sich nicht in verlustreichen Scharmützeln zu verlieren. Der äthiopische Einmarsch stärkte letztendlich die Jugendorganisation der Union Islamischer Rechtsgelehrter, die sich »Al Shabaab« nennt und bis heute den Süden Somalias im Griff hat.

Aus Somalia wurde sämtliches nicht-einheimisches Hilfspersonal abgezogen, weil Mitarbeiter*innen als Geiseln genommen und zuweilen ermordet wurden. Nachdem vor der somalischen Küste Piraten vornehmlich aus Puntland mehrere Handelsschiffe kaperten, intervenierte die Europäische Union mit der Marinemission ATALANTA, um den wichtigen Seeweg zwischen Asien und dem Suez-Kanal zu sichern. Unter den Augen europäischer Fregattenbesatzungen plünderten Fischfabrikschiffe die somalischen Fanggründe. Das vom UN-Sicherheitsrat zum »Failed State« erklärte Somalia hatte keine Küstenwache, um diese Raubzüge zu verhindern. Es war auch nicht in der Lage, seine Klagebefugnis vor dem Internationalen Seegerichtshof in Hamburg auszufüllen. Der jährliche Verlust somalischer Fischer wird auf 100 Mio. US-Dollar geschätzt (Gütter 2018). Somalia steht auf der Liste der Herkunftsländer von Flüchtlingen in Europa auf dem vierten bis fünften Platz. Die meisten geflüchteten Somali leben allerdings in riesigen Flüchtlings-Camps im trockenen Norden des benachbarten Kenia (Rawlence 2016) und in Äthiopien. Ihre Zahl schwankt zwischen einer und zwei Millionen Menschen.

Selbst in hinreichend demokratisch regierten Ländern werden Fischereirechte innerhalb der »Erweiterten Wirtschaftszonen« vor den Küsten an Fischfangflotten der nördlichen Hemisphäre verhökert. Im Jahr 2019 wurde der »Fishrot«-Skandal in Namibia bekannt. Der isländische Konzern Samherji erhielt Fischquoten der staatlichen namibischen FISHCOR, nachdem er über Dubai und Zypern den Minister für Fischwirtschaft, den Geschäftsführer des staatlichen Unternehmens und verschiedene Mittelsmänner mit insgesamt zehn Millionen US-$ bestochen und verdeckte Wahlkampfspenden für die regierende SWAPO, die frühere Befreiungsfront Namibias, geleistet hatte. Der Wert dieser Fischquoten wird auf jährlich mindestens 150 Millionen US-$ geschätzt. Weitere 2,2 Millionen US-$ Bestechungsgelder flossen an das angolanisch-namibische Unternehmen NAMGOMAR für Fischereirechte vor Angola. Nach Aufdeckung des Skandals durch die lokale Zeitung »The Namibian« und den weltweiten Nachrichtensender »Al Jazeera« wurden der Fischerei- und der Justizminister Namibias, der Geschäftsführer von FISHCOR sowie verschiedene Mittelsmänner im Dezember 2019 verhaftet. Fischereiminister Bernhard Esau hatte kurz davor während einer internationalen Konferenz über Transparenz in der internationalen Fischereiwirtschaft in Oslo eine wohlklingende Rede gehalten (Al Jazeera 2/2019).

46% aller jungen Namibier*innen sind arbeitslos. Immer mehr der wenigen Bodenschätze des kleinen Landes gelangen in chinesische Hand (Uran, Lithium), ebenso das einzige Zementwerk des Landes (Ohoronko) und der Tiefseehafen Walvis Bay. Anstatt angesichts dafür geeigneter Bedingungen Solarkraft zu erzeugen und nach Südafrika zu liefern, importiert Namibia seit Jahrzehnten Energie und belastet damit seine ohnehin defizitäre Außenhandelsbilanz. Das friedliche Land im Südwesten des Kontinents ist wirtschaftlich gesehen eine Katastrophe und leichte Beute für Fernost. Daran ändert nichts, dass die ehemalige deutsche Kolonie pro Kopf der Bevölkerung mit jährlich 77 Euro/Person weitaus mehr deutsche Entwicklungshilfe erhält als jedes andere Land Afrikas. Dieser Umstand weist eher darauf hin, wie unwirksam staatliche Entwicklungszusammenarbeit ist, die oft in korrupten Strukturen versickert. Alternativ dazu stünde die Gründung und direkte Subventionierung von Fischergenossenschaften und einer genossenschaftlichen Organisation im Seehafen Walvis Bay, die fernöstlichem Manchesterkapitalismus widerstehen könnte.

Fisch wird weltweit zu neun Zehntel als relativ teures, proteinreiches Nahrungsmittel verbraucht, nur zu einem Zehntel zu Fisch-Saucen und Fischmehl verarbeitet. Das Welthandelsvolumen belief sich im Jahr 2018 auf 166 Mrd. US-Dollar (+7% im Vergleich zu 2017, vor allem durch Preissteigerungen). Hauptexportländer waren 2018 China, Vietnam, Norwegen, die EU und die Russische Föderation. Im Jahr 2028 wird Indonesien sowohl die EU als auch die Russische Föderation als Exporteur voraussichtlich überrundet haben. Hauptimporteure bleiben die EU, die USA, China, Japan und Thailand. Der Anteil der Aquakultur an der gesamten Fischproduktion beträgt bereits heute 52% und wird bis zum Jahr 2028 auf 58% steigen (OECD-FAO 2019). 59% der Aquakulturen liegen in China. In Sub-Sahara-Afrika wurden bisher mit ausländischer Unterstützung nur kleine Aquakulturen an den Seen des Großen Afrikanischen Grabens angelegt.

Afrika wird zukünftig etwa zusätzlich 17 Millionen jungen Menschen jährlich Arbeit bieten müssen. Maximal 50% werden im informellen und im warenverarbeitenden Sektor Arbeit finden können (OECD-FAO 2016: 65). Selbst eine exorbitante Förderung der afrikanischen Landwirtschaft wird die andere Hälfte der jährlich zufließenden jungen Arbeitssuchenden nicht beschäftigen können. Eine Steigerung der Produktivität zulasten der Kleinbauern würde im Gegenteil die Beschäftigung in der Landwirtschaft verringern. Zudem ist der von westlichen Ökonomen geforderte, von China zunehmend realisierte Aufkauf landwirtschaftlicher Flächen zur Bildung großer Betriebe keine Maßnahme zur Erhöhung der Produktivität (Mengoub 2018, OECD-FAO 2016: 71), sondern nur eine mögliche Voraussetzung dafür. Eine andere, gleichgerichtete und von der FAO nicht erwähnte Möglichkeit ist die Bildung von Genossenschaften, die sowohl die Besorgung von Saatgut und Dünger als auch Investitionen und Vermarktung auf viele Schultern verteilen können. Auf diese Weise ist es beispielsweise in Äthiopien, Niger und Teilen Nigerias bereits gelungen, die landwirtschaftliche Produktion zu steigern (Weltbank, Africa − Myths and Facts 2019).

Zur Stärkung der afrikanischen Landwirtschaft sind sowohl konsumtive als auch investive Maßnahmen der öffentlichen Hand und privater Unternehmen erforderlich. Die konsumtiven Maßnahmen müssen privat finanziert, können jedoch öffentlich durch Forschung und Entwicklung unterstützt werden. Die investen Maßnahmen sind teilweise privater Natur (Lager, Supply-Chains, Telekommunikation), teilweise jedoch auch staatliche Aufgaben (Bildung, Verkehrswege, öffentliche Vorhaltung von Lebensmitteln für den Fall von Klimakatastrophen). Das 10%-Ziel der Maputo-Erklärung zum Anteil der Landwirtschaft an staatlichen Haushalten dürfte dafür nicht ausreichen.

Arbeitsplätze werden im Erfolgsfall nicht nur in der landwirtschaftlichen Produktion entstehen. Es können Hunderttausende, wenn nicht Millionen Jobs bei der Produktion, Bereitstellung und Wartung landwirtschaftlicher Fahrzeuge und Geräte und bei der Organisation sicherer Versorgungswege entstehen. Im Rahmen der beschlossenen afrikanischen Freihandelszone erweitern sich die der Produktion nachgeschalteten Aufgabenfelder durch den Im- und Export landwirtschaftlicher Produkte innerhalb des Kontinents. Voraussetzung dafür ist nicht allein die offizielle Abschaffung von Zöllen, sondern auch jene nicht-tarifärer Schranken (Korruption an den Grenzen, abwehrende Qualitätsvorschriften). Die EU bietet der Afrikanischen Union (AU) dafür eine Blaupause.

Die frohe Botschaft ist, dass Afrika das Potenzial hat, seine stark wachsende Bevölkerung selbst zu ernähren, indem an Stelle der bisherigen Ausdehnung von Anbauflächen die gezielte Erhöhung der Produktivität und die effektive Bekämpfung von Raubfischerei in Verbindung mit dem Aufbau eigener Fischfangflotten tritt. Die kühle Analyse besagt, dass der landwirtschaftliche Sek-

Abb. 25: Landwirtschaftliche Produktivität (Beispiele Mais und Soja) in
einzelnen afrikanischen und süd(ost)asiatischen Ländern
(Tonnen je Hektar und Jahr)

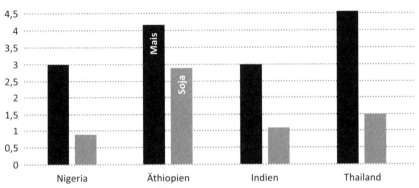

Quelle: OECD Agriculture Statistics 2019.

Bemerkenswert ist die wettbewerbsfähige Position Äthiopiens im Vergleich zu wesentlichen
Anbauländern in Süd- und Südostasien.

Tab. 6: Konsumtive und investive Maßnahmen für die Landwirtschaft

Konsumtive Maßnahmen (Operating Costs)	Dünger, Energie, Pflanzenschutz, Saat
Investive Maßnahmen (Investment Costs)	Bewässerungssysteme, Bildung, Geräte/ Maschinen, Lager/Kühllager, Pflanzen, Supply-Chains, Telekommunikation, Verkehrswege, Vieh

»Supply-Chain« = der sichere Weg landwirtschaftlicher Produkte vom Produzenten zum Kon-
sumenten. Sie kann auch teure Kühlketten beinhalten (Fisch, Fleisch, Knollengewächse).

tor Afrikas niemals 50% der jährlich auf den Arbeitsmarkt kommenden Afrikaner*innen beschäftigen kann, noch nicht einmal einen wesentlichen Teil
davon. Für sie bleibt, solange eine Industrialisierung Afrikas nicht stattfindet,
nur die Option »Auswanderung«.

Afrikaner*innen sterben eher: endemische Epidemien
Der tropische Gürtel in Afrika ist ähnlich wie jener in Südamerika ein Ort hoher Biodiversität. Dies gilt auch für Bakterien und Viren, auch solche, die von
Wildtieren auf Menschen überspringen. Die HIV-Pandemie scheint in Afrika ihren Ursprung gehabt zu haben, das in seiner Grausamkeit der Lungenpest ähnliche Ebola-Virus blieb auf den Kontinent beschränkt. Armut, beengte Wohn-
verhältnisse und fehlende sanitäre Infrastruktur bilden den Hintergrund einer
hohen Anfälligkeit und Mortalität bei endemischen Krankheiten, die auf der

nördlichen Hemisphäre überwunden geglaubt oder schnell eingedämmt sind (aktuelle Epidemien wie SARS-CoV-1 und SARS-CoV-2 nur deshalb ausgenommen, weil bislang keine Medikamente dagegen verfügbar sind). Die Weltgesundheitsorganisation WHO führt darüber eine – sicher lückenhafte – Statistik, die in der Abbildung 26 für eine der ältesten Infektionen der Menschheit, die Tuberkulose, und eine der jüngsten, HIV, dargestellt sind.

Die Anfälligkeit für Epidemien/Pandemien ist neben der biologischen Tatsache der Existenz des Menschen als Teil einer ihn umgebenden Fauna eine Funktion sozialer und wirtschaftlicher Umstände. Dort, wo Menschen überwiegend in »unsicheren Beschäftigungsverhältnissen« ihr tägliches Überleben finden müssen, bleibt die im Venedig des Mittelalters erfundene »Quarantäne« (= 40 Tage Isolation) lokal weitgehend wirkungslos. Weil eine auf »Zuliefererketten« ausgerichtete globalisierte Wirtschaft auf solche Beschäftigungsverhältnisse setzt, übertragen sich biodivers entstandene, zunächst nicht beherrschbare Epidemien rasend schnell und werden dann zu Pandemien, wenn Ursprungsländer wesentlcher Teil des Welthandels sind. Auf Guinea, Liberia, den östlichen Kongo und Sierra Leona traf dies im Fall der Ebola-Epidemie nicht zu, auf die Volksrepublik China im Fall der SARS-Epidemien aber sehr wohl. Obwohl Afrikas Biodiversität ein »idealer« Ausbruchs- und Ausgangspunkt für Pandemien ist, scheint der Kontinent Pandemien derzeit eher zu »empfangen« als zu generieren. Dies gilt jedenfalls für die HIV-Pandemie und SARS-CoV-2.

Die erste Pandemie seit der Kansas-Grippe vor 100 Jahren zeigt bis zum Redaktionsschluss dieses Buches erst schemenhaft ihre sozialen und wirtschaftlichen Folgen auf der südlichen Hemisphäre. Das King's College London schätzt, dass die Zahl der extrem Armen (mit einem Budget von unter 1,90 US-Dollar je Tag) um etwa 420 Millionen Menschan anschwellen könnte, was der Bevölkerung Südamerikas entspräche. Darunter sind schon heute mindestens 130 Millionen Tagelöhner*innen und Notselbständige in den Megastädten der »Entwicklungsländer«, die durch Quarantänemaßnahmen (»Lockdowns«) von einem Tag auf den anderen Arbeit und Wohnstelle verloren haben.

Weitgehende Übereinstimmung herrscht darüber, dass die Zahl der Opfer von Quarantänemaßnahmen, die viele Regierungen armer Länder jenen in der nördlichen Hemisphäre nachempfunden haben, die Zahl der Opfer der Pandemie übersteigen wird. Allein die mit nur vier Stunden Vorlauf am 28. März 2020 von Indien verhängte Quarantäne machte schlagartig 140 Millionen Menschen arbeitslos, zig Millionen vor dem Nichts stehende Wanderarbeiter*innen machten sich zu Fuß auf den Weg in ihre Heimatdörfer, weil der öffentliche Verkehr ebenso schlagartig eingestellt wurde. Auf den Ausfallstraßen aller großen Städte des Subkontinents spielten sich unbeschreibliche Szenen ab, die der Pandemie Futter gaben und die ländlichen Regionen mit ihren Subsistenzbauern überforderten.

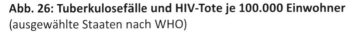

Abb. 26: Tuberkulosefälle und HIV-Tote je 100.000 Einwohner
(ausgewählte Staaten nach WHO)

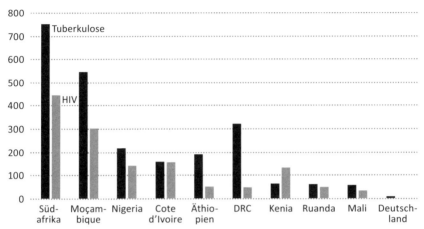

Quelle: World Health Observatory 2019 und statista (HIV-Tote Deutschland).

Die WHO-Statistik reflektiert teilweise die unterschiedliche Dichte nationaler Gesundheitsdienste und Traditionen (z.B. wird HIV in islamischen Gesellschaften und solchen mit evangelikalen Regierungen selten diagnostiziert).

Während die Pandemie 2020 (im Unterschied zur Kansas-Grippe 1918-1920) überwiegend alte Menschen tötet, drohen den überwiegend jungen Menschen in den armen Ländern Gefahren aus bleibenden Schäden durch Unterernährung und fehlende medizinische Versorgung. Unterernährung schädigt das menschliche Gehirn dauerhaft. Die Organisation »*Stop TB Partnership*« fürchtet, dass während einer weltweiten Quarantäne von drei Monaten zusätzlich eine halbe Million Menschen zusätzlich an Tuberkulose sterben müssten. Für Afrika geht die London School of Hygiene and Tropical Medicine von 140 Toten je verhindertem SARS-CoV-2-Toten aus (Economist vom 23.5.2020: »The great reversal«). Diese Schätzung erscheint zwar exorbitant hoch, könnte für die südliche Hemisphäre jedenfalls mittelfristig zutreffen. Nach Aussage des afrikanischen Virologen John Nkengasong am 26.9.2020 ist die Zahl der SARS-CoV-2-Toten in Afrika mit bisher 34.000 geringer als zum Beispiel in Großbritannien, was er auf den niedrigen Altersdurchschnitt und die hohe Disziplin bei Präventionsmaßnahmen in Afrika zurückführt.

Weiter vorn (S. 29ff.) wurde gezeigt, dass die Rücküberweisungen von Migranten in ihre Heimatländer eine deutlich größere Rolle spielen als die interstaatliche Entwicklungshilfe. Bereits im Mai 2020 sind diese »Remittances« um 20% eingebrochen – mit schnell zunehmender Tendenz. Fast alle armen

Länder wandten sich inzwischen an den IWF mit der Bitte um Notkredite, der bisher nur durch Aussetzung von Rückzahlungen und zweistellige Milliarden-zuweisungen handeln konnte.

Der erfolgreiche Kampf gegen den Hunger, der die Zahl extrem Armer zwischen 1990 und 2019 erdumspannend von zwei Milliarden auf 630 Millionen Menschen reduzierte (überwiegend in China), droht vor allem dort verloren zu gehen, wo »ungesicherte Beschäftigungsverhältnisse« dominieren. Die Armen werden noch ärmer, die Reichen werden noch reicher. In diesem Chaos scheinen die einzigen sicheren Häfen der armen Länder ländliche Regionen zu sein, die von Subsistenzlandwirtschaft geprägt sind. Genau dorthin flüchteten bereits viele Millionen Menschen in Indien und andernorts.

Afrika ist pleite – und dann?
Sonderziehungsrechte gegen Dollardominanz
Die »Lockdowns« der Covid-19-Pandemie wurden von vielen Ländern Sub-Sahara-Afrikas ebenso entschieden ausgeführt wie von jenen Westeuropas – mit denselben wirtschaftlichen Konsequenzen, allerdings größeren Katastrophen für die große Mehrheit der »informell« Beschäftigten. Im Unterschied zu den Staaten der nördlichen Hemisphäre verfügen afrikanische Staaten nicht über die Kraft, ihre (fragilen) Volkswirtschaften über einen solchen Zusammenbruch hinwegzuführen. Wieder einmal richten sich die Blicke auf den Internationalen Währungsfonds (IWF). Im Jahr 1969 führte dieser für seine Mitgliedsländer Sonderziehungsrechte (SDR) ein. Ziel war einerseits, von der Dominanz des US-Dollars als Weltwährung loszukommen, andererseits Länder in vorübergehenden finanziellen Schwierigkeiten über die Konvertierbarkeit gewährter SDR in stabile nationale Währungen vor dem Staatsbankrott zu bewahren. Die SDR werden durch Einlagen der IWF-Mitgliedsländer hinterlegt.

1971 hoben die USA die Bindung des US-Dollar an die amerikanischen Goldreserven auf, die bis dahin fast alles Gold der Erde auf sich vereinigten. Damit war auch das 1944 in Bretton Woods beschlossene System fester Währungskurse zum US-Dollar beendet. Währungen und Zinsen begannen international zu schwanken, was zur ersten Schuldenkrise der Entwicklungsländer Ende der 1970er-Jahre führte, der 1991 die nächste folgte. Die US-Notenbank (Federal Reserve) versteht es jedoch bis heute, die Dominanz des US-Dollar in der nördlichen Hemisphäre und Australien zu bewahren, indem sie in Krisenzeiten deren Notenbanken unbegrenzte Dollarreserven für kurzfristige Kreditaufnahmen garantiert.

Der IWF wurde vor diesem Hintergrund vor allem für arme, oft schlecht regierte Länder zum Gläubiger des letzten Ressorts. Seine zinsgünstigen Kredite verband er mit harten Auflagen, die zwar korrupte Strukturen, aber auch interne Wirtschaftskreisläufe der Kreditnehmer abwürgen sollten. Zugleich forderte der IWF normalerweise von privaten Gläubigern dieser Länder den mindestens teilweisen Erlass von Schulden (»Hair Cut«), weshalb er bei der privaten Finanzwirtschaft unbeliebt war. Im Unterschied zu seiner insolventen Klientel war er in der Lage, eine solche Forderung zu erheben.

Im Fall des periodisch insolventen Argentiniens führte ein New Yorker Provinzgericht die Forderung nach »Hair Cuts« ad absurdum. Es urteilte zugunsten von US-Hedgefonds, die argentinische Staatsanleihen zum Schleuderpreis erworben hatten und von dem Land die Rücknahme zum ursprünglichen, mehrfach höheren Emissionspreis forderten. Die Folge davon ist voraussichtlich der neunte Staatsbankrott Argentiniens, das vor 100 Jahren zu den reichsten Ländern der Erde zählte. Im Fall Griechenland hintertrieb die Europäische Union die Forderung des IWF nach einem »Hair Cut« dadurch, dass sie hochverzinsliche Anleihen privater Anleger übernahm, also drohende Verluste »verstaatlichte«. Dem IWF wurde Unnachgiebigkeit vorgeworfen, während das griechische Volk von den EU-Milliarden so gut wie nichts sah.

In der Weltfinanzkrise 2008-2010 spielten SDR für Entwicklungsländer entgegen allen Erwartungen nur eine geringe Rolle. Von den bereitgestellten 183 Mrd. SDR wurden von armen Ländern nur 1,9 Mrd. SDR gezogen (Economist vom 11.4.2020: »Free Exchange«). Dabei hatte der IWF zwischenzeitlich insbesondere jene Auflagen geändert, welche die internen Wirtschaftskreisläufe armer Länder abzuwürgen drohten, indem zum Beispiel Zölle und Steuern verringert und dadurch der Warenimport verbilligt werden sollte.

Im März 2020 standen 204 Mrd. SDR (= 278 MRD US-$) in den Büchern von Finanzministerien und Notenbanken. Dies entspricht nur 3% der weltweiten Währungsreserven (zum Vergleich: US-Dollar 49%). Angesichts der Pandemie 2020 erhebt sich die pauschale Forderung, armen Ländern 4 Bio. SDR verfügbar zu machen. Dagegen wenden sich die USA, die 16,5% der Anteile des IWF besitzen. Sie geben vor, dass arme Länder mit IWF-Krediten ihre hoch verzinsten Schulden bei chinesischen Staatsbanken tilgen könnten.

Die US-Federal Reserve hat vorerst die Nase vorn, indem sie wiederholt die größten Notenbanken der nördlichen Hemisphäre mit unbegrenzten US-$-Zusagen versorgt. Die Volksrepublik China hält dagegen etwa zwei Drittel der Staatsschulden afrikanischer Entwicklungsländer, denen in Krisenzeiten Kollateralmittel wegbrechen. Damit stellt sich nicht im Norden, sondern im Süden schnell die »Systemfrage«. Entweder bedient der IWF die Schulden armer Länder oder die staatskapitalistische Volksrepublik China. Allein deshalb sind die wiederholt isolationistischen USA zwar aus verschiedenen UN-Organisationen ausgetreten, nicht aber aus dem IWF. Die finanztechnische Intelligenz unterhalb einer dumpfen Staatsführung versucht, die Dominanz der Weltwirtschaft durch China zu verhindern, das nach 500 verlorenen Jahren erneut an der Schwelle zur Vorherrschaft auf der Erde steht.

Chinas Rolle in Afrika

Wolfgang Müller (Müller 2020) weist darauf hin, dass die Rolle Chinas bei der Entwicklung Afrikas diffenzierter zu bewerten ist, als dies europäische und US-amerikanische Analysten tun. Zuvorderst sei China ein neuer Konkurrent auf dem afrikanischen Markt, dem die nordwestliche Hemisphäre mit feindselii-ger Rhetorik begegne. China löse eine afrochinesische Strategie für ein panaf-rikanisches Eisenbahn- und Straßennetz ein, während der koloniale und post-koloniale Infrastrukturausbau nur dem Abtransport von Rohstoffen gedient habe. Die Tatsache, dass chinesische Infrastrukturprojekte in Afrika überwie-gend mit chinesischen Arbeiter*innen verwirklicht werden, sorge dafür, dass die vorgesehenen Mittel nicht wie im Fall europäischer Inverstionen jedenfalls teilweise in die Taschen afrikanischer Kleptokraten wandern.

China verfolge im Unterschied zur nordwestlichen Hemisphäre erstmals ei-nen Ansatz, der zur Industrialisierung Afrikas beitrage. Beispiele seien Koope-rationen in Äthiopien und eine Freihandelszone in Nigeria. Im Kongo verfolge der chinesische Staatskonzern *China Nonferrous Metal Mining* zusammen mit der staatlichen *Gécamines* ein faires Projekt zur Gewinnung von Kupfer und Kobalt. Zehntausende chinesischer Kleinunternehmen böten Afrikaner*in-nen Arbeitsplätze.

Wolfgang Müllers Darstellung ist vor dem Hintergrund der herablassenden »westlichen« Rhetorik gegen Chinas Engagement in Sub-Sahara Afrika bemer-kenswert. Westeuropa und Nordamerika dominierten über Jahrzehnte den Au-ßenhandel Afrikas. Selbstverständlich spucken sie Gift und Galle gegen den neuen Konkurrenten auf ihrem vermeintlichen »Back Yard« und »Pré Carré«. Im Unterschied zur Planlosigkeit früherer Kolonialmächte und Nordamerikas hat die Volksrepublik China zwar keinen »Masterplan« für Afrika, aber einen panafrikanischen Infrastrukturplan, der die hohlen Versprechen der Briten im späten 19. Jahrhundert – »Cape to Cairo« und »Niger to Nile« – einzulö-sen verspricht. Darüber hinaus fördern einige Investitionen chinesischer Un-ternehmen die bisher versäumte Industrialisierung Afrikas.

Chinas Engagement in Afrika ist dennoch kritisch zu betrachten. Wolfgang Müller zitiert die hohe Staatsverschuldung Kenias für von chinesischen Unter-nehmen gebaute Autobahn- und Eisenbahnstrecken. Djibouti und Äthiopien ächzen unter ähnlichen Schuldenlasten. Nicht nur die Volksrepublik China hat Äthiopien als neues Billiglohnland für Textil- und Lederproduktion entdeckt, sondern auch einige Konzerne der nordwestlichen Hemisphäre. Ein Industrie-park in Nigeria mit Fünf-Sterne-Hotel, Golfclub und Walmart ähnelt extrerri-torialen Zonen, die China in Burma und Kambodscha ohne positive externe Effekte für diese Länder betreibt. Der bisherige Handelsaustausch zwischen China und Afrika ist, wie Müller selbst zeigt, strukturell identisch mit jenem zwischen der nordwestlichen Hemisphäre und Afrika: Rohstoffe werden aus

Afrika exportiert, Industriegüter nach Afrika importiert (im Fall der USA in erheblichem Maße auch Konsumgüter). Aus afrikanischer Sicht gilt der Grundsatz »Konkurrenz belebt das Geschäft«. Fragt sich nur, wer mit wem welche Geschäfte zu wessen Gunsten macht.

Teil 2
Oligarchen Afrikas

In diesem Teil kommen afrikanische Autoren zu Wort, die im Namen des internationalen Projekts »*Panama Papers*« investigativer Journalisten daran beteiligt waren, die Verschiebung öffentlicher und privater, steuerpflichtiger Gelder auf Offshore-Konten zu untersuchen. Die afrikanischen Teilnehmer*innen dieser auf allen Kontinenten aufsehenerregenden Recherchen sind (African Investigative Publishing Collective 2017): Maxime Domegni, Eric Mwamba, Estacio Valoi, Francis Mbale Laurence Seretse, Evelyn Groenink und ein Journalist, der in Burundi oder Ruanda lebt, aber aus Furcht vor Repression seinen Namen nicht preisgeben will.

Aus dem Englischen übersetzt, lautet die Einleitung zum Bericht »*The Plunder Route to Panama – How African oligarchs steal from their countries*« wie folgt: »Als die kanadische Bergwerksgesellschaft *First Quantum* im Jahr 2009 in der Demokratischen Republik Kongo (DRC) ihre Steuern in Höhe von 60 Millionen Dollar bezahlen wollte, wurde ihr mitgeteilt, dass sie dem Direktor für Finanzen vier Millionen und der Regierung sechs Millionen übergeben und den Rest behalten solle. ›Weil niemand hier Steuern bezahlt‹. Nachdem sich das Unternehmen weigerte, so zu verfahren, sah es sich des ›Fehlverhaltens‹ angeklagt. Das Bergwerk wurde konfisziert und an den israelischen Bergwerksmagnaten Dan Gertler verkauft, einen guten Freund der Elite der DRC, der ›Herr Raffgier‹ genannt wird. Letztes Jahr fand sich Gertlers Name mehr als zweihundert Mal in Verbindung mit Offshore-Konten in Steuerparadiesen in dem bahnbrechenden ›Panama Papers‹-Projekt. Es fand sich dort auch der Name Jaynet Kabilas, der Zwillingsschwester des Präsidenten der DRC, Joseph Kabila.

In sieben afrikanischen Ländern betrachteten wir Wirtschaftssektoren, die vom Staat und nicht von Privaten kontrolliert wurden. Togos Phosphatminen zum Beispiel, die angeblich ›für das Volk‹ verstaatlicht wurden. Wir fanden, dass Togos Präsident die Bodenschätze an fragwürdige Händler unter dem Marktpreis verkaufte. In Moçambique wurden Dorfbewohner für Rubin-Bergwerke vertrieben, die Generalen und Ministern gehörten.

In Ruanda werden Steuergelder für den Bau von Hochhäusern der Staatspartei verschwendet, während Menschen hungern. Devisen, die das Präsidialamt Burundis kontrolliert, werden für bestimmte Unternehmen reserviert, was Mangel hervorruft und der Wirtschaft schadet. Botswanas Präsident hilft dabei, Einnahmen aus dem Tourismus auf Offshore-Konten zu schleusen. Die Raubzüge des südafrikanischen Präsidenten Zuma richteten sich auf wahrscheinlich mehr als sieben Milliarden Dollar Steuergelder, die auf Privatkonten in Dubai flossen. Jüngste investigative Recherchen der *Premium Time* in Nigeria, von *Mahaangola* in Angola und von ›Global Witness‹ in der DRC und in Simbabwe haben ähnliche Raubzüge der politischen Eliten dieser Länder aufgedeckt.

Die Frage, warum sich afrikanische Oligarchen so benehmen, während ihre Völker wortwörtlich hungern, sollte am besten durch afrikanische Autoren und Philosophen beantwortet werden. Es mag sein, dass den Wettlauf um die Macht nach dem Ende des Kolonialismus jene mit den stärksten Ellenbogen gewannen. Oder vielleicht erlaubt das Fehlen von Gewaltenteilung unethischen Führern, die Situation zusammen mit Kriminellen auszunutzen. Was wir aufgedeckt haben, weist darauf hin, dass diese Eliten sich der räuberischen kolonialen Strukturen bemächtigt haben, die sie ersetzen.

Einer von uns fragte beim Anblick riesiger Schlaglöcher auf den Straßen des reichsten Vororts von Kinshasa, warum die Reichen sich nicht einmal um ihre eigenen Straßen kümmern. Das örtliche Mitglied unseres Teams antwortete: Sie besitzen diese Häuser, aber sie wohnen nicht hier. Sie leben in Frankreich.«

Die folgenden Berichte über Problemlagen in sieben afrikanischen Ländern fassen die Kapitel im Bericht des »African Investigative Pubishing Collective« (2017) zusammen. Die Überschriften, einige Aktualisierungen und Kommentierungen stammen von mir. Den Länderberichten schalte ich Tabelle 7 vor, die wesentliche Strukturdaten der sieben Länder enthält.

Tab. 7: Strukturdaten der afrikanischen Panama-Papers-Staaten

Kennzahl	Botswana	Burundi	DRC	Moçam-bique	Ruanda	Südafrika	Togo
Bevölkerungsdichte	4	399	34	31	468	43	120
BIP/EW 1990-2018	+94%	-36%	-5%	+206%	+131%	+23%	+21%
EW 1990-2018	+75%	+106%	+143%	+127%	+69%	+57%	+109%
HumanCapital Index	0,42	0,38	0,37	0,36	0,37	0,41	0,41
Armutsanteil	39%	89%	91%	82%	81%	38%	73%

Quelle: Weltbank 2019.

Bevölkerungsdichte = Einwohner*innen je Quadratkilometer (2018). BIP/EW = Bruttoinlandsprodukt je Kopf der Bevölkerung (Kaufkraftparität auf der Grundlage des Verhältnisses nationaler Währungen zum US-$ 2011). EW = Einwohner*innen. HumanCapital Index = Wohlstandsindex aus Produktivität, Bildung und Gesundheit 2018. Armutsanteil = Anteil der Bevölkerung mit einem Tageseinkommen von unter 3,20 US-Dollar (Angaben für unterschiedliche Jahre 2012 bis 2015). DRC = Demokratische Republik Kongo. Alle Länder, deren Bevölkerungszahl (EW 1990-2018) stärker gestiegen ist als ihr Bruttoinlandsprodukt je Kopf der Bevölkerung (BIP/EW 1990-2018), sind ärmer geworden. Aussagen über deren innere Einkommens- und Vermögensverteilung sind damit nicht verbunden (siehe aber Kennzahl »Armutsanteil«).

1. Botswana – Touristenparadies mit Offshore-Konten

Botswana ist ein flächengroßes Land mit geringer Bevölkerung (2,3 Millionen Einwohner*innen auf 581.730 Quadratkilometern). Es liegt nördlich der Republik Südafrika und östlich von Namibia.

Botswanas Reichtum besteht aus Diamantenfeldern und dem gehobenen Tourismus im Okavanga-Delta, das im nördlichen Distrikt Ngamiland liegt und kein klassisches Flussdelta ist, sondern das sumpfige Versickerungsgebiet eines Binnenflusses. Botswana gilt aus Sicht der nördlichen Hemisphäre als erste Demokratie westlicher Prägung und als Vorbild für ein »Nation Building«, das die nachkolonialen Vorgaben abgegrenzter Staaten europäischer Definition gut abbildet. Dieser Vorgabe entspricht Botswana unter anderem dadurch, dass es Staatsbedienstete periodisch in verschiedenen Stammesgebieten einsetzt, um Trennungslinien zwischen den Stämmen zu mindern (Süddeutsche Zeitung-Magazin vom 5.7.2019: Bastian Berbner/Matthias Ziegler, »Hin und weg«).

Der Tourismus als zweitgrößte Einnahmeqelle des Landes hat einen geschätzten Jahresumsatz von 650 Millionen US-$. Im Okavango-Delta liegt eine Vielzahl in der Regel teurer Lodges, von denen aus früher Großwildjagden für Reiche der nördlichen Hemisphäre, heute Fotosafaris in die artenreiche Umgebung organisiert werden. Ein Drittel des Gesamtumsatzes entfällt auf das Unternehmen *Wilderness Safari* und seine Subunternehmen, an denen der Staatspräsident Ian Khama und seine Familie beteiligt sind. Einige dieser Subunternehmen haben ihren Sitz nicht in Botswana, sondern in Steuerparadiesen: *Wilderness Safari Ltd* auf den Bermudas, *New Wilderness Holidays* auf Mauritius, *Novisco* in Luxemburg und auf den Seychellen. In diese Subunternehmen fließen die Zahlungen vorgebuchter Reisen, was bedeutet, dass ein Großteil des Umsatzes aus dem Tourismusgeschäft Botswana nie erreicht, sondern auf Offshore-Konten landet, von denen die Präsidentenfamilie zehrt. Praktischerweise ist der Tourismusminister Botswanas, Tshekedi Khama, der Bruder des Präsidenten, der Aufsichtsratsvorsitzende von *Wilderness Safari*, Parks Tafa, Rechtsanwalt des Präsidenten. Die staatlichen und privatrechtlichen Aufsichtsfunktionen liegen also in »vertrauenswürdigen Händen«.

Prominente Kunden und Kundinnen des gehobenen Tourismus preisen gängigerweise, dass ihre Art, Erholung zu suchen, der einheimischen Bevölkerung zugutekäme. Der Distrikt Ngamiland, in dem das Okavango-Delta mit seinen teuren Lodges liegt, ist jedoch der ärmste des Landes. Weil die Lodges abseits der Siedlungen Einheimischer liegen, werden die wohlhabenden Gäste nicht mit der Armut ihrer Gastregion konfrontiert, sondern können sich auf den Artenreichtum ihres isolierten Urlaubsorts konzentrieren.

Bei der Ausbeutung der Diamantenfelder spielt der britische Konzern *De-Beers* die erste Geige. Er hat Teile seines Hauptquartiers von London nach

Gaborone, der Hauptstadt Botswanas, verlegt, das seitdem den Spitznamen »Debswana« trägt. Damit trägt er dazu bei bzw. befördert einerseits, den Mehrwert der Bodenschätze Afrikas teilweise auf den Kontinent selbst zu verlagern. Andererseits wird so deutlich, von wem Botswana heute wirklich regiert wird. 2018 übergab Ian Khama die Präsidentschaft an seinen vermeintlichen Gefolgsmann Mokgweetsi Masisi, der ihm kurz darauf einige Privilegien strich. Khama gründete 2019 in seiner Heimatprovinz eine eigene Partei, die sich schon bei ihrer Gründung auf ein Drittel aller Parlamentarier stützen konnte. Die Wahlen im selben Jahr konnte er jedoch nicht für sich entscheiden.

Zum Steuerparadies Mauritius, einer kleinen Insel im Indischen Ozean östlich Madagaskars, hat das »International Consortium of Investigative Journalists (ICIJ)« erst im Jahr 2019 einen Bericht vorgelegt. Mauritius, das 1968 unabhängig wurde, ist für zahlreiche Oligarchen Afrikas, aber auch für deutsche Unternehmen wie die Deutsche Bank oder die Allianz Versicherungsgesellschaft ein beliebter Ort, Vermögen zu verstecken und Steuern zu vermeiden. Auf Mauritius gibt es kein öffentliches Firmenregister (Mauritius Much in: Süddeutsche Zeitung vom 24.7.2019).

2. Burundi – aufgeschlitzte Kehlen und wundersame Goldvermehrung

Das kleine, dicht besiedelte Land Burundi (Bevölkerungsdichte: 399 Einwohner*innen/km²) liegt in Zentralafrika und versteht sich als »feindliche Schwester Ruandas«. Hier wie dort leben überwiegend die Stämme der Hutu und Tutsi in alter Feindschaft zusammen. Hier wie dort fanden wiederholt Massaker zwischen diesen Stämmen mit jeweils Zehntausenden von Toten statt, deren grauenhaftestes der Völkermord der Hutu an den Tutsi in Ruanda im Jahr 1994 war.

Die Jugendorganisation *Imbonerakure* der herrschenden Partei »Nationaler Rat für die Verteidigung der Demokratie (CNDD-FDD)« führt eine Liste der »Feinde Burundis«, auf der unter anderem Paul Kagame (Präsident von Ruanda), Louis Michel (Europäische Union), Samantha Power (frühere UN-Botschafterin der USA) und Frederica Mogherini (ehemalige Außenbeauftragte der Europäischen Union) stehen, Personen also, die sich über Burundi kritisch geäußert haben. Für diese Personen ist es nicht lebensbedrohend, auf solchen Listen zu stehen, für Burunder*innen dagegen schon, wie folgendes Zitat aus dem Bericht des »African Investigative Publishing Collective« zeigt: »Niemand in Bujumbura kennt die genauen Umstände der Morde an einem jungen Aktivisten und einem seiner Freunde Anfang Mai 2017. Nachbarn und Freunde sind sich nicht einmal der genauen Tatzeit sicher. Sie erinnern sich, einem anderen Freund geholfen zu haben, der zu den beiden wollte, dessen Pochen an der Haustür unbeantwortet blieb, und der deshalb die Hintertür benutzte. Dann fanden sie Darius mit aufgeschlitzter Kehle in einer Blutlache liegend. Im nächsten Zimmer lag ein weiterer Körper mit aufgeschlitzter Kehle.«

Darius war ein sozialer Aktivist auf der Fährte der *Imbonerakure* und ihrer ruandischen Freunde von der *Interahamwe*, jener Hutu-Miliz, die während des Völkermords 1994 in Ruanda in erster Reihe Beile und Macheten schwang. Diese Verbindung erweist sich als gewinnbringend, weil die versprengten Reste der *Interahamwe* nach dem Sieg der von Uganda aus nach Ruanda einmarschierenden Tutsi-Miliz Paul Kagames in die benachbarten kongolesischen Provinzen Nord- und Süd-Kivu flohen und sich dort wie andere Räuberbanden über die zahlreichen Bergwerke hermachten, in denen Coltan, Gold, Kupfer und Diamanten gehoben werden. Ihr Erfolg zeigt sich zum Beispiel an unterschiedlichen Angaben über den Goldexport Burundis: Laut UN-Handelsstatistik wurde im Jahr 2015 aus Burundi in die Vereinigten Arabischen Emirate Gold im Wert von 160 Millionen US-$ ausgeführt. Die Statistik Burundis weist einen Goldexport im Geldwert von insgesamt nur 13 Millionen US-$ aus. Die Differenz dürfte über Burundi laufendes kongolesisches Gold sein.

Auch beim Import war Präsident Pierre Nkurunziza erfinderisch, der nach dem missglückten Versuch, im Jahr 2015 zum dritten Mal ins Präsidentenamt »gewählt« zu werden, von seinem Geheimdienstchef Adolphe Nshinirimana abgelöst wurde. Nshinirimana wies sich zuvor als kreativer Plünderer öffentlicher Kassen aus: Er kaufte preiswert Uniformen und andere Militaria in der Ukraine, um sie dann teuer an die Armee Burundis weiter zu veräußern. Zum Präsidenten bestimmt, verfügte er, dass die Firma *Interpétrole* das Importmonopol für Erdöl erhielt und reservierte für deren Zahlungsfähigkeit auf internationalen Märkten die schmalen Devisenreserven der Nationalbank. Fast unnötig zu erwähnen, dass der Präsident, seine Familie und Funktionäre der Staatspartei an dieser Firma beteiligt sind.

Am 20. Mai 2020 fanden in Burundi inmitten der Covid-19-Pandemie erneut Wahlen statt, mit denen der von der CNDD-FDD ausgewählte Nachfolgepräsident Evariste Ndayishimiye installiert werden sollte. Wie nicht anders zu erwarten, zeichnete sich der Wahlkampf durch Einschüchterung der Opposition bis hin zu Morden an deren Kandidaten aus. Wahlkarten wurden von der Staatspartei nahestehenden Häuptlingen selektiv vergeben, ein öffentlich einsehbares Wählerregister existierte nicht. Am 13. April 2020 organisierte die CNDD-FDD Wahlveranstaltungen in allen Sportstadien des Landes, die zu wahren Virenschleudern wurden. Bereitstehenden ausländischen Wahlbeobachtern wurde angekündigt, dass sie bei Einreise in eine 14-tägige Quarantäne gesteckt werden würden. Es gab keine Wahlbeobachter, aber den erwarteten Sieg Ndayishimiyes. Am 8. Juni 2020 starb sein Vorgänger und Mentor Pierre Nkurunziza aus offiziell nicht erklärten Gründen, wahrscheinlich an Covid-19.

Gott werde Burundi vor der Pandemie bewahren, sagte er als Präsident und warf die Berater der WHO aus dem Land. Jedenfalls ihn bewahrte sein Gott nicht davor. Dasselbe »Gottvertrauen« zeichnet unter anderen den Präsidenten des großen Nachbarstaats Tansania, John Magufuli, aus, der am 8. Juni 2020 sein Land für »coronafrei« erklärte, obwohl die Krankenhäuser in Daressalam überfüllt waren. Im einst von Julius Nyerere aufgebauten sozialistischen Musterstaat reklamiert heute ein Evangelist, dass sein Gott einen von ihm verordneten Gebetsmarathon erhört habe.

Ähnlich unverfroren nutzte die Covid-19-Pandemie nur der langjährige Präsident und ehemalige Widerstandskämpfer gegen Militärregimes Guineas, Alpha Condé, am 22. März 2020. Er suchte für seine dritte Wiederwahl eine verfassungsändernde Mehrheit im Scheinparlament, die er nach Straßenschlachten mit mindestens 32 Toten mit 79 von 114 Parlamentssitzen auch fand. Condé, dessen Clan in eine Vergabeaffäre über große Eisenerzfelder verstrickt war, die den israelischen Spekulanten Beny Steinmetz und den Bergwerksgiganten Rio Tinto einbezog, kann jetzt bis zum Jahr 2032 regieren. Mit 94 Jahren wäre er dann womöglich der älteste unter den afrikanischen Gerontokraten, historisch gesehen nach dem inzwischen gestürzten Robert Mugabe von Zimbabwe der zweitälteste.

Burundische Soldaten stellen das zweitgrößte Kontingent der UN-Mission AMISOM in Somalia. Während die Soldaten nur ihren lokalen Sold erhalten, überweist die UN deren Regierungen 1.300 US-$ je Mann und Monat. Mit anderen Worten: Für viele Regierungen ist die Beteiligung an UN-Missionen ein Geschäft.

3. Demokratische Republik Kongo (DRC) – Ach, wo bleiben denn die Staatseinnahmen?

Weil der nach Absetzung des Kleptokraten Mobutu Sese Seko durch Laurent Kabila 1997 von Zaïre in Kongo zurückbenannte »Staat« das glatte Gegenteil einer Demokratie ist, nenne ich ihn in diesem Buch nur mit seinem Kürzel DRC. Alles andere wäre eine Beleidigung für demokratisch gesinnte Leser*innen.

Wie in keinem anderen Fall Sub-Sahara-Afrikas ist es beim Kongo (südlich des Flusslaufs) nötig, seine Geschichte zu kennen, um seine Gegenwart zu verstehen. Diese Geschichte ist eine Geschichte missbrauchten Vertrauens. Der Missbrauch hält bis heute in Grenzen an, die niemals von irgendjemandem außerhalb Europas erfunden wurden. Das Drama der kongolesischen Geschichte begann weit vor seiner Unabhängigkeit und beschleunigte sich, als international bekannt wurde, welchen Reichtum an Bodenschätzen die östlichen Regionen der künstlichen Republik bergen, deren Teil »Katanga« zunächst nicht zum »Freistaat« des belgischen Königs Leopold II. gehörte.

Das vorkolonial rund um den unteren Lauf des Kongo-Flusses existierende Bantu-Königreich Kongo (mit der Hauptstadt Mbanza Kongo, späteres São Salvador/Angola) wurde 1482 von den Portugiesen entdeckt, die mit diesem Reich über die Insel São Tomé ab 1483 regen Handel betrieben. Neben dem begehrten Gold importierten sie auch Sklaven. Die Insel São Tomé war insofern Vorbild für die spätere Entwicklung Brasiliens und der Karibik, als dort Zuckerrohrplantagen errichtet wurden, auf denen Sklaven aus dem Königreich Kongo und seinen Randgebieten beschäftigt wurden. Die Portugiesen versuchten angesichts ihrer zahlenmäßigen Unterlegenheit, durch (Zwangs-)Heiraten zwischen Weißen und Afrikaner*innen eine neue Führungsschicht aus Mulatten aufzubauen, die »Söhne der Erde« genannt wurden. Damit konnten sie den ersten Sklavenaufstand auf afrikanischem Boden im Jahr 1595 nicht verhindern. Der Anführer des Aufstands, Amador, wurde 1596 hingerichtet. Erst 1791 folgte der große, letztendlich erfolgreiche Sklavenaufstand auf der französisch okkupierten karibischen Insel St. Dominique/St. Domain, der 1804 zur Gründung des Staats Haiti führte (siehe Teil 1). Die Unabhängigkeit wirbelte zwar den »Atlantischen Dreieckshandel« durcheinander, führte jedoch nicht zu einem Modell afroamerikanischer Entwicklung, sondern zu einer Jahrhunderte überdauernden Kleptokraten-Republik.

Der Sklavenhandel wurde trotz Protesten des zum Christentum konvertierten Königs Alfonso I. von Kongo (Sohn des ebenfalls konvertierten Nzinga a Nkuwu, João I.) auf Lateinamerika erweitert, wo ausgedehnte Zuckerrohrplantagen entstanden. Dieses extrem profitable Geschäft wurde mit dem Beginn des Kriegskapitalismus von allen damaligen Seemächten Europas, insbesondere Großbritannien, Holland und Spanien, kopiert. Die Versicherungsgesellschaft »Lloyds of London« erhielt mit der Besicherung von Sklavenschiffen und ihrer »Ladung« (Menschen) im 16. und 17. Jahrhundert weltweite Bedeutung. Alle europäischen Atlantik- und Nordseehäfen beteiligten sich am »Atlantischen Dreieckshandel« mit Zucker, Baumwolle und Sklaven, aus dem der transatlantische Kapitalismus entsprang. In Zentralafrika wurden traditionelle monarchische Herrschaftssysteme durch die organisierte Kriminalität afrikanischer Sklavenzulieferer ersetzt, die wie ihre europäischen Handelspartner unermesslich reich wurden. Der Reichtum beiderseits des Atlantiks gründete wesentlich auf der Erklärung von Afrikaner*innen zur Ware, die mit terroristischen Methoden in Schach gehalten wurde (vordergründig »begrenzt« zum Beispiel mit dem französischen »Code Noir« von 1620) und bei den Buchhaltern der Sklavenmärkte eine »Abschreibungszeit« (Amortisation) von vier Jahren hatte. Wirtschaftlich gesehen, fand diese dunkle Zeit der Menschheitsgeschichte jenseits zuvor erlassener Verbote des Sklavenhandels ihr Ende erst mit dem Absturz der Zuckerpreise an den Warenbörsen, womit sich erklärt, dass Brasilien das letzte große Land war, das die Slavenhaltung verbot.

Im Jahr 1783 verweigerte *Lloyds of London* die Auszahlung einer Versicherung für die »Ladung« eines Sklavenschiffs, die dessen Kapitän auf der Fahrt nach Amerika im Sturm über Bord werfen ließ. Rechtlich begann das Ende des Sklavenhandels im Jahr 1807 also nach dem erfolglosen Versuch eines Versicherungsbetrugs. In den USA wurde die Sklavenhaltung erst mit einem Bürgerkrieg von 1861-1865 abgeschafft. Afroamerikaner*innen in den Südstaaten erhielten erst in den 1960er-Jahren das Wahlrecht, nachdem Schwarze überdurchschnittlich im postkolonialen Vietnam-Krieg »verheizt« worden waren. Der letzte Sklavenmarkt Afrikas auf Sansibar wurde 1873 geschlossen. Die großflächige Kolonisierung Afrikas begann exakt in diesem Jahr auch unter dem Banner des Kreuzzugs gegen die jahrhundertealte Praxis des Sklavenhandels. In seiner Blütezeit ersetzte der sich globalisierende Kolonialkapitalismus die »Leibeigenschaft« durch das Lohnsklaventum.

Als früherer Privatbesitz des belgischen Königs Leopold II. – Ergebnis der »Berliner Westafrika-Konferenz« unter Leitung des deutschen Reichskanzlers Otto von Bismarck – hat der zentrale und nördliche Teil dieses Königreichs eine besonders leidvolle Kolonialgeschichte, der schätzungsweise die Hälfte der gesamten Bevölkerung zum Opfer fiel (Economist vom 18.1.2020: »Follow the bottle«), was etwa der Entvölkerung Europas durch die »Schwarze Pest« im 14. Jahrhundert entspricht. Die »Berliner Westafrika-Konferenz« von 1884/85 wurde von Leopold II. ohne Einbeziehung des diplomatischen Diensts Belgiens sorgfältig vorbereitet. Leopold II., ein Spross des armen Hauses Coburg, der in Brüssel zu einem der reichsten Menschen Europas wurde, dachte anders als die meisten führenden Politiker Westeuropas, dass Afrika ein »Garten Eden« war, der bereit lag, ausgenommen zu werden.

Belgien war nicht offizieller Teilnehmer der »Berliner Westafrika-Konferenz«, seine Regierung hielt die Idee von Kolonien in Afrika für »lächerliche Geldverschwendung« und stand damit in Europa nicht allein (siehe auch Kapitel 2 in Teil 1 dieses Buches). Leopold II. versicherte, den Kongo als Freihandelsstaat in »christlichem Humanismus« aufbauen zu wollen, was ihm vor der »Berliner Westafrika-Konferenz« die Sympathie und Zustimmung des US-Senats am 10.4.1884 eintrug. Die USA waren neben dem Osmanischen Reich offizielle Beobachter der »Berliner Westafrika-Konferenz«. Leopold II. hatte zuvor den angloamerikanischen Entdecker Henry Morton Stanley (zum dritten Mal) und den Deutschen Hermann von Wissmann mit dem Auftrag an den Kongo geschickt, möglichst viele Verträge mit lokalen Häuptlingen zu schließen, die im Kern die Oberhoheit der belgischen Krone festlegten.

In Berlin ging es 1884/85 vordergründig weniger um die von Leopold II. angestrebten Machtansprüche auf das Innere Afrikas als um die Beherrschung afrikanischer Küsten mit Handelshäfen und Handelsmonopolen. Im Sinne des »Freihandels« wurden in Nebenzimmern der »Berliner Westafrika-Konferenz«

1884/85 Verträge zwischen Leopolds *Association Internationale Africaine* einerseits, Großbritannien, Italien, Österreich-Ungarn sowie den Niederlanden andererseits geschlossen. Frankreich drohte daraufhin, die Konferenz zu verlassen, und setzte damit seinen Anspruch auf das Land nördlich des Kongo-Flusses durch (Afrique Équatoriale Française, heute Kongo-Brazzaville und Zentralafrikanische Republik). Das Kongobecken südlich des Flusses ging als »Freistaat« an Leopold II., der zusagte, dort Freihandel zu gewährleisten und die (christliche) Zivilisation zu verbreiten. Außer dem Bau der Eisenbahnlinie Matadi-Leopoldville und der Zulassung katholischer Missionen hielt er sich an keines seiner Versprechen. Als die erhofften Einnahmen aus dem Export von Elfenbein und Naturkautschuk ausblieben, erklärte er 1891 fast alle Flächen des »Freistaats« zur »domaine privée«, erhob eine Importsteuer und ließ Zweckgesellschaften zur Ausbeutung des Kongo gründen. Nachdem der widerstrebene belgische Staat 1892 erstmals Mittel für seinen Privatbesitz bewilligt hatte, nutzte er diese für die Eroberung des afrikanischen Königreichs Garanganja (Katanga), in dem jedoch statt des erhofften Golds nur Kupfer gefunden wurde, das auf dem damaligen Weltmarkt gering bewertet war. In Katanga wie im übrigen östlichen Kongo beherrschten 85 Jahre nach dem (britischen) Verbot des Sklavenhandels arabische Sklavenjäger und Sklavenhändler Sansibars das immer noch gewinnbringendste Geschäft, den Handel mit Menschen.

Zwischen 1885 und 1960 fanden etwa zehn Millionen Kongoles*innen einen gewaltsamen Tod (Chiari/Kollmer 2008: 43). Zusammen mit den Opfern des »Großen Afrikanischen Kriegs« ab 1994 und jenen des anhaltenden Bürgerkriegs im Osten des Landes sind im Kongo (Kinshasa) bis heute 15 bis 16 Millionen Menschen umgebracht worden oder verhungert, fast so viele wie nach dem deutschen Angriff auf die Sowjetunion im Zweiten Weltkrieg.

König Baudouin von Belgien erdreistete sich, während der Unabhängigkeitsfeier des früheren Belgisch-Kongo im Jahr 1960 Leopold II. als Heilsbringer der Zivilisation zu preisen. Der gewählte Ministerpräsident des Kongo, Patrice Lumumba, widersprach dem belgischen König angemessen sarkastisch. Lumumba strebte einen sanften Übergang zwischen belgischer Diktatur und afrikanischer Demokratie an, ohne die künstliche Staatenbildung im Kongobecken infrage zu stellen. Belgien und das Kapital der nördlichen Hemisphäre waren anderer Meinung. Sie beförderten die Unabhängigkeit der rohstoffreichen Ostprovinz Katanga, wo der Sezessionist Moïse Tschombé von den Gewinnen der belgischen *Union Minière du Haut-Katanga* zehrte, und auf dieser politökonomischen Grundlage Söldnertruppen bezahlen konnte.

In der benachbarten, diamantenreichen Kasai-Region erklärte sich der Häuptling Albert Kalondji für selbständig, in der »Kupferprovinz« Kivu der Stamm der Baluba unter Führung des Methodistenpredigers Jason Sendwe. Patrice Lumumba wandte sich in seiner Not an die Sowjetunion, die daraufhin Waffen in die kongolesische Äquatorialprovinz (Hauptstadt Kisangani, ehemals Stanleyville) schickte, aus der Lumumba stammte. In der Folge setzten sich der Ministerpräsident Patrice Lumumba und der Staatspräsident Joseph Kasavubu bereits im Gründungsjahr 1960 der Republik gegenseitig ab, was schließlich zum ersten Putsch des Emporkömmlings und Oberbefehlshabers einer desorganisierten Armee, Joseph-Désiré Mobutu, führte. Mobutu zerrte Lumumba in ein Flugzeug mit Ziel Elisabethville (heute Lubumbashi), in dem er noch während des Flugs zu Tode gefoltert wurde.

Diese verworrene Gründungsgeschichte der DRC fand unter Aufsicht einer 18.000 Mann starken UN-Truppe statt, die sich nicht neutral verhielt, sondern sich je nach Herkunftsländern der »Blauhelme« auf verschiedene Seiten der um den Kongo kämpfenden Regionalmächte schlug, offiziell aber den Sezessionisten Tschombé absetzen sollte. Beim nächtlichen Anflug auf den Flugplatz Ndola (Sambia, damals Nord-Rhodesien), der nur wenige Kilometer von Katanga entfernt liegt, stürzte das Flugzeug des UN-Generalsekretärs Dag Hammarskjöld aus bis heute ungeklärten Gründen ab. Dag Hammarskjöld blieb bis heute der einzige UN-Generalsekretär, der im aktiven Dienst getötet wurde.

Moïse Tschombé wurde nach Beendigung der Sezession von Katanga mithilfe von UN-Truppen 1964 von Staatspräsident Kasavubu zum Ministerpräsidenten des Kongo ernannt und wie Kasavubu selbst im November 1965 von Mobutu weggeputscht. Ab 1974 »afrikanisierte« Mobutu den Kongo, der sich nun »Zaïre« nannte, indem er die Verwaltung zentralisierte, Teile der Wirtschaft verstaatlichte und das Land zu seinem Selbstbedienungsladen machte. Sich selbst nannte er Mobutu Sese Seko Kuku Ngbendu wa Zabanga, also »Der Krieger, der von Eroberung zu Eroberung schreitet, ohne Angst zu haben«. Als Zeichen dafür trug er eine Mütze aus Leopardenfell. Seine Herrschaft endete im Mai 1997 mit der von den USA orchestrierten und von Ruanda geforderten Machtübernahme durch Laurent-Désiré Kabila, die Zaïre/Kongo in den verlustreichsten Krieg der Geschichte Afrikas führte, an dem sich alle östlichen und südlichen Nachbarstaaten auf kongolesischem Boden beteiligten.

Die wegen des Rohstoffreichtums ihrer östlichen und südlichen Provinzen reiche Repubik blieb ein Kampffeld internationaler Rohstoffkonzerne, ihrer Killer, Milizen und Söldner, in das sich nach dem Ende des Kolonialismus eine Vielzahl benachbarter Stämme und Staaten einbrachte. An der Spitze des im Ostkongo investierten Kapitals steht der schweizerische Rohstoffkonzern *Glencore*, der sich über den israelischen Agenten und Kabila-Freund Dan Gertler derart preiswerte Lizenzen zum Abbau von Rohstoffen ergaunern konnte, dass im Jahr 2019 das britische *Serious Fraud Office* Ermittlungen wegen des Verdachts auf Bestechung (der DRC-Regierung) aufnahm. Ein solcher Schritt auf internationalem Parkett ist unüblich. In der DRC ist er »undenkbar« und wird wahrscheinlich folgenlos bleiben.

In den Jahren 2017 bis 2019 versuchte Joseph Kabila, Erbprinz seines von Ruanda inthronisierten, gewaltsam ums Leben gekommenen Vaters Laurent-Désiré Kabila, zum dritten Mal »gewählt« zu werden. In seinem Gefühl der Allmacht konnte er zunächst nicht begreifen, dass sich Zehntausende in den Straßen der Hauptstadt Kinshasa versammelten, um seine Wiederwahl zu verhindern. Das Ergebnis der Parlamentswahl 2019 wurde derart plump gefälscht, dass kein internationaler Beobachter diese Farce ernst nahm. Kabila und seine Clique wählten deshalb den Sohn eines früheren Oppositionellen, Felix Thisekedi, als nächsten Präsidenten aus, weil sie ihn für gefügig und biegsam hielten. Der tatsächlich gewählte Martin Fayulu muss jetzt um sein Leben bangen oder auswandern. Sein Versprechen war, die endemische Korruption in der DRC zu beenden. Zwar hat solches noch jeder regierende Kleptokrat versprochen. Was Fayulu jedoch gefährlich macht, ist seine (auch wirtschaftliche) Unabhängigkeit vom Netzwerk Kabilas.

Das Besondere an der DRC ist, dass der Geldwert ihres Rohstoffpotenzials so hoch wie jener arabischer Ölstaaten sein dürfte, fast die gesamte Bevölkerung jedoch in Armut lebt. 91% der Kongoles*innen müssen mit weniger als 3,20 US-$ am Tag auskommen (Weltbank 2019). Zum Vergleich: Außerhalb Kinshasas kostet eine Flasche Bier (hergestellt von *Bracongo*, einer Tochtergesellschaft der französischen *Castel*-Brauerei, oder von *Bralima*, einer Tochtergesellschaft des holländischen *Heineken*-Konzerns) umgerechnet 1,80 US-$. In weiten Teilen des riesigen Landes sind staatliche Dienste nicht präsent. Während China über drei Meter Straßenlänge je Einwohner*in verfügt, sind es im Kongo nur drei Zentimeter (Economist vom 18.1.2020). In dem riesigen Land gibt es nur zwei Eisenbahnstrecken mit Personenverkehr, darunter den kongolesischen Teil der »Benguela-Bahn« zwischen Angola und Sambia. Außer dem Kongo-Fluss gibt es keine durchgehenden Verbindungen durch die Regenwälder des Kongobeckens, nach jenen am Amazonas die zweitgrößten der Erde.

Den siegreichen Tutsi-Milizen Ruandas gelang es nach 1994 dennoch fast mühelos, bis kurz vor die Hauptstadt Kinshasa durchzumarschieren, bevor sie die Drohung Angolas mit militärischer Intervention davon abhielt, die kongolesische Hauptstadt einzunehmen. Kinshasa ist mit grob geschätzt 10 bis 12 Millionen Einwohner*innen die drittgrößte Stadt Afrikas und wie die zweitgrößte Stadt (Lagos in Nigeria) in großen Teilen ein gigantischer Slum. Neun Zehntel des zukünftigen Wachstums der Menschheit wird voraussichtlich in solchen Slum-Metropolen stattfinden, soweit sie nicht wie Dhakka, Djakarta und eben Lagos durch einen steigenden Meeresspiegel weggespült werden.

Besonders an der DRC ist auch, dass der Staatshaushalt mit 5,8 Milliarden US-$ Ausgaben und 5,4 Milliarden US-$ Einnahmen (2018) nur etwa so groß ist wie der eines kleinen deutschen Bundeslands, die Fläche jedoch sechseinhalbmal größer als Deutschland und die Einwohnerzahl mit 84 Millionen etwa gleich groß. Nach vorsichtiger Schätzung der Organisation »Global Witness« fließen 40% aller Steuern und Abgaben sofort auf private Konten. In mindestens derselben Größenordnung wird die staatliche Bergbaugesellschaft *Gécamines* geplündert. Spiegelbildlich dazu sind im Jahr 2015 von reichen Kongolesen mindestens 180 Millionen US-$ auf Konten einer einzigen Schweizer Bank geflossen. Diese öffentlich gewordene Zahl ist nur die Spitze eines großen Eisbergs.

In einem Gespräch mit dem »African Investigative Publishing Collective« im Jahr 2017 erklärte der damalige Anti-Korruptions-Beauftragte und frühere Justizminister, Luzolo Bambi, dass er nichts von solchen Geldtransfers wisse. Dann bat er die Journalisten um Geld, weil »solche Untersuchungen teuer sind«.

Die DRC ist ebenso wie ihre nördlichen Nachbarn Gabun, Kongo-Brazzaville und Zentralafrikanische Republik – bekannt aus Zeiten des bizarren »Kaisers« Jean-Bédel Bokassa (1966-1979) – eindeutig ein »Failed State«. Ein sich anbahnender Völkermord in der Zentralafrikanischen Republik wurde im Jahr 2017 mit Müh und Not durch die Intervention französischer Truppen verhindert. Deren wenige Stützpunkte waren landesweit die einzigen Fluchtpunkte der Zivilbevölkerung vor Mord und Totschlag. Inzwischen nisten sich Milizionäre der Russischen Förderation im früheren Palast des »Kaisers« Bokassa ein. Russland versucht, auf diese krude Weise im zentralen Afrika wieder Fuß zu fassen, nachdem mit dem Untergang des Sowjetimperiums auch dessen Einfluss auf den Kontinent besiegelt war. Im Oktober 2019 wurde es vom »Präsidenten« dieses Gebildes eingeladen, eine russische Militärbasis im Land einzurichten (International Crisis Group 2019). Gabun wird seit seiner Unabhängigkeit im Jahr 1960 von Vater und Sohn Bongo »regiert«, Kongo-Brazzaville seit fast 40 Jahren – mit fünf Jahren Unterbrechung – von Denis Sassou Nguesso, der nach eigener Aussage einer »sozialistischen Regierung« nachfolgte, die es mit dem Sozialismus nicht so genau nahm, aber eine Periode relativer Ruhe und bescheidenen Wohlstands garantierte.

Im zentralen Afrika herrscht das pure Chaos, in dem Kleptokraten Milliarden US-$ abschöpfen und die Völker schlimmstenfalls abgeschlachtet, bestenfalls in absoluter Armut in Ruhe gelassen werden. Das zentrale Afrika war und ist wie Somalia eine Ansammlung klassischer »Nicht-Staaten«. Zynisch könnte man anmerken, dass die ausgefeilte Günstlingswirtschaft des Mobutu Sese Seko, der sich die Regionalfürsten des Kongo mit hohen Geldbeträgen gewogen hielt, die einzige stabile Zeit in der Geschichte der DRC und ihrer Vorgängergebilde war. Isoliert betrachtet, war dieses durch und durch korrupte Konstrukt in sich folgerichtig.

4. Moçambique – tote Garimpeiros für Rubine der Generale

Moçambique ist ein flächengroßes, fruchtbares Land am Indischen Ozean nördlich der Republik Südafrika und südlich Tansanias. Es wurde wie sein Pendant Angola am Südatlantik erst nach der portugiesischen »Nelkenrevolution« 1975 selbständig und litt danach wie Angola eineinhalb Jahrzehnte lang unter einem Bürgerkrieg, dessen Parteien von Moskau, Pretoria und Washington befeuert wurden. In Moçambique gewann die ursprünglich sozialistische Frelimo-Bewegung den Bürgerkrieg im Jahr 1992. Deren Anführer ernannten sich zu Ministern und Generalen und begannen, die Schätze des Landes zu heben.

Das »African Investigative Publishing Collective« wandte sich nur einer dieser Aneignungen zu: den Rubin-Minen der nördlichen Provinz Montepuez. Dort gruben bis Anfang der 2000er-Jahre ähnlich wie auf den Diamantenfeldern Sierra Leones vor dem Zugriff der Beni-Steinmetz-Gruppe selbständige Bergarbeiter (Garimpeiros) nach dem Edelstein. Dann gründeten hochrangige Frelimo-Funktionäre unter Führung des Generals Raimundo Domingo Pachinuape zusammen mit dem britischen Bergbaukonzern *Gemfields UK* die *Montepuez Ruby Mining aka MRM* und vertrieben die Miniers mit Waffengewalt. Zwar kam es dabei nicht wie im benachbarten Simbabwe zu einem Völkermord, die Zahl getöteter Miniers blieb unbekannt.

Während sich die Frelimo-Granden die Taschen vollstopften, rief Moçambique nach einem tropischen Wirbelsturm über der Provinz Beira im Jahr 2019 die internationale Gemeinschaft um Hilfe. Ein wesentliches Hemmnis für die beginnende Hilfsaktion war neben den Überschwemmungen die unzureichende Infrastruktur, vor allem die schlechten Wege, Straßen und Brücken im Binnenland. Der Hafen Beira, einer der wenigen Tiefseehäfen an der afrikanischen Ostküste, schlägt nur noch ein Zehntel der Tonnage um, die unter portugiesischer Kolonialherrschaft be- und entladen wurde. Beispielsweise gibt es nicht genügend geschulte Kranführer. Dafür stehen korrupte Zollbeamte in ausreichender Zahl zur Verfügung.

Es lief jedoch nicht alles schlecht in Moçambique. Zwischen 1995 und 2015 stieg das Bruttoinlandsprodukt mit jährlich 8% deutlich schneller als die Bevölkerung. Moçambique wurde also »reicher«. Auf Druck des Bauernselbsthilfeverbands »*Oram*« wurden über die Dorfvorsteher (»Regulos«) 50-jährige Nutzungsrechte an Kleinbauern und »Communidades locais« (traditionelle Dorfgemeinschaften) vergeben, sofern das Land nicht von Frelimo-Funktionären oder mit diesen verbündeten Konzessionsinhabern beansprucht wurde (Frankfurter Rundschau vom 28.12.1999).

Nach einem Korruptionsskandal und dem nachfolgenden Staatsbankrott im Jahr 2016 reduzierte sich das Wirtschaftswachstum Moçambiques jedoch auf 3,8%. Die an dem Skandal beteiligten Frelimo-Funktionäre, darunter der damalige Verteidigungsminister und heutige Staatspräsident Filipe Nyusi, regieren immer noch. Bestechungsgelder der Firma *Privinvest* (Abu Dhabi) in Höhe von 150 Millionen US-$ für Moçambiquaner*innen und 50 Millionen US-$ für Beschäftigte der Banken *BNP Paribas*, *Crédit Suisse* und *VTB* (staatliche russische Bank) bleiben verschwunden (Economist vom 24.8.2019: »The net tightens«). Bis heute sitzt Moçambique auf zwei Milliarden US-$ Schulden aus diesem Skandal.

Neben Kohle, die heute noch die Hälfte der Exporte Moçambiques ausmacht, setzt das Land auf große Gasvorkommen in der »Royuma-Senke« vor der nördlichen Küste (Economist vom 27.10.2018: »Waiting for gas«). Der monetäre Wert der bisher entdeckten Gasfelder wird auf 22 Milliarden US-$ geschätzt. Es gibt in Moçambique noch viele Schätze zu heben, was für afrikanische Völker selten eine Quelle von Freude und Wohlstand war. Dagegen hilft nur die Transparenz der Konzessionsvergaben und -einnahmen, die Institutionen mit solidem Format zu überwachen hätten (Paul Collier in: ted.com/talks/paul-collier-the-bottom-billion, 2007).

Ein solches Schema ist allerdings in der Sahel-Republik Tschad fehlgeschlagen, weil die dortige Militärregierung auf Grundlage kräftig fließender Einnahmen aus Ölkonzessionen ein mit Beteiligung der UN gegründetes Sondervermögen aufkaufte und fürderhin sich selbst bediente, das heißt, vor allem Waffen kaufte und Offiziersgehälter aufbesserte. Dagegen wandten sich die UN vermutlich deshalb nicht, weil sie die Republik Tschad im Kampf gegen den Völkermord im östlich angrenzenden Darfur/Sudan benötigten, gegen den anzukämpfen nicht genügend UN-Streitkräfte mobilisiert werden konnten. Inzwischen gilt die Republik Tschad als Verbündeter westeuropäischer Staaten gegen islamistische Kämpfer im Sahel (G-5-Gruppe) und als vorgezogener Grenzschützer gegen afrikanische Flüchtlinge. Das dortige, korrupte und repressive Regime sitzt fester im Sattel als je zuvor.

Moçambique zeichnet sich jedenfalls auf dem Papier zusammen mit Äthiopien, Burkina Faso, den Kapverdischen Inseln, Namibia und Südafrika durch eine im afrikanischen Kontext liberale Rechtsordnung, Gleichberechtigung zwischen den Geschlechtern und den Schutz der Rechte von Minderheiten aus. Im Unterschied zu fast allen anderen Ländern des Kontinents ist die Mehrheit der Bevölkerung nicht mehrheitlich homophob eingestellt. Soweit die Wahlen des Jahres 2019 interpretiert werden können, lässt sich die Bevölkerung jedoch nicht von Manipulationen der regierenden Frelimo beeindrucken, selbst im tendenziell oppositionellen Norden des Landes, in dem trotz eines Friedensabkommens zwischen Frelimo und dem früheren Bürgerkriegsgegner Renamo immer noch Unruhe herrscht – genau dort, wo die großen Gasvorkommen liegen (Guilengue 2019).

5. Ruanda – fliegende Kühe und sterbende Banker

Den dicht besiedelten zentralafrikanischen Kleinstaat Ruanda (Bevölkerungsdichte: 468 Einwohner*innen/km^2) nahm die Weltöffentlichkeit erst wahr, als der Radiosender »Milles Collines« der Präsidentengattin Agathe Habyarimana im Jahr 1994 das Volk der Hutu zum Mord am Volk der Tutsi aufstachelte und innerhalb von drei Monaten mindestens 800.000 Menschen umgebracht wurden. Drei Viertel der in Ruanda lebenden Tutsi wurden unter den Augen untätiger UN-Truppen ermordet. Im Jahr 1995 hatte das Land verglichen mit 1990 1.452.387 Einwohner*innen (20%) weniger (Weltbank 2019). Das Erschreckende dieses Genozids war, dass sich sehr viele Zivilisten daran beteiligten; es war kein von einer Soldateska verübtes Kriegsverbrechen wie beispielsweise der Massenmord von Srebrenica, sondern die Vernichtung eines Teils der Bevölkerung – der Tutsi – durch den anderen – den Hutu.

Dem Gemetzel machte erst eine aus Uganda einmarschierende Tutsi-Miliz unter dem Kommando des heutigen Staatspräsidenten Paul Kagame ein Ende. Die seitdem machthabende Regierung hat nicht die Wahl freier Wahlen, weil diese entlang von Stammesgrenzen stets zugunsten der Hutu entschieden werden würden. Deshalb muss sie auf innere Befriedung, die Weckung eines stammesübergreifenden Nationalgefühls in der Bevölkerung und Überzeugung durch Leistung setzen. Diese Ziele verfolgt die Kagame-Regierung mit sichtbarem Erfolg. Das rohstoffarme Ruanda ist heute eine der am schnellsten wachsenden Volkswirtschaften Afrikas, Kigali die sauberste und eine der sichersten Hauptstädte des Kontinents.

Allerdings ist auch der afrikanische Musterstaat Ruanda nicht so makellos, wie es europäische Beobachter glauben machen wollen (so z.B. Seitz 2018). Das »African Investigative Publishing Collective« zieht zwei Fälle von Misswirtschaft hervor: Das »Eine-Kuh-Projekt« und – was denn sonst? – Immobilien.

Mit dem »Eine-Kuh-Projekt« will die ruandische Regierung das überwiegende Kleinbauerntum stärken. Während der Bauernverband den Import südafrikanischer Kühe befürwortete, entschieden die staatliche *Ruanda Development Bank (RDB)* und der staatliche Mischkonzern *Crystal Ventures*, dass 500 Kühe aus den Niederlanden einzufliegen seien. 72 dieser Rinder starben schnell danach, ungezählte weitere erkrankten und gebaren nicht die erhofften Kälber. Daraus entspann sich ein Streit darüber, welche Rinderqualität in den Niederlanden bestelllt worden sei. Die Holländer behaupten, dass eine weniger gute Qualität bestellt und bezahlt wurde, die *RDB* und *Crystal Ventures* behaupten das Gegenteil. Auf jeden Fall gingen die Zertifikate für 400 der 500 eingeflogenen Rinder während der Flüge »verloren«.

Der Staatskonzern *Crystal Ventures* fiel durch eine weitere Extravaganz auf: Sein Subunternehmen *Debden Investments* mit Sitz auf den Bahamas hatte offenbar nur einen Zweck: den Kauf und Betrieb von zwei *Bombardier*-Jets, die den *Crystal*-Managern Paul Manassel Nshuti und Hatari Sekoko zur Verfügung standen. Auch die *RDB* hat eine schillernde Geschichte: Ihr Vorstandsvorsitzender Theogène Turatsinze wurde im Jahr 2008 entlassen, nachdem er sich geweigert hatte, Kredite führender Tutsi zu anullieren und damit die Bank in den Konkurs zu führen. Sein Nachfolger Jack Kayonga tat eben dies. Turatsinze flüchtete nach Moçambique und wurde dort im Jahr 2012 kurz vor einem Gespräch mit Vertretern der Weltbank ermordet.

Dieser Mord war kein Einzelfall: Der ehemalige Innenminister Ruandas, Seth Sendashonga, starb 1998 gewaltsam im kenianischen Exil. Der frühere Leiter des ruandischen Auslandsgeheimdienstes, Patrick Karegeya, wurde 2014 in einem Hotel in Johannesburg/Südafrika erhängt aufgefunden. Die südafrikanische Justiz bewertete den Todesfall als Mord, der direkt zur ruandischen Regierung führe. Im Februar 2020 starb der junge oppositionelle Gospelsänger Kizito Mihigo in einer ruandischen Polizeizelle. Morde an Gegnern Kagames scheinen Methode zu haben. Paul Rusesabagina, im Jahr 1994 Manager des Hotels *Milles Collines*, in dem er 1.268 dem Genozid entkommene Menschen aufnahm, kommentiert:»Wir haben die Tänzer ausgetauscht, die Musik aber bleibt dieselbe.« (Economist vom 5.9.2020:»We don't need another hero«). Rusesabagina wurde im September 2020 auf einem Flug nach Dubai entführt und in der ruandischen Hauptstadt Kigali inhaftiert.

Um die Hauptstadt Kigali und ihre unmittelbare Umgebung nach westlichen oder fernöstlichen Maßstäben aufzuwerten, subventionierte die ruandische Regierung den Bau von Büroflächen, für die keine Nachfrage bestand (genannt werden Nyanza und Rwamagana Plaza) sowie einen neuen Flughafen. Diese in Schwellenländern übliche Vorliebe für Großprojekte wurde verbunden mit dem»Kampf gegen Abfall«, womit auch Straßenhändler, Prostituierte und Bettler gemeint sind.

Für eine relativ gewissenhafte Führung der Staatsgeschäfte in Ruanda spricht, dass der für das»Eine-Kuh-Projekt«verantwortliche Staatssekretär Ernest Ruzindaza entlassen und der bei der *RDP* verantwortliche Manager Jack Kayonga trotz anderweitiger»Verdienste«versetzt wurden. Dafür spricht auch, dass ein offenbar unabhängiger Rechnungshof im Jahr 2016 die Verschwendung von Steuermitteln für überflüssige Bauwerke in Höhe von 100 Millionen US-$ kritisieren konnte. Dagegen spricht, dass Paul Kagames Wirtschaftsberater David Hunbara nach Kanada emigrierte, nachdem er die Vetternwirtschaft (»Crony Capitalism«) der ruandischen Führung nicht mehr ertrug. Ebenfalls dagegen spricht, dass das ruandische Mitglied des»African Investigative Publishing Collective«als einziger Teilnehmer anonym bleiben wollte. Außerdem wird Ruanda beschuldigt, seine Sozial- und Wirtschaftsstatistik zu fälschen (Economist vom 17.8.2019:»The devil in the details«).

Ruandische Truppen und vertriebene Hutu-Milizen spielten im Kongo-Krieg 1997-2003 keine ordnende, sondern eine destabilisierende Rolle. Ihre Intervention führte schlussendlich zum Sturz des Despoten Mobutu Sese Seko durch den gleichermaßen inkompetenten Laurent Kabila. Die Tutsi-Truppen des ruandischen Generals Laurent Nkunda beherrschten zeitweilig die gesamte östliche Hälfte der DRC. Nur auf Druck westlicher Geldgeber distanzierte sich Ruanda von der CNDP Nkundas, die mordend und plündernd durch den großen Nachbarstaat zog.

Nach dem Völkermord in Ruanda: Die Welt des Paul Kagame

Am 6. April 1994 wurde das Flugzeug des ruandischen Präsidenten Juvenal Habyarimana beim Anflug auf den Flughafen der Hauptstadt Kigali abgeschossen. Es gab keine Überlebenden. Damit begann eine vom Rundfunksender »*Milles Collines*« (Tausend Hügel) angefachte Hetzjagd des dominierenden Stamms der Hutu (91% der Bevölkerung), dem der Präsident angehörte, gegen die Minderheit der Tutsi (9% der Bevölkerung). Binnen 13 Wochen wurden mindestens 800.000 Tutsi ermordet und Hutu, die sich weigerten, an diesem Massenmord teilzunehmen. In der jüngeren Geschichte der Menschheit ist dieser Genozid der einzige, an dem breite Kreise der Bevölkerung aktiv teilnahmen: Nachbarn brachten Nachbarn um.

Der Genozid von Ruanda hat selbstredend eine Vorgeschichte. Unter der dominierenden Hutu-Bevölkerung gab es bereits vor der Kolonialzeit Ressentiments gegen die hochgewachsenen, schmalen Tutsi mit ihrer sehr eigenen Physiognomie (»*Raubvogel-Gesichter*« genannt). Die Tutsi wurden als Eindringlinge aus dem Nordosten Afrikas bezeichnet – wofür vieles spricht – und damit als »Ausländer« bewertet. Die von 1916 bis 1962 herrschende belgische Kolonialmacht setzte Hutu-Häuptlinge ab und bevorzugte Tutsi sowohl in ihren Schulen als auch im Staatsdienst. Dagegen wehrte sich die Hutu-Mehrheit und löste im Jahr 1959 den ersten Exodus von Tutsi ins benachbarte Uganda aus.

Den Völkermord in Ruanda, den eine kleine belgische und französische UN-Truppe nur beobachten durfte, beendete eine aus Uganda einmarschierende Tutsi-Miliz unter dem Kommando des heutigen Staatspräsidenten Paul Kagame im April 1994. Diese Miliz tötete bis zu 45.000 Hutu in Ruanda selbst. Außerdem setzte sie im Nachbarland Zaïre (Kongo) fliehenden Hutu nach, wo weitere 200.000 Hutu verhungerten oder an Krankheiten starben. Diese Zahlen sind ungesichert, denn »Afrika zählt seine Toten nicht« (Keith Richburg). Sicher ist jedoch, dass Hunderttausende Hutu im kongolesischen Regenwald elend zugrunde gingen.

Der ruandischen Armee und von Tutsi geführten Milizen gelang es, im ungleich größeren Nachbarland Zaïre den Despoten Mobutu Sese Seko durch den vermeintlich zugeneigteren Despoten Laurent Kabila zu ersetzen. Damit wurde der große zentralafrikanische Krieg (1998-2003) losgetreten, der innerhalb von fünf Jahren vier Millionen Menschen das Leben kostete.

In Ruanda selbst begründeten die Sieger eine Regierung der nationalen Versöhnung. Aus dem Kongo zurückkehrende Hutu wurden im »Camp Mutobo« repatriiert und »umerzogen«, die Stammesherkunft auf den von der belgischen Kolonialmacht eingeführten Personalausweisen wurde gelöscht, Hutu wurden an der Regierung beteiligt, identifizierte 90.000 *Génocidaires* von lokalen Laiengerichten *(Gacaca)* oft nachsichtig verurteilt. Die Minderheitsregierung der Tutsi hatte keine andere Wahl, als die mörderische Vergangenheit zu begraben und ihren Mördern nach dem südafrikanischen Vorbild Nelson Mandelas und nach anfänglichen Vergeltungsaktionen zu vergeben.

Der Finanzminister der Tutsi-dominierten Regierung, Donald Kaberuka, führte das zuvor unbekannte Grundeigentum ein und privatisierte staatliche Unternehmen außerhalb von der Staatspartei für relevant gehaltener Geschäftsfelder. Wie Europa während der »Ersten Industriellen Revolution« versucht Ruanda innerhalb der Möglichkeiten eines kleinen Landes eine eigene Textilindustrie aufzubauen. Dazu wurde unter anderem der Import von Second-Hand-Kleidung aus der nördlichen Hemisphäre verboten und der Import indischer und chinesischer Billigware erschwert. Obwohl Importverbote und Zollschranken bei der Industrialisierung Europas und Nordamerikas eine wesentliche Rolle spielten, reagierte die nördliche Hemisphäre auf diese industriepolitischen Maßnahmen feindselig.

Politisch-administrativ wurde Ruanda mit einem Netz kleinteiliger Verwaltungseinheiten überzogen, deren »Chefs« der regierenden Republikanisch-Patriotischen Bewegung beitreten sollten oder mussten. Damit wurde ein eng geflochtener Überwachungsapparat geschaffen. Die Übernahme des Staats Ruanda durch die den Genozid überlebende Minderheit der Tutsi beschrieb das Londoner Wirtschaftsjournal *Economist* im März 2004 wie folgt: »Es ist, als ob 1945 eine Armee deutscher Juden, die ihr Leben lang in Britannien verbracht hatte, Deutschland übernommen hätte.« (Economist vom 27.3.2004: »The road out of hell«)

6. Südafrikanische Republik –
ein kichernder Präsident und seine indischen Freunde

Die Geschichte Südafrikas ist weltweit bekannt und muss hier nicht nochmals beschrieben werden. Seine Verfassung ist nach Ende des Apartheid-Regimes auch nach westlichen Maßstäben liberal, der Staatsaufbau entspricht den Grundsätzen der Gewaltenteilung. Ebenso bekannt ist, dass die Nachfolger des legendären Staatspräsidenten Nelson Mandela, Thabo Mbeki und Jacob Zuma, diesen Ansprüchen nicht gerecht wurden und jedenfalls Zuma sich wie ein Stammesfürst aufführte. Zuma war nicht nur für seine Haltung bekannt, zwischen staatlichen und seinen privaten Mitteln nicht unterscheiden zu wollen. Er gab sich unter anderem einer Verbindung mit dem südafrikanischen Gupti-Clan hin, die den Staat nach lakonischer Aussage seines 2017 entlassenen, auf internationalen Druck hin wieder eingestellten Finanzministers Pravin Gordhan »100 Milliarden Rand [sieben Milliarden US-$] kosteten, wenn ich es sage«. Die Staatspartei ANC »mutierte zu einem völlig patriarchalischen Netzwerk und fast feudalistischem Traditionalismus«, also dem in Afrika virulenten Tribalismus.

Die Raubzüge Jacob Zumas und der Brüder Atul, Ajay und Rajesh Gupta brachten staatliche Unternehmen an den Rand des Abgrunds und willfährige Wirtschaftsberater und -prüfer wie KPMG und McKinsey in Verruf. Als Eigentümer der Zeitung *New Age* und des Fernsehkanals *ANN7* kaschierten die Guptas ihre Verbindungen zu Zuma als nationalen Fortschritt. Art und Maß dieses »Fortschritts« wurden von der Universität Witwatersrand dokumentiert (parl.org.za/wp-content/uploads/2017/05/Betrayal-of-the-Promise-25052017.pdf).

Wie andernorts in Afrika interessierte die Guptas in Südafrika unter anderem der Handel mit Phosphat. Dafür gründeten sie das Unternehmen *Foskor*, an dem sie auch die staatliche *South African Industrial Development Corporation (IDC)* beteiligten. Schiebereien mit diesem Rohstoff konnten durch einen Vergleich der UN-Handelsstatistik und der nationalen Exportstatistik aufgedeckt werden: Der Phospat-Export Südafrikas hat den Gegenwert von jährlich mehreren Millionen US-$. In der nationalen Statistik tauchte er im Jahr 2016 nur mit dem Geldwert von 131.971 US-$ auf.

Im Jahr 2018 wurde Jacob Zuma unter dem Eindruck schlechter Wahlergebnisse mit knapper Mehrheit von der faktischen Staatspartei African National Congress (ANC) als Vorsitzender und damit auch als Staatspräsident abgewählt und durch Cyril Ramaphosa ersetzt. Für die südafrikanische Zivilgesellschaft spricht, dass Kräfte innerhalb des Staatsapparats und ziviler Ungehorsam diese Abwahl befördern konnten. Die Zahl gegen ihn geführter Verfahren der Justiz stieg von 18 im Jahr 2005, als er sein Amt als Vizepräsident der Regierung Mbeki abgeben musste, auf über 900 im Jahr 2018. Allerdings übt die Zuma-Fraktion im ANC nach wie vor erhebliche Macht aus und versucht, ihre Pfründe zu erhalten, die sie sich mithilfe von Wählerstimmen in den meist arm gebliebenen »Townships« ergaunert hat. Andrew Feinstein, ehemaliges ANC-Mitglied, spricht vom »Verwittern staatlicher Institutionen« (Feinstein 2009). Auch staatseigene Unternehmen verwitterten, vor allem der kohlebasierte Energiekonzern *Escom* und *South African Airways*, die ihr Zepter als beste Fluglinie Afrikas an *Ethiopian Airlines* abgeben mussten (siehe auch das Kapitel »Föderalisierung« in Teil 3, S. 151ff.).

7. Togo – Erbmonarchie und Phosphat-Discounter

Der kleine westafrikanische Staat Togo (Fläche: 76.785 km^2 für 7.889.094 Einwohner*innen) teilt mit der Republik Südafrika ein Merkmal: Er exportiert Phosphat. Im Unterschied zu Südafrika ist Phosphat so ziemlich der einzige exportierbare Rohstoff, über den Togo verfügt. Das Land wird seit dem Jahr 1967 von der Familie Gnassingbé regiert, nachdem der Senior, ein Freund von Franz-Josef Strauß, seinen Vorgänger umgebracht hatte. Sein Sohn Faure Gnassingbé kontrolliert die staatliche *Société Nouvelle des Phosphates du Togo (SNPT)*, die ein Büro in Paris unterhält, wohin kein Phosphat exportiert wird. Vorstandsvorsitzender der *SNPT* ist sein Günstling Michel Kézie, der sich hauptsächlich auf ein israelisches Management stützt. Israel ist an Phosphat deshalb interessiert, weil der Stoff für die Unterhaltung und Erweiterung landwirtschaftlicher Flächen notwendig ist. In Westafrika sind Unternehmen mit israelischem Hintergrund auch auf Diamantenfeldern unterwegs (*Beni-Steinmetz-Gruppe*, die offiziell als Schweizer Unternehmen firmiert).

Der Phosphatabbau wird von der israelischen Firma *Elenilto* in Kooperation mit dem chinesischen Unternehmen *Wengshu* betrieben. *Elenilto* ist in Westafrika als Spekulant bekannt. Es kaufte in Liberia Schürfrechte, um sie nach Jahren der Untätigkeit mit 120 Millionen US-$ Gewinn weiterzuverkaufen.

Interessant ist, an welche Zwischenhändler das Phosphat Togos verkauft wird: 90% gehen an die Unternehmen *Kalyan* und *Getax*. Sie gehören den Brüdern Ashok und Amit Gupta, also dem südafrikanischen Gupta-Clan. In Togo kaufen sie die Tonne Phosphat für 100 bis 107 US-$. Der Weltmarktpreis liegt zwischen 115 und 120 US-$.

Die erdumspannend größten Phosphat-Aufkommen liegen in der von Marokko völkerrechtswidrig besetzten Region der ehemaligen Spanisch-Westsahara. Die Erträge der dort liegenden, weltweit größten Phosphat-Lagerstätte *Bou Craa* stellen angeblich zwei Drittel der Phosphatschätze der Erde dar, die von dem marokkanischen *Office Chérifien des Phosphates (CCP)* den Konzernen *Bunge* und *Mosaic* zugeführt werden, um die Landwirtschaft der nördlichen Hemisphäre zu verbessern (Süddeutsche Zeitung vom 13.12.2019).

*

Wesentliche Teile meiner Darstellung ausgewählter Länder basieren auf den Ergebnissen der Recherchen afrikanischer Investigativjournalisten. Es fällt auf, dass sie länderunterschiedlich ausgefallen sind, was daran liegen könnte, dass in den sieben untersuchten Ländern mehr oder weniger Quellen verfügbar waren. Je weniger, desto schlimmer dürften die Verhältnisse sein. Einige der desorganisiertesten Staaten Sub-Sahara-Afrikas sind nicht erfasst: Gabun, Kongo-Brazzaville, Mali, Nigeria, Zimbabwe, Sudan (bis 2019) und die Zentralafrikanische Republik zum Beispiel. Es ist, als ob dort Löcher im Globus sind.

Teil 3
Mögliche Lösungen

Im Folgenden beschreibe ich einige Lösungsmöglichkeiten für die Behebung von Fluchtursachen. Dabei stehen nicht diplomatische Gesichtspunkte, sondern die Tatsache im Vordergrund, dass aktive Teile vieler Gesellschaften in Sub-Sahara-Afrika ganz offensichtlich ihre Zukunft nicht mehr in ihren eigenen Ländern sehen, sondern vor allem in Europa. Für eine dünne intellektuelle Schicht Afrikas hat die Diaspora in Europa eine lange Tradition. Spätestens seit dem zweiten Jahrzehnt des 21. Jahrhunderts gilt dies auch für »breite Kreise der Bevölkerung«, soweit sie finanziell in der Lage sind, Schleuser für den Weg über das Mittelmeer zu bezahlen und die Konzentrationslager Libyens zu überstehen. Dass die Fluchtpunkte der nördlichen Hemisphäre darauf vor allem mit weiteren Finanzmitteln für eben die Strukturen reagieren, die für die Fluchtbewegung verantwortlich sind, ist bezeichnend für eine in diplomatischer Starre verharrende Weltgemeinschaft.

Aus den Ländern Afrikas Flüchtende haben in aller Regel keine »Asylgründe«, da sie weder aus politischen noch »rassischen« noch sexuellen Gründen verfolgt werden. Sie suchen in Europa Arbeit, ohne die Ausbildung dafür zu haben. Sie fühlen sich verpflichtet, die enormen Kosten der Flucht ihren Familien zurückzuzahlen, von denen sie finanziert wurden. Sie landen in Venedig als ambulante Handtaschenhändler, bestenfalls in Berlin, London, Hamburg und Paris als Busfahrer oder im westeuropäischen Irgendwo als Altenpflegehelfer*innen. Dieser Strom in Europa Arbeitsuchender wird nicht abebben, sondern deutlich zunehmen, weil die Bevölkerung Sub-Sahara-Afrikas rasch größer, jene Asiens und Europas langsam kleiner wird.

Intelligente politische Konzepte lösen Probleme in Afrika und steuern eine unvermeidbare Völkerwanderung zum Wohl beider Kontinente. Zum größten Teil sind sie eine Provokation für die noch vorherrschenden intergouvernementalen (diplomatischen) Ebenen. Der europäische Imperialismus war allerdings eine viel größere Provokation, weil er Menschen als Handelsware und Kontinente als legitime Beute ansah. Er liegt kaum mehr als 100 Jahre zurück, hallt heute noch nach (Mbembé 2017) und könnte auf dem Hintergrund des Neoimperialismus zweier seiner damaligen Opfer – Nordamerika und China – eine Afrika fördernde Rolle spielen. Wenn Europa denn wollte.

1. UN-Treuhandgebiete

Die radikalste Lösung für einige »Staaten« Sub-Sahara-Afrikas, die von ihren Eliten ausgeraubt, aber nicht regiert werden, wäre die Unterstellung als UN-Treuhandgebiete durch Beschluss der Generalversammlung der Vereinten Nationen analog zu Artikel 75-91 der UN-Satzung vom 24. Oktober 1945. Analog bedeutet, dass Artikel 78 des XII. Kapitels der Satzung hinterfragt werden müsste, wonach Treuhandgebiete in UN-Mitgliedsstaaten nicht gebildet werden dürfen. Dafür infrage kämen zunächst große Teile Zentralafrikas (DRC, Congo-Brazzaville, Gabun, Zentralafrikanische Republik), Zimbabwe, Somalia und der Süd-Sudan.

UN-Treuhandgebiete waren die Mandatsgebiete der Vorläuferorganisation Völkerbund, soweit sie nicht vor 1946 bereits souverän oder wie Kiau-Tschou an die Republik China übergeben oder wie das Memelland von Litauen widerrechtlich besetzt wurden. Mandatsgebiete des Völkerbunds waren zum einen alle ehemaligen Kolonien des Deutschen Kaiserreichs sowie das Saarland, das Memelland und die Stadt Danzig. Zum anderen wurden die arabischen Teile des Osmanischen Reichs (Libanon, Irak, Jordanien, Palästina und Syrien) Mandatsgebiete. Grundlage dafür waren der Versailler Vertrag vom 28. Juni 1919, mit dem Deutschland kapitulierte, und der Vertrag von Sèvres vom 10. August 1920, mit dem das Osmanische Reich filetiert wurde (später teilweise korrigiert durch den Vertrag von Lausanne vom 24. Juli 1923 aufgrund der Einwände der kemalistischen türkischen Republik).

Die Verwaltung aller Mandatsgebiete (bis auf Danzig) wurde vom Völkerbund den Siegermächten des Ersten Weltkriegs – Frankreich und Großbritannien – sowie Australien, Belgien, Neuseeland, Japan und Südafrika übertragen. In den meisten Fällen erwiesen sich diese Übertragungen als unglücklich. Die Trennung des arabischen Kernraums zwischen dem Mittelmeer im Westen und Persien im Osten legte die Lunte für jahrzehntelange, bis heute nicht gelöste Konflikte und menschengemachte Katastrophen im »Nahen Osten«. Erschwerend kommt hinzu, dass fast alle »Heiligtümer« der drei weltweit bedeutenden monotheistischen Religionen dort auf engem Raum beieinanderliegen. Für mindestens zwei Drittel der Weltbevölkerung ist dieser Umstand zwar belanglos. Für Regierungen, die von konservativen Evangelisten und Muslimen beeinflusst werden, dagegen nicht.

Die Vereinten Nationen (UN) übertrugen als Nachfolgeorganisation des Völkerbunds 1946 die japanischen Mandatsgebiete an die USA und hoben 1966 die Übertragung Deutsch-Südwestafrikas an die Apartheid-Republik Südafrika auf, was jedoch nach zähem Widerstand Südafrikas erst im Jahr 1990 mit der Gründung der Republik Namibia vollzogen wurde. Seit dem 1. Oktober 1994 gibt es rechtlich keine UN-Treuhandgebiete mehr.

Allerdings stellte der UN-Sicherheitsrat im Jahr 1991 den desintegrierten Staat Somalia nach Artikel 42 der UN-Satzung unter UN-Verwaltung, ohne einem seiner Mitgliedsstaaten den Vollzug zu übertragen. Stattdessen wurden fiktive »Regierungen« anerkannt, soweit sie Teile der Hauptstadt Mogadischu zu beherrschen schienen. Teilweise bestehen diese »Regierungen« nur aus regionalen Warlords, die mit ihresgleichen flüchtige Bündnisse geschlossen haben und ein »Parlament« vortäuschen. Außerdem wird bis heute die sich im ehemals »Britisch-Somaliland« bildende Selbstorganisation aus formalen Gründen nicht anerkannt, sondern als illegale Sezession bewertet.

Die Teilung des flächengrößten Staats Afrikas, des Sudan, wurde nach einem brutalen Krieg des (arabischen) Regimes in Khartum gegen seine südlichen und westlichen (negroiden) Völker vor allem von den USA und der vormaligen Kolonialmacht Großbritannien unterstützt und führte zur jüngsten Staatsgründung in Afrika. Diese Neugründung verwickelte sich umgehend in einen Bürgerkrieg zwischen ihren beiden dominierenden Stämmen und löste damit eine der großen Fluchtbewegungen innerhalb Afrikas aus. Im verbliebenen (Nord-)Sudan dürfte sie allerdings im Jahr 2019 zum Sturz des langjährigen Diktators und international per Haftbefehl gesuchten Völkermörders Omar al-Bashir und seiner Spießgesellen beigetragen haben, weil seinem Regime durch die Teilung Sudans die finanzielle Grundlage der Erdölvorräte im Süden entzogen wurde und eine rudimentär entstandene Zivilgesellschaft dem putschenden Militär Paroli bieten konnte. Jedenfalls 2019 ist die Entwicklung im (Nord-)Sudan ein Hoffnungsträger für den gesamten Kontinent geworden.

Angesichts der zum Teil verheerenden Geschichte der Mandatsgebiete des Völkerbunds beziehungsweise der Treuhandgebiete der UN ist der Vorschlag, »Failed States« in Afrika treuhänderisch durch die UN verwalten zu lassen, recht kühn. Er wurde zuerst vor knapp 20 Jahren von Stephen Krasner, James Fearin und David Laitin (Stanford-University) unter dem provozierenden Titel »Postmoderner Imperialismus« vorgestellt.

Der Vorschlag entspricht nicht der »herrschenden Meinung« zur Souveränität aller UN-Mitgliedsländer, unabhängig davon, ob und wie diese Mitgliedsländer regiert und ob die in der UN-Charta niedergelegten Menschenrechte respektiert oder systematisch und böswillig missachtet werden. In diesem Denksystem inhaltsleerer Diplomatie galt zum Beispiel die Beseitigung des mörderischen Regimes der »Roten Khmer« in Kambodscha durch einrückende vietnamesische Truppen als Verstoß gegen das Völkerrecht. Dagegen wurden die Angriffskriege der NATO gegen die Bürgerkriegsregion Kosovo und das vom menschenverachtenden Terror regierte Afghanistan vom UN-Sicherheitsrat gebilligt. Afghanistan war UN-Mitgliedsland, unter welchen miserablen internen Bedingungen auch immer. Die Behauptung einer Bedrohung des Weltfriedens durch die USA hätte ebenso gegen Saudi-Arabien und Deutschland erhoben werden können (der Anführer der Attentäter vom 11. September 2001, Mohammed Atta, lebte und studierte in Hamburg-Harburg und der wahabitische Steinzeitislam wird von Saudi-Arabien finanziert).

Zusammengefasst gleichen die UN bisher eher einem sich nach dem Wind drehenden Fähnchen als einer durchsetzungsfähigen, den Menschenrechten verpflichteten Erdgemeinschaft. Für unzählige Problemlagen sind sie jedoch die einzige Hoffnung, die es trotz aller Vorbehalte zu stärken gilt.

UN-Friedensmissionen in Afrika

Die »Friedensmissionen« der UN (»Blauhelmeinsätze«) werden vom UN-Sicherheitsrat beschlossen. Die erste fand 1956 am Suez-Kanal statt, um den sich Ägypten einerseits, Kolonialmächte andererseits stritten. Eine der erfolgreichsten Missionen war jene in den westafrikanischen Bürgerkriegsstaaten Liberia und Sierra Leone (2003-2018), die erfolglosesten in Somalia (1991-1993), Ruanda (1993-1996) und Burundi (2004-2010). Derzeit stehen im Auftrag der Vereinten Nationen etwa 100.000 »Blauhelme« in 13 Missionen, davon sechs in Afrika. In Europa gibt es zwei UN-Einsätze (Kosovo und Zypern).

Im Verlauf der Geschichte der Friedensmissionen hat sich der Schwerpunkt von der Überwachung beschlossener Waffenstillstandsabkommen (wie in Zypern und auf den Golan-Höhen zwischen Israel und Syrien) auf die Intervention in Bürgerkriege (wie im Kongo und im Süd-Sudan) verlegt. Dadurch wurden die Missionen schwieriger und unübersichtlicher. Kaum mehr beherrschbar ist der Einsatz im Sahel, wo künstlich gebildete Nationen, die länderübergreifende Theokratie des Islam und regionale Unabhängigkeitsbestrebungen auf das »Ordnungsbedürfnis« der früheren Kolonialmacht Frankreich und die Abwehr von Migrationsströmen durch die Europäische Union treffen. Solche Missionen sind hoffnungslos und können nur durch eine Föderalisierung bewältigt werden.

Nach UN-Angaben werden durch die Friedensmissionen derzeit 125 Millionen Menschen »mit einem Budget geschützt, das nicht größer ist als jenes des New York Police Department«. Wesentlicher Kostenträger ist die Besoldung entsandter Soldaten, die an deren Regierungen überwiesen wird, nicht an die Soldaten selbst.

Das Grundproblem der UN-Friedensmissionen ist weniger ihre zuweilen unzureichende Durchführung (wie im Süd-Sudan oder in der sudanesischen Provinz Darfur), sondern ihr Auftraggeber. Im UN-Sicherheitsrat haben die fünf permanenten Mitglieder (China, Frankreich, Großbritannien, Russland, USA) ein Vetorecht. Sie repräsentieren allerdings nur 8% der Mitgliedsstaaten. Obwohl Indien bald das bevölkerungsreichste Land der Erde sein wird, ist es kein permanentes Mitglied des UN-Sicherheitsrats. Eine Änderung bedürfte der Zustimmung aller 193 UN-Mitglieder. Diese ist ebenso unwahrscheinlich wie die Abschaffung der Vetorechte, die den Sicherheitsrat nach Meinung des momentanen UN-Generalsekretärs António Guterres »dysfunktional« macht. Die Vetomächte der nördlichen Hemisphäre (zu denen auch China gehört) blockieren weiterhin Entscheidungen, die vor allem die südliche Hemisphäre betreffen.

Gebilde wie die beiden kongolesischen Republiken, Gabun und die Zentralafrikanische Republik sind sichtbar keine souveränen Staaten, sondern von Raubrittern und Massenmördern terrorisierte Regionen. Die östlichen Provinzen der DRC haben mit dem Rest des »Staats« weder wirtschaftsgeografisch noch kulturell etwas zu tun. Als Ausdruck dessen kann gewertet werden, dass die Lingua franca dort neben Französisch nicht das im Kongobecken übliche Lingala, sondern das ostafrikanische Suaheli ist. Der massive, jahrzehntelange Einsatz UN-mandatierter Streitkräfte hat keine befriedende Wirkung erzielt, zumal ostafrikanische, sambische und zeitweilig angolesische Milizen und Truppen gegenwirkten.

Die Grenzziehungen der früheren Kolonial- und Mandatsmacht Belgien waren in dieser Region nicht nur dysfunktional, sondern bewirkten andauernde Instabilität bis hin zum Völkermord. Der Rohstoffreichtum »Katangas« befeuerte die entstehenden Konflikte nicht nur, sondern machte sie zum Spielball internationaler Konzerne, bestochener kongolesischer »Eliten« und ihrer Söldnertruppen. Der im Verhältnis zur DRC kleine Nachbarstaat Ruanda besetzte nach dem dortigen Völkermord im Jahr 1994 fast die Hälfte des Staatsgebiets der DRC und wurde am Einmarsch in die Hauptstadt Kinshasa nur durch Angola gehindert. Diesem weitgehend widerstandslosen Einmarsch ins Kongobecken sah die UN-Friedensmission im östlichen Kongo – mit 18.000 »Blauhelm-Soldaten« die zweitgrößte »Blauhelm-Streitmacht« in Afrika – wie beim ruandischen Völkermord nur zu.

Auch wenn der ruandische Vorstoß im Wesentlichen Folge des Bürgerkriegs innerhalb der eigenen Grenzen war, dürfte diese Filetierung des faktisch staatenlosen zweitgrößten Regenwalds der Erde nicht die letzte gewesen sein. Eine Ausprägung dessen könnte die innerafrikanische Kolonisierung der DRC sein, wie sie Ruanda mit dem Sturz des Despoten Mobutu Sese Seko durch das nachfolgende Kabila-Regime versuchte. Auch die faktischen Nicht-Staaten Kongo-Brazzaville, Gabun und die Zentralafrikanische Republik sind zukünftige Invasionsgebiete solcher Art, im letztgenannten Fall auch in Form der Übernahme durch islamistische Bewegungen, die vom nördlich angrenzenden Tschad aus bereits eingedrungen sind.

Für die Zivilbevölkerung dieser Gebiete wäre eine Treuhandlösung besser als die herrschenden miserablen Zustände. Selbstredend würde ihr das juristisch fixierte Diplomatenwesen elaboriert und vehement widersprechen, die Menschen auf den Straßen und Wegen dieser Terrorgebilde weit weniger, zumal französische Interventionstruppen in Zentralafrika ihre letzte, lebensrettende Zuflucht vor marodierenden christlichen und islamischen Milizen (»Séléka«) in einem aufgelösten »Staat« waren. Die Zentralafrikanische Republik gehört zur Wirtschaftsgemeinschaft der zentral- und südafrikanischen Staaten (ECCAS), deren weitere Mitglieder die dysfunktionalen Länder Äquatorial-Guinea, Tschad, Kongo-Brazzaville, Gabun und Kamerun sind, und die nicht zuletzt deshalb im Unterschied zur westafrikanischen ECOWAS keine Ordnungsfunktionen übernehmen kann (Economist vom 31.8.2013: »Another failed state beckons«).

Ziele der Treuhandverwaltung wären der Aufbau von Institutionen, insbesondere einer soliden Gewaltenteilung (»Checks and Balances«), die Gewährleistung von Menschenrechten und Investitionssicherheit, der Aufbau und die Förderung einer örtlichen Beschäftigungs- und Wirtschaftsbasis und die Bildung einer kritischen Masse informierter Bürger*innen. Der Aufbau starker Institutionen ist der wesentliche Faktor für eine wirksame Bekämpfung der Korruption, wie Alfonso Quiroz in der einzigen verfügbaren Langzeitstudie dazu (Peru 1820-2000) nachwies (Quiroz 2008).

Diese Aufgaben können nicht in wenigen Jahren erfolgreich bewältigt werden. Sie wären ein Jahrhundertprogramm und müssten eine wenigstens temporäre Ausblendung der Treuhandgebiete aus dem »freien Welthandel« dergestalt beinhalten, dass zum Schutz entstehender industrieller Kerne, zum Beispiel der Weiterverarbeitung von Bodenschätzen, in Afrika einseitige Zollschranken für entsprechende Importe errichtet werden dürfen.

Dieser Vorschlag ist – jenseits seiner Potenziale für die betroffene Bevölkerung – der unrealistischste, obwohl er zugleich der im Kontext von Globalisierungskritik offenste sein könnte. Er müsste nicht zwangsläufig vom europäischen Entwicklungsdenken ausgehen, von einer »fratzenhaften und obszönen Nachahmung« dessen, was nach Frantz Fanon die Europäer ohnehin besser können. Sein einziger möglicher Träger wäre die UN-Generalversammlung, deren Grundsätze auf der Souveränität ihrer Mitglieder beruhen. Die UN können zwar in (einer zunehmenden Zahl von) Einzelfällen reagieren, sofern Menschenrechte im Ausmaß eines Völkermords verletzt werden, staatliche Ordnungen zusammengebrochen sind oder Grenzstreitigkeiten zwischen ihren Mitgliedern befriedet werden sollen.

Sie können jedoch nicht aktiv eine suprastaatliche Neuordnung durchsetzen, wie fragwürdig auch immer die Grenzen ihrer Mitgliedsstaaten entstanden sind. Deshalb sind die UN jenseits mehr oder weniger erfolgreicher Einzelinterventionen grundsätzlich kein Hoffnungsträger für den afrikanischen Kontinent. Der Vorschlag, in Teilen Sub-Sahara-Afrikas UN-Treuhandgebiete einzurichten, ist damit eher undurchführbar. Das Gegenbeispiel Somalia dürfte auf die besonderen Umstände zurückführbar sein, die 1991 im UN-Sicherheitsrat herrschten: Die Sowjetunion befand sich in der Auflösung und China war noch nicht zum globalen Gegenspieler der USA herangewachsen. Es war damals leichter als zuvor und später, sich auf die Übernahme der Verantwortung in einem »Failed State« zu einigen. Dass diese Übernahme dann so jämmerlich scheiterte, liegt wesentlich am Unverständnis lokaler Strukturen des Interventionsgebiets, das vor allem die USA (nicht nur in Afrika) als »Elefant in Porzellanläden« kennzeichnet.

2. Subversive Förderung der Zivilgesellschaft

Mit Ausnahme Südafrikas, der Kapverden, Kenias und mit Einschränkung Namibias haben die Gesellschaften Sub-Sahara-Afrikas bisher kaum Gelegenheit gehabt, regierungs- und stammesunabhängige zivile Gesellschaften auszubilden. Wie zuvor die kolonialen Unterdrückungsapparate unterminieren und unterdrücken nachkoloniale Regimes oft jede unabhängige Regung und deren Organisation. Im früher verhältnismäßig freien Tansania sind die Nachfolger des legendären Julius Nyerere aktuell dabei, ein wirtschaftsliberales, ansonsten aber repressives Regime aufzubauen, das freie Medien verbietet, die Opposition unterdrückt und – unter Missbrauch des Namens Nyerere – eine eigene Kaderschmiede unterhält, die wesentlich von Peking finanziert wird.

Selbst in Südafrika gelang es dem ANC-Führer Jacob Zuma, seine zur Umsetzung parteieigener Ziele unfähige Regierung und seine hemmungslose Selbstbedienung wortgewaltig zu vermitteln. Die Opposition konnte nur in der Kap-Provinz siegen, nicht im Kern des Landes. Jacob Zuma und seine Clique wurden wesentlich durch Widerstand in der Bürokratie und Justiz gestürzt, nicht durch eine Mehrheit des Volks. Es ist nicht klar, ob sein Nachfolger Cyril Ramaphosa, Nelson Mandelas »geheime Wahl« als Nachfolger, seine Gegner im ANC bezwingen wird.

Südafrikas Nachbarland Simbabwe, einst die Kornkammer Afrikas, erlebte eine Langzeitdiktatur des früheren Revolutionsführers Robert Mugabe und seiner raffgierigen ZANU-Kumpane, denen zwar zunehmender passiver Widerstand entgegenschlug, die letztendlich aber deshalb beendet wurde, weil seine Absicht, seine ehrgeizige Ehefrau als Nachfolgerin zu inthronisieren, nicht in das Machtgefüge der zweiten Reihe in der ZANU passte. Nachfolger wurde nach einem Militärputsch im Jahr 2018 sein früherer Geheimdienstchef Emerson Mnangagwa, den das Volk »Das Krokodil« nennt. Er wird für die Ermordung von mehr als 20.000 Menschen des Ndebele-Volks verantwortlich gemacht (»Völkermord von Gukurahundi«), die Mitte der 1980er-Jahre dem Kupferbergbau im Wege standen und obendrein keine Anhänger Mugabes waren. Nach anderen Berichten forderten die Ndebele von der Regierung Mugabe eine schärfere Landreform und schreckten dabei nicht vor dem Mord an weißen Farmerfamilien zurück (Richburg 1998,: 284f.). Die einstmalige »Kornkammer Afrikas« galt ursprünglich als Musterbeispiel eines gleitenden Übergangs zwischen der Apartheid Süd-Rhodesiens und der revolutionären Regierung Simbabwes, Robert Mugabe war unter Afrika-Experten hoch angesehen. Sie irrten sich wieder einmal.

Außerhalb Nordafrikas und jüngst des (Nord-)Sudan gab es in Sub-Sahara-Afrika nur vereinzelte stammesübergreifende Auflehnung der Zivilgesellschaft gegen Machthaber und ihre Mitläufer. Ein prominentes Beispiel dafür ist wieder der kleine, bettelarme Sahel-Staat Burkina Faso. Präsident Blaise Campaoré wollte im Jahr 2015 ein weiteres Mal wiedergewählt werden, nachdem er seine linksgerichteten Mitstreiter Jean-Baptiste Lingani, Thomas Sankara und Henri Zongo im Jahr 1987 ermorden ließ und mehrmals seine Wiederwahl inszeniert hatte. Möglicherweise wegen der Erfahrung direkter, »afrikanischer« Demokratie in den Jahren 1983 bis 1987, sicher wegen der generellen Abscheu der Bevölkerung gegen Gewalttaten, gingen in dem elf Millionen Einwohner*innen kleinen Land daraufhin Hunderttausende auf die Straßen der Hauptstadt Ouagadougou und zwangen Campaoré zum Rücktritt. Das Militär wagte nicht zu schießen und erreichte nach der Wahl eines oppositionellen Staatspräsidenten nur die Ersetzung des gewählten Parlaments durch ein ernanntes Übergangsparlament. Der Sieg der Zivilgesellschaft gegen eine absolutistische Diktatur wurde in der nördlichen Hemisphäre nur beiläufig zur Kenntnis genommen.

Tatsächlich sind der Volksaufstand in Burkina Faso und jener im (Nord-)Sudan, der wesentlich von einer Gewerkschaft organisiert wurde, Ansatzpunkte für eine mögliche Strategie zur Reform afrikanischer Gesellschaften. Diese Reform findet im Innern statt, kann jedoch von außen durch gezielte finanzielle und organisatorische Hilfe geschützt und gefördert werden, indem Mittel der »Entwicklungshilfe« nicht mehr über Regierungen, sondern direkt an zivilgesellschaftliche Kräfte, also an Gewerkschaften, Kooperativen und Kulturschaffende gegeben werden. Aus Sicht der herrschenden Kleptokraten wäre eine solche Vorgehensweise die Förderung subversiver Elemente und ein »Anschlag auf die Souveränität«. Aus Sicht eines sich auf die Werte der Europäischen Aufklärung verpflichtet fühlenden Europas wäre eine subversive Förderung dagegen kohärent und logisch. Vor allem würde sie bei den desillusionierten Völkern Afrikas Vertrauen schaffen können.

Die Fälle Fela Anikulapo Kuti, K'naan und Bobi Wine

In den 1970er-Jahren war ein Afro-Beat-Musiker namens Fela Anikulapo Kuti nicht nur in seinem Heimatland Nigeria bekannt. Er gebrauchte seinen mächtigen Groove als Waffe gegen das korrupte Militärregime des bevölkerungsreichsten Landes des Kontinents, das ihn mehrfach einsperren, foltern und seine Mutter gezielt ermorden ließ. Fela war der Held der afrikanischen Jugend seiner Zeit. Kein europäischer »Entwicklungshelfer«, schon gar kein Botschafter hob damals eine Hand, auch nur einen Finger für Fela, der später wegen seiner Afro-Macho-Haltung an AIDS starb. Die blasierten diplomatischen Vertretungen Europas interessierte ein solcher »Straßenköter« nicht, obwohl er Massen begeisterte und sein Sound bis Berlin zu hören war. Man interessierte sich eher für aufgeblasene Putschisten bei importiertem Champagner und Kaviar. Felas Lebensstil war aus Sicht der nördlichen Hemisphäre sicher nicht »korrekt«. Seine Botschaft war jedoch subversiv gegen eine herrschende, korrupte Elite gerichtet. Sie hätte Grundlage für ein demokratischeres Afrika werden können. Ebenso wie der reich gewordene somalische Kanadier K'naan (Kanaan), der seine schnulzige Hymne für die Fußball-Weltmeisterschaft in Russland heute bereut, und der Rapper Bobi Wine, der seine Rolle im Kampf gegen den von westlichen »Geberländern« lange gehätschelten Despoten Museveni in Uganda selbst relativiert, sich genau deshalb nur als Medium für Veränderungen sieht, während ihn seine Fans schon als Präsidenten des Landes sehen.

Zur jüngeren Riege des politischen »Afropop« gehören Felas Sohn Seun Kuti, Emmerson Amidu Bockarie (Sierra Leone), Ambasa Mandela (Kenia) und Master Soumy (Mali), dessen Projekt »Donko Ni Maaya« vom Auswärtigen Amt Deutschlands für zwei Jahre gefördert wird. »An Té A Bana« (»Rührt unsere Verfassung nicht an«) wurde selbst von der scheinlegitimierten Regierung Malis nach blutigen Demonstrationen auf den Straßen Bamakos insoweit ernst genommen, als sie »Reformen« aufschob (Süddeutsche Zeitung vom 29.7.2020: Jonathan Fischer, Agenten des Wandels).

Möglicherweise ist Afrika der einzige Kontinent, auf dem Revolutionen gegen waffenstarrende, quasi-feudalistische Strukturen mit Unterstützung durch Kunst und Kultur gelingen können. Der eingangs erwähnte Pop-Hype *Coupé Décalé* weist allerdings in eine andere Richtung: *Coupé Décalé* bedeutet, gesehen zu werden. »Die Texte dagegen bedeuten nicht viel«, sagt

Ariel Sheney, dem seine Fans Dollar- und Euro-Scheine auf den athleti-
schen, schweißnassen Oberkörper kleben. Der Einfluss von Kunst und Kultur auf eine afrikanische Revolution mag auch eine vergebliche Erwartung
sein, geboren aus der Tatsache, dass sich im nicht-industrialisierten Afrika
keine schlagkräftige Arbeiterklasse herausbilden kann, sondern nur ein
Millionenheer Arbeits- und Hoffnungsloser, das im europäischen 19. Jahrhundert »Industrielle Reservearmee« genannt wurde, heute in den Appalachen der USA und andernorts »Die Abgehängten«, die ihren Frust nicht
durch Tanzen, sondern durch exzessiven Drogenkonsum zu unterdrücken
versuchen und auf dieser Grundlage Donald Trump wählen. Das Europa des
19. Jahrhunderts spuckte ein Millionenheer Zukunft suchender Menschen
nach Nord- und Südamerika aus. Das Afrika des 21. Jahrhunderts spuckt es
nach Eurasien aus. Je mehr, desto hoffnungsloser bleibt es.

Afrika bietet viele Ansatzpunkte zur Förderung einer wehrhaften Zivilgesellschaft. Allzu viele afrikanische Kulturschaffende und oppositionelle Politiker*innen emigrierten resigniert nach Europa und wenigstens 10% außerhalb
des Kontinents Studierende kehren nicht mehr zurück. Europa sollte sie, vor
allem aber ihre im Kontinent bleibenden, tapferen Gesinnungsgenossen dort
fördern, wo ihr Widerstand seinen Ursprung nimmt. Das Leitwort heißt »Empowerment« und meint, die Stämme und Völker Afrikas zu ertüchtigen, ihre
Blutsauger und Unterdrücker loszuwerden, indem sie ihre Interessen formulieren und entschieden durchsetzen, ähnlich wie im Burkina Faso der 1980er
Jahre und neuerdings im (Nord-)Sudan.
    Es ist eher unwahrscheinlich, dass die nördliche Hemisphäre sich aufraffen
wird, ihre eigenen Ideale in Afrika zu fördern. Frankreich sah die Bevölkerung
einiger seiner afrikanischen Kolonien als Franzosen anderer Hautfarbe an –
weshalb Afrikaner*innen im ehemals Französisch-Westafrika oft noch makel-
loses Französisch sprechen, im Unterschied zum »Pidgin-English« im früheren
»British-Africa«. Heute sieht Frankreich wie alle anderen Länder der nördlichen Hemisphäre Afrikaner*innen vor allem als Potenzial illegaler Einwanderung, ohne auf dem Kontinent anders als militärisch dagegen zu wirken. Weil
die Werte der Europäischen Aufklärung – des bedeutendsten kulturellen Ex-
portguts der Menschheitsgeschichte – von Franzosen geboren wurden, könnte
Frankreich auch die subversive Förderung afrikanischer Zivilgesellschaften an-
führen, was es allerdings nicht tut. Darüber hinaus wäre dieser Ansatz derje-
nige, der eigene, kommunalistische Initiativen eines sich selbst bestimmenden
Afrika weitestmöglich tragen und den sich ständig wiederholenden »Struktur-
anpassungsprogramme« des Internationalen Währungsfonds zulasten der be-
troffenen Völker entgegentreten könnte. Wie schon im British Empire scheint

jedoch der Satz zu gelten, dass die Freiheiten Europas auf anderen Kontinenten noch lange nicht gelten.

Diplomat*innen und die meisten Afrika-Kenner*innen werden eine solche Perspektive als naiv kommentieren. Tatsächlich nähme sie die Hoffnungen afrikanischer Oppositioneller auf und würde ihnen Kraft gegen die weitgehend schwachen Staaten der Kleptokraten verleihen, die nur stark gegen ihre unbewaffneten Bürger*innen auftreten können. Oppositionelle Medien, originäre Gewerkschaften, widerständige Kulturschaffende sollten direkt unterstützt, Repression durch Raubritter-Regime so zurückgeschlagen werden, dass regierende Kleptokraten um ihre eigene Existenz fürchten müssten, was sie in »personalisierten Diktaturen« eh schon tun (Boutton 2019). Das alles ist überwiegend im Konjunktiv geschrieben, als Anspruch oder Wunsch oder Vision.

Das aufgeklärte Europa könnte damit anfangen, die Konten der Kleptokraten Afrikas einzufrieren und die Stabilisierung dieser Kleptokraten durch »Entwicklungshilfe« umgehend zu beenden. Betrachtet man jedoch, in welchem Ausmaß die »Geberländer der Entwicklungshilfe« ihrerseits Steuerflucht internationaler Konzerne zu ihren eigenen Lasten akzeptieren und internationale Wirtschaftskriminalität hinnehmen, dann liegt der Schluss nahe, dass auch dieser Vorschlag zur Veränderung afrikanischer Verhältnisse wenig realistisch ist. Allerdings könnten die vielen Spender*innen in Afrika wirkender privater Hilfsorganisationen darauf achten, ob deren Handeln despotische Regime unmittelbar oder mittelbar unterstützt und welchen Widerstandsgehalt sie in sich tragen. Viele private Hilfsorganisationen schütten heute − oft professionell unterstützt − den Humanitätsgehalt ihres Tuns über potenzielle Spender*innen und treten sich in afrikanischen Präsidentenpalästen in Konkurrenz um die Gunst der dort Herrschenden gegenseitig auf die Füße. Ein »Humanitätsindex« würde den Widerstand gegen regierende Raubritter begründen können. Diesen abzufragen liegt in der Macht jedes einzelnen Spenders, jeder einzelnen Spenderin in den reichen »Geberländern«. In der Macht des afrikanischen Widerstands liegt es, den Spender*innen der nördlichen Hemisphäre − gegebenenfalls über die dortige, widerständige Diaspora − Alternativen aufzuzeigen, die anders aussehen als jene des dekadenten »La Jet Set« von Paris.

Dieser Vorschlag ist dann realistisch, wenn die Spender*innen großer Hilfsorganisationen die Wirkung ihrer Spenden auf »Nehmerländer« hinterfragen und die Regierungen der »Geberländer« das Ziel der Förderung von Zivilgesellschaften glaubwürdig und ohne Verpflichtungen zur »repräsentativen Demokratie« − nach Karl Marx die »Diktatur der Bourgeoisie«, nach Bekundung kritischer Afrikaner*innen ein Feigenblatt − in ihre Förderbedingungen aufnehmen würden. Im Sinne des Kommunitarismus (siehe unten) sollte die »direkte Demokratie« auf lokaler und regionaler Ebene zur Fördervoraussetzung werden. In diesem Sinne ist die Lösung selbst dann realistisch, wenn

man die ungeübte Basisdemokratie in der nördlichen Hemisphäre ablehnen
wollte, weil sie dort dem nationalistischen,»identitären« Rechtspopulismus
Vorschub leisten könnte. In Sub-Sahara-Afrika gibt es schlichtweg kaum Beispiele für funktionierende repräsentative Demokratien, die das Ideal der nordwestlichen Hemisphäre sind.

3. Charter Cities – Sonderverwaltungszonen

Paul Romer, Wirtschaftsprofessor an den Universitäten von Chicago, Berke-
ley, Stanford und New York, ab dem Jahr 2016 Chefökonom der Weltbank, erhielt zusammen mit William Nordhaus im Jahr 2018 den Wirtschaftsnobel-
preis. Sein Thema sind Wahlfreiheiten. Daraus entstammt eine Idee, die ihn
mit einem Vortrag während der exklusiven»Ted-Talks« im Jahr 2009 ins Zentrum entwicklungspolitischer Diskussionen rückte: Die Gründung von»Charter Cities« in Ländern, deren politische und rechtliche Strukturen in Afrika und
Lateinamerika Fluchtursachen sind (ted.com/talks/paul-romer). Das Konzept
hatte er bereits vor seinem Vortrag mit den Präsidenten von Madagaskar und
Honduras erörtert. In beiden Fällen erhob sich sofort nach Bekanntwerden der
Gespräche Widerstand, weil die»Charter Cities« nicht von den Regierungen
der Staaten kontrolliert werden sollen, auf deren Gebiet sie liegen, sondern
von technokratischen Komitees, die von den Präsidenten ernannt werden. Der
honduranische Präsident Juan Orlando Hernandez ließ einen Gesetzentwurf
für»Zonas de Empleo y Desarrollo Económico (ZEDE)« anfertigen, der jedoch
versandete (Economist vom 13.3.2015). Der im August 2019 gewählte konser-
vative Präsident des von Drogensyndikaten zerfressenen Nachbarstaats Guate-
mala plant nichts anderes. Örtliche Gemeinschaften der angedachten Freihan-
delsstätten befürchten, von multinationalen Konzernen überrannt zu werden.
Deshalb schlug Romer die Neugründung solcher Städte vor.
　　Die Idee Paul Romers ist Europäern und Ostasiaten nicht unbekannt. Seit
dem Mittelalter existierten in Deutschland Freie Reichsstädte, die nicht den
Fürsten des umgebenden Landes, sondern dem mehr oder weniger weit ent-
fernten Kaiser direkt unterstellt waren. Auch die Mitglieder des europäischen
Städtebunds der Hanse und einige oberitalienische Handelsstädte wie Venedig regierten sich als Stadtrepubliken selbst. Meistens, nicht immer, entwickelten sich daraus blühende Gemeinwesen, von denen selten imperialistisch-
etatistische Landnahmen ausgingen, weil sie rein wirtschaftlich dachten und
handelten und ihre Mitglieder gleichberechtigt waren. Intern wurden sie von
mächtigen Handelshäusern regiert, die sich zuweilen wie in Köln aggressiv gegen die aufkeimende Macht der Handwerker (kölsch: Gaffeln) wehrten. Den
im 19. Jahrhundert Platz greifenden Nationalismus überstanden europaweit

nur die beiden Freien und Hansestädte Bremen und Hamburg, eingeschränkt als Länder des Deutschen Reichs.

In Ostasien war die Gründung von »Charter Cities« mit dem britischen Empire verbunden, nachgeordnet auch mit dem portugiesischen Kolonialismus. Die bekannteste »Charter City« ist die ehemalige Kronkolonie Hongkong, deren Rechtsordnung mit jener des umgebenden Kaiserreichs China nichts zu tun hatte. Hongkong wurde nicht von einem Parlament, sondern von einem Gouverneur regiert, den das britische Königshaus benannte. Mit der Übergabe an die Volksrepublik China wurde für 50 Jahre ein Sonderstatus vereinbart, der unter anderem Meinungs- und Wirtschaftsfreiheit gewähren soll.

Einen damit entfernt vergleichbaren Sonderstatus genießt die ehemalige portugiesische Stadtkolonie Macau, die im Unterschied zu Hongkong – soweit sichtbar – kaum eine eigene Zivilgesellschaft ausbilden konnte. Dies mag daran liegen, dass Macau das »Las Vegas des Ostens« war und ist, also von mafiösen Spielcasinobetreibern beherrscht wurde und wird. Jedenfalls diesbezüglich hat sich Macau seinen Sonderstatus innerhalb der Volksrepublik China bewahrt, in der Glücksspiel verboten ist.

Während der kurzzeitigen Phase wirtschaftlicher und politischer Liberalisierung unter dem chinesischen Parteiführer Deng Xiao Ping hat die Volksrepublik China, wohl angestachelt durch die gewaltige wirtschaftliche Überlegenheit Hongkongs gegenüber »Mainland China«, einen Grundgedanken der Kronkolonie auf ihr Staatsgebiet übertragen. Sie gründete 14 Sonderwirtschaftszonen, in denen private Unternehmen vom Ballast vieler Regelwerke befreit waren. In diesen Sonderwirtschaftszonen, deren bekannteste das inzwischen mehr als sieben Millionen Einwohner*innen große Shenzhen ist (Bevölkerung Anfang der 1980er-Jahre: 50.000), gab die Volksrepublik China allerdings ihre Polizeigewalt und den Führungsanspruch der Kommunistischen Partei nie auf. Es herrschte zwar Wirtschafts-, aber keine Koalitions- und Meinungsfreiheit: Freie Gewerkschaften und oppositionelle Politik blieben verboten. Die wirtschaftlich erfolgreichsten Megastädte Chinas, Chongqing und Shanghai, waren keine Sonderwirtschaftszonen. Während Chongqing stets oligarisch regiert wurde, war Shanghai historisch bedingt immer ein Zentrum des linken Flügels der KPCh, der revolutionär geprägt, aber etatistisch orientiert war, was im »ewigen Kaiserreich« nicht wundert.

Paul Romers Vorschlag, in Ländern, die bisher nicht in der Lage sind, ihrer rasch wachsenden Bevölkerung eine ausreichende wirtschaftliche Grundlage zu schaffen, »Charter Cities« zu gründen, wurzelt mithin in einem langen, reichhaltigen Boden, der über Jahrzehnte, zuweilen Jahrhunderte, oft, aber nicht immer, Früchte trug und trägt.

Die Tatsache, dass das als britische Kronkolonie nicht demokratisch regierte Hongkong sich in den Jahren 2018/2019 als einziger Ort außerhalb Taiwans erwies, an dem sich eine chinesische Zivilgesellschaft gegen die chinesische »Diktatur der Prinzlinge« auflehnen konnte, ist Grund genug, sich mit Paul Romers Grundidee ernsthaft zu befassen und sie nicht sofort als neokoloniales Machwerk abzutun. In Ostasien gehört eine zweite Stadt, die ehemalige britische Kolonie war, zu den weltweit erfolgreichsten, aber nicht demokratisch regierten Stadtstaaten: Singapur, auf das sich unter anderen der ruandische Staatspräsident Paul Kagame beruft. Wie gezeigt, ist Ruanda im Unterschied zu Singapur nicht frei von Korruption, Miss- und Vetternwirtschaft. Singapur ist jedoch in den unterschiedlichsten »Hitparaden« prosperierender Stadt- und Staatswesen der Erde auf Platz Eins gelandet, woraus sich sowohl die (schwindende) Dominanz der größten Partei, als auch der wachsende Einfluss der dortigen Opposition ergibt.

Keine Vorbilder sind dagegen die Sonderwirtschaftszonen, die China derzeit in seinen südostasiatischen Nachbarstaaten einrichtet. Aus dem burmesischen Mandalay, der laotischen »*Golden Triangle Special Economic Zone*« und dem kambodschanischen Sihanoukville wird berichtet, dass dem chinesischen Kapital, das unter anderem in Spielcasinos versenkt wird, chinesische Arbeitskräfte folgen. Statt der 90% aller Arbeitsplätze, die China dem laotischen Arbeitsmarkt zusagte, wurden 63% mit Chinesen besetzt (Economist vom 1.2.2020: »Viva Laos Vegas«). Das dort eingerichtete Kasino akzeptiert nur chinesische Yuan und thailändische Baht, womit die Funktion dieser Sonderwirtschaftszone deutlich wird: Spieler*innen aus dem eigenen Land und aus Thailand, wo Spielhallen und -casinos verboten sind, anzulocken und abzuzocken. Aus Sihanoukville, wo heute bereits mehrere Spielcasinos für jährlich Millionen chinesischer Badegäste stehen, will das Reich der Mitte offenbar ein chinesisches Mallorca oder eine tropische Niederlassung des Spielerparadieses Macau machen. Solche Beispiele sind abschreckend: Eine Hegemonialmacht versucht, ihre schwachen Nachbarstaaten zu funktionalisieren und zu kolonisieren.

Für die meisten Afrikaner*innen wäre eine technokratisch regierte »Charter City« mit industriellem Schwerpunkt im Vergleich zu den von Raubrittern terrorisierten Gebilden, in denen sie heute leben müssen, dann ein Segen, wenn nicht nur wie in den Sonderwirtschaftszonen Chinas Wirtschaftsfreiheit, sondern auch Bewegungs- und Meinungsfreiheit gewährt, vor allem aber ordentlich bezahlte Arbeitsplätze geboten werden würden. Sonderverwaltungszonen trügen andererseits das höchste Potenzial in sich, afrikanische Gesellschaften dem deterministischen Globalismus auszuliefern, also der Unterordnung der Menschen unter die Gier des international vagabundierenden Kapitals, das angesichts sinkender Profitraten auf der Suche nach Gelegenheiten ist, höhere als in den Altindustrieländern mögliche Profite zu machen.

Angesichts des gewaltigen Bevölkerungszuwachses Afrikas wären Sonderverwaltungszonen nur eine partielle Lösung mit allerdings hohem Pull-Faktor.

Sie böten vor allem dort eine Perspektive, wo kein Staatsvolk vorhanden ist, also faktisch fast überall in Sub-Sahara-Afrika. Wegen der miserablen Infrastruktur des Kontinents muss man einschränken: fast überall an den Küsten. Die meisten großen Seehäfen Sub-Sahara-Afrikas sind inzwischen im Griff chinesischer Unternehmen oder von *Dubai Ports*. Der nordafrikanische Zwergstaat Dschibouti ist ein gutes Beispiel dafür: Über seinen Hafen laufen die meisten Ex- und Importe Äthiopiens. Da er an der geostrategisch wichtigen Meerenge Bab-el-Mandab des Seehandelswegs zwischen dem Suez-Kanal und dem Indischen Ozean liegt, unterhalten dort fast alle maritimen Großmächte Marinestützpunkte, von deren Pachten Dschibouti gut lebt. Die Volksrepublik China baut daneben eine große Freihandelszone mit Hafenanschluss. Freihandelszonen sind keine Sonderverwaltungszonen, sondern abgabenfreie Transitzonen für den transnationalen Warenfluss. Sie stellen im Idealfall ordentlich bezahlte Arbeitsplätze zur Verfügung, verringern das Ausmaß an »Korruption am Kai«, sofern diese Unternehmen behindert. Darüber hinaus nehmen sie keinen Einfluss auf gesellschaftliche Entwicklungen.

Ein Konzept für Sonderverwaltungszonen (»Charter Cities«) muss sich vor allem in den früher britischen Protektoraten mit der Geschichte kolonialer »Charter Companies« auseinandersetzen. Diesen wurden von der britischen Krone staatliche Aufgaben bis hin zur Bildung von Privatarmeen übertragen, die sie meistens nur im Sinne ihres Unternehmenszwecks gebrauchten. Ihnen ebenfalls auferlegte gemeinnützige Zwecke, die damals eurozentrisch definiert waren (zum Beispiel »Zivilisierung = Christianisierung«), erfüllten sie nicht oder mangelhaft. Sofern man Sonderverwaltungszonen als Lösungsweg weiter verfolgen wollte, müsste dieser sich verbindlich und sanktioniert auf Ziele der UN-Menschenrechtscharta, Regeln der International Labour Organisation und die Rechtsprechung des Internationalen Strafgerichtshofs verpflichten. Außerdem sollten verbindliche Bildungsziele vereinbart werden.

4. Föderalisierung

Die meisten Staaten Afrikas teilen sich intern in Regionen, die in der Regel von ernannten Gouverneuren verwaltet werden sollen. Die Republik Südafrika ist gegliedert in Bundesstaaten, die über eigene Parlamente und Budgets verfügen. Die DRC gliedert sich in Provinzen, die jedoch kein gewähltes Parlament haben und noch weniger öffentliche Budgets als die zentrale Regierung. Ihre Basis ist die Macht der Stammesfürsten, Militärs oder Warlords, die vor allem im rohstoffreichen Osten erheblich sein kann. Präsident Mobutu Sese Seko gründete seinen Einfluss während seiner Herrschaft 1965-1997 auf die Verteilung legal und vor allem illegal erworbener Mittel auf die regionalen Statt-

halter. Ähnliche Strukturen wurden in der lange Zeit von westlichen Diploma-
ten als »Modelldemokratie« bezeichneten Republik Mali deutlich, nachdem
niedrigrangige Militärs im Jahr 2012 gegen diebische Generale putschten, die
den Norden des Landes nur über verschiedene Milizen und Schmugglerban-
den »regierten« (Hofbauer/Münch/Konopka 2016: 150ff.).

Unter allen Verfassungen Afrikas enthält ausgerechnet jene Äthiopiens die
weitestgehenden Rechte auf Autonomie der Regionen (Verfassung von 1995,
Artikel 39). »Ausgerechnet« deshalb, weil Äthiopien der einzige über lange Zeit
zentral regierte Staat Afrikas ist, der seit knapp zwei Jahrtausenden existiert,
nur wenige Jahrhunderte kürzer als das Chinesische Kaiserreich. Das Königreich Aksum war Handelspartner des Römischen Imperiums. Jede der mehr
als 50 Ethnien hat heute nicht nur das Recht auf Bildung eines Bundesstaats,
sondern sogar auf Loslösung vom Gesamtstaat. Diese weitgehende Regelung
ist wahrscheinlich auf den unblutigen Putsch des Tigray-Volks gegen das mao-
istische »Derg«-Regime im Jahr 1991 zurückzuführen. Man kann darüber spe-
kulieren, ob die leidvolle Sezession Eritreas dabei ebenfalls eine wesentliche
Rolle spielte. Jedenfalls verhielt sich die nach wie vor regierende Einheitspartei im Sinne der Einheit eines Landes mit widerstrebenden Kräften klug, als sie
den Oromo Abiy Ahmed im Jahr 2018 zum Präsidenten ernannte. Die Oromo
bilden 40% der Bevölkerung Äthiopiens und fühlten sich jahrzehntelang von
den traditionell herrschenden Amharen und Tigray aus dem Norden des Landes benachteiligt. In diesem Sinne hat sich das aus westlicher Sicht nicht demokratisch regierte Äthiopien als anpassungsfähig erwiesen.

Seit dem (internen) Machtwechsel 2018 wurde der südwestliche Bundesstaat SNNPR, ein Sammelbecken von etwa 45 Ethnien, zum Unruheherd. Mindestens zwei dieser Völker, die Sidama und die Welayta, begehren Autonomie.
Sicher könnte sich keiner der beiden angestrebten Bundesstaaten wirtschaftlich tragen. Die heraufdämmernde Balkanisierung des einzigen Landes Afrikas, das nie eine Kolonie war, wäre eher Grundlage für weitere, ethnisch
begründete Konflikte. Die Klugheit seiner Führungsschicht wird eine solche
»afrikanische Vita« hoffentlich nicht zulassen, auch wenn sich westliche Kom-
mentatoren über die Abschaltung des Internets nach vielen rassistischen Hass-
Kommentaren im digitalen Netz echauffieren. Andererseits liegt die Praxis der
chinesischen »Diktatur der Prinzlinge« nicht weit von dieser Maßnahme entfernt (Economist vom 17.8.2019: »The new censors«).

Afrika ist ein Kontinent der Stämme und Völker, nicht nachkolonial gebildeter Nationen. Die DRC, Nigeria und viele andere Staaten sind Kunstgebilde,
deren Teile weder ethnisch noch wirtschaftsgeografisch zusammenhängen.
Eine Aufsplitterung von Sub-Sahara-Afrika in etwa 2.000 Einzelstaaten – unter
subkontinentalen Bundesregierungen – wäre das konsequenteste, aber auch
möglicherweise konfliktreichste aller Reformziele. Konfliktreich unter ande-

rem deshalb, weil zwischen sehr armen und reichen autonomen Bundesstaaten ein Leistungsausgleich unabwendbar wäre. Jeder der bestehenden Staaten würde sich vehement gegen eine solche Initiative wehren, die noch nicht einmal einen auf kontinentaler Ebene einflussreichen Träger hätte – die Afrikanische Union ist in ihrer momentanen Verfassung untauglich dafür. Selbst die traditionell von der Opposition regierte Kap-Provinz Südafrikas hat eine Trennung vom Rest der Republik Südafrika nicht in Betracht gezogen.

Nach dem Vorbild der Europäischen Union denkbar ist jedoch die Stärkung regionaler Wirtschaftsgemeinschaften wie der westafrikanischen ECO-WAS. Die damit verbundene Hergabe souveräner Rechte der Mitgliedsstaaten könnte, wie in Europa, nur auf freiwilliger Grundlage geschehen und auf der Erkenntnis beruhen, dass die meisten Staaten Afrikas einzeln weltweit weder politisch noch wirtschaftlich eine auch nur zur Kenntnis genommene Rolle spielen werden. Diese Variante der möglichen Lösung Föderalisierung erscheint deshalb als die erfolgträchtigste, weil sie eine »Downward«- und keine sezessionistische »Upward«-Bewegung darstellt und deshalb wahrscheinlich keine weiteren ethnisch und politisch motivierten Bürgerkriege auslösen kann. Das Föderalisierungspotenzial Afrikas ist groß und könnte, entsprechenden politischen und wirtschaftlichen Willen vorausgesetzt, den Kontinent dem ihm innewohnenden Wohlstand näher bringen.

Allerdings trägt diese Lösung per se kein Emanzipationspotenzial für die Völker Afrikas in sich, wie die Entwicklung des Süd-Sudans beweist, der nach seiner Gründung im Jahr 2011 deshalb in 32 statt zuvor zehn »Bundesstaaten« gegliedert wurde, um mehr sichere Jobs für Bürgerkriegskämpfer zu schaffen, nicht jedoch, um der Bevölkerung bessere staatliche Dienstleistungen zu bieten. Faktisch ist dort die Hälfte der 13 Millionen Menschen auf internationale Nahrungsmittelhilfe angewiesen, während sich die »Warlords« ihre Taschen aus Einnahmen der Erdölförderung vollstopfen. Ähnliche Ergebnisse zeigen die Bundesstaaten DRC und Nigeria seit ihrer unglücklichen Gründung. Die Föderalisierung bietet mehr institutionalisierte Gelegenheiten nur dort, wo der Wille zur Entwicklung vorhanden ist und in den Regionen präziser und volksnaher unterstützt werden kann als durch eine Zentralregierung.

Möglichkeiten und Grenzen der Föderalisierung: die Welt des Abiy Achmed

Das äthiopische Hochland, die »Wiege der Menschheit«, wirkt wie eine natürliche Festung am nördlichen Ende des Großen Afrikanischen Grabens, an dem heute die heißeste und trockenste Wüste der Erde liegt, deutlich unter dem Wasserspiegel des Roten Meers. Während die Großregionen ringsum dem Siegeszug des Islam in Nordafrika folgten, hielt sich im äthiopischen Hochland seit dem frühen 4. Jahrhundert n.Chr. unerschütterlich eine der ältesten theokratischen Monarchien der oströmischen orthodoxen Kirchen und stellt heute die weltweit größte Gemeinde ihrer Art dar. Das Reich Aksum unterhielt seit der Spätantike Handelsbeziehungen mit den Anrainern des Mittelmeers, mit Zentralafrika und Südasien. Heute sind davon nur noch die Stelen von Aksum, die kleine Basilika von Beta Samati und einige Bergklöster zu sehen.

Der noch immer in der westlichen Welt bekannteste Äthiopier ist der frühere Kaiser Haile Selassie, ein kleiner Mann mit kantigen Gesichtszügen, der den Nebentitel »Löwe von Juda« trug. Diesen Titel beanspruchte der amharische Hof, weil er sich als 225. Nachfolger des jüdischen Königs Salomon verstand, der mit der legendären äthiopischen Königin von Saaba liiert gewesen sein soll. Die Königin ließ eines der zehn Exemplare der jüdisch-urchristlichen Bundeslade aus Jerusalem schaffen, das heute in einem Kloster Nordäthiopiens aufbewahrt wird.

Haile Selassie war ethnisch ein Oromo, hatte jedoch eine Großmutter, die dem traditionellen Herrschervolk der Amharen angehörte. Er war nicht mit dem äthiopischen Kaiser Menelik II. verwandt, der den italienischen Invasionstruppen nicht nur Widerstand entgegensetzte, sondern sie in der Schlacht von Adua 1896 sogar vernichtend schlug. Im Jahr 1892 als Ras Tafari (Namensgeber für die »Rasta-Bewegung«) geboren, wurde Haile Selassie 1974 durch in Moskau geschultes Militär gestürzt und umgebracht. Bis 1991 regierte das »Derg«-Regime unter dem Obristen Mengistu Haile Mariam Äthiopien mit eiserner Faust. Während dieser Zeit überzogen Äthiopien infolge des »El-Niño-Effekts« (periodische Umkehr der Meeresströmungen im Pazifik und Indischen Ozean) mehrere Klimakatastrophen, während derer Millionen Menschen verhungerten. Die kampfstarke äthiopische Armee eroberte die zuvor somalische Region Ogaden mithilfe kubanischer Truppen, konnte jedoch die Sezession der Region Eritrea im Jahr 1991 nach einem äußerst blutigen Bürgerkrieg nicht verhindern.

Das »Derg«-Regime war 1991 derart ausgelaugt, dass junge Menschen des den herrschenden Amharen benachbarten Volks der Tigray schweres Gerät der hochgezüchteten Armee kapern und, ohne einen Schuss abzugeben, in Addis Abeba einmarschieren konnten. Westliche Journalisten in Addis Abeba berichteten darüber mit maßlosem Erstaunen. Die Tigray gründeten die »Revolutionäre Einheitspartei der Bundesrepublik Äthiopien«, in der alle Ethnien des Vielvölkerstaats vertreten waren. 1995 wurde eine Verfassung verabschiedet, die allen Völkern Äthiopiens gestattet, eigene Bundesländer zu gründen oder sich vom Bundesstaat völlig zu lösen.

Die Tigray-dominierte Regierung entwickelte sich aus Sicht der anderen Völker Äthiopiens zur Günstlingswirtschaft, die ihren trockenen Bundesstaat bevorzugte. In den Provinzen und in der Hauptstadt Addis Abeba wurden Proteste blutig niedergeschlagen, Oppositionelle inhaftiert und die Meinungsfreiheit beschränkt. Aus der friedlichen Revolution der »Jungs auf Panzern« entwickelte sich ein Repressionsregime, das von den USA zur zweiten Invasion in Somalia animiert wurde, die zwar aus westlicher Sicht erfolgreich verlief, aber von Äthiopien nach Eroberung der somalischen Hauptstadt Mogadischu abgebrochen wurde, worauf Somalia endgültig in Anarchie und Herrschaft der islamistischen Terrormiliz »Al-Shabaab« versank, die von Saudi-Arabien finanziert wird und einen islamischen »Gottesstaat« errichten will (Gütter 2018).

Zentrum innerer Unruhen war der südöstlich an Addis Abeba grenzende Bundesstaat der muslimischen Oromo, die 40% der Bevölkerung Äthiopiens stellen. Darauf reagierte die »Revolutionäre Einheitspartei der Bundesrepublik Äthiopien« im Jahr 2018 flexibel: Ihr Vorstandsmitglied Abiy Achmed, ein Oromo, wurde zum Ministerpräsidenten ernannt. Achmed schloss umgehend mit der abtrünnigen Provinz Eritrea, mit der noch 1998 ein zweiter Krieg geführt worden war, einen Friedensvertrag, ließ Tausende politischer Gefangener befreien und hob die jahrzehntelange Unterdrückung der Meinungs- und Pressefreiheit auf. Außerdem förderte er die weitgehend friedliche Bildung einer Übergangsregierung zwischen dem Militär und der Zivilgesellschaft im benachbarten (Nord-)Sudan. Dafür erhielt er im Oktober 2019 den Friedensnobelpreis, obwohl bekannt war, dass er zuvor als Mitarbeiter beim äthiopischen Inlandsgeheimdienst gearbeitet hatte. Die nördliche Hemisphäre, die erwartete, dass dieser Preis einer 16-jährigen schwedischen Klima-Aktivistin zustehe, die zuvor die UN-Generalversammlung rüde beschimpft hatte, war fassungs- und sprachlos.

Äthiopien ist das einzige Land Afrikas, das niemals Kolonie oder »Protektorat« war. Mehrere Versuche der regionalen Kolonialmacht Italien, Äthiopien militärisch einzunehmen, wurden bereits im 19. Jahrhundert unter der Herrschaft des Kaisers Menelik II. zurückgeschlagen, auch der vom faschistischen Italien geführte Giftgas-Krieg gegen Äthiopien erwies sich als zwar verlustreich, aber erfolglos. Italien konnte nur die Provinz Eritrea kolonisieren, die fast ein Jahrhundert später zu einem stalinistisch regierten Kampfstaat wurde und einen der größten Flüchtlingsströme aus Afrika nach Europa und Nordamerika generierte, obwohl das Land nur etwas mehr als fünf Millionen Einwohner*innen hat. Spätestens seit 2013 gibt es in dem verschlossenen Land, dem seine Jugend davonrennt, selbst in der Armee Widerstand gegen das repressive Afewerki-Regime, der im Januar des Jahres 2013 durch eine kurzzeitige Übernahme des Senders *Eri-TV* dokumentiert wurde, während der die Verabschiedung einer Verfassung und die Freilassung tausender politischer Gefangener gefordert wurde – bis heute ohne von außen erkennbare Wirkung (International Crisis Group 2013).

Äthiopiens Bevölkerung und Wirtschaft wachsen seit der Jahrhundertwende um jährlich 6%, das Land hat gegen die wiederkehrenden El-Niňo-Effekte im Rahmen seiner Möglichkeiten Vorsorge gegen periodische Hungerkatastrophen getroffen. Äthiopien ist das erst zweite Land Afrikas, dessen formelles Oberhaupt eine Frau ist (Sahle-Work Zewde). Zugleich stellt seine liberale Verfassung von 1995 eine lauernde Gefahr dar: An verschiedenen Ecken des Vielvölkerstaats begehren einige der etwa 50 Völker Unabhängigkeit, obwohl diese Begehren wegen ihrer Kleinstaaterei keine wirtschaftliche Grundlage finden könnten. Selbst im Bundesstaat Oromia regt sich heftiger Widerstand, der von der Bundespolizei mit scharfer Munition beantwortet wird. In Addis Abeba wurden allein im Oktober 2019 78 Demonstranten der Oromo bei Demonstrationen ermordet. Perspektivisch stellt sich die Frage, ob und wie lange sich die zuvor zwei Jahrtausende herrschenden, christlichen Völker der Amharen und Tigray die Regierung eines säkular-muslimischen Ministerpräsidenten ansehen werden. In Tigray wetzen sie schon die Messer, sprechen von Bürgerkrieg. Anlass dazu könnte die pandemiebedingte Verschiebung erforderlich werdender nationaler Neuwahlen bieten, für deren Fall die Volksbefreiungsfront von Tigray bereits eigene Wahlen angekündigt hat. Das große Volk der Oromo fordert seinerseits die Bildung einer Interimsregierung mit deutlich stärkerer Vertretung bisher nicht in die Regierung einbezogener Kräfte. Neben Indien ist Äthiopien das am schwierigsten zu regierende Land der Erde.

Außenpolitisch hat Abiy Ahmed einen klassischen internationalen Konflikt um das Lebenselement Wasser geerbt. Er hat den Namen GERD – Grand Ethiopian Renaissance Dam –, liegt am Oberlauf des Blauen Nil und soll nach seiner Fertigstellung im Jahr 2022 mit einer Leistung von 6,45 Gigawatt das zwölftgrößte Kraftwerk der Erde betreiben. Das Sperrwerk greift in die jahrtausendealte Wasserversorgung der Nilanlieger Sudan und Ägypten ein, was mit der trilateralen Grundsatzerklärung von Khartum vom 23. März 2015 geregelt werden sollte. Je näher die Inbetriebnahme rückt, desto schriller werden jedoch die Töne aus Ägypten, bis hin zur Drohung mit einem Krieg. Tatsächlich hat GERD mindestens das

Konfliktpotenzial der zwei anderen Auseinandersetzungen über die Ressource Wasser, jene am Mekong (Oberlieger China) und jene an Euphrat und Tigris (Oberlieger Türkei). Zwei weitere große Stauwerkprojekte Äthiopiens (Gilgel Gibe III am Omo-Fluss und Tekeze am gleichnamigen Flus) sind eher unproblematisch.

Eine der weltweit erstaunlichsten Unternehmensgeschichten überhaupt ist jene der *Ethiopian Airlines*. Über die »Derg«-Regierung und die nachfolgende Vetternwirtschaft der Tigray hinweg, entwickelte sich das 1945 gegründete Staatsunternehmen zu einer der erdumspannend erfolgreichsten Airlines mit einer der modernsten Flotten. *Ethiopian Airlines* beherrscht heute den Linienflugverkehr des gesamten Kontinents trotz heftiger Konkurrenz aus den Vereinigten Arabischen Emiraten. In diesem Fall hat sich ein afrikanisches Unternehmen aus eigenen Kräften weit über seinen Heimatmarkt hinaus beharrlich gegen interkontinentale Konkurrenz durchgesetzt. Das Schicksal dieser gut geführten Fluglinie nach der Covid-19-Pandemie ist unsicher, da der äthiopische Staat nicht die Mittel zum Durchfüttern der Gesellschaft hat, über die alle anderen Heimatstandorte großer Airlines verfügen.

Eine Föderalisierung/Regionalisierung Afrikas würde eine politische und wirtschaftliche Marginalisierung der meisten nationalen Regierungen zur Folge haben. Der katangische Kleptokrat Moïse Tschombé ist ein weit über Afrika hinaus bekanntes Beispiel dafür. Deshalb kann eine Föderalisierung Afrikas nicht ohne eine Integration der föderalen Kräfte auf (sub)kontinentaler Ebene empfohlen werden. Jenseits ihrer auf kolonial gezogene Staatsgrenzen bezogener Grundlagen ist die Afrikanische Union (AU) die einzige bestehende Plattform dafür. Die AU würde sich im Erfolgsfall zu einer »Union afrikanischer Regionen« (UAR) weiterentwickeln, die ein inneres und äußeres Mandat hat. Das innere Mandat würde mindestens Protektionismus und Verbrechen gegen die Menschlichkeit unterbinden. Nur im Ansatz, aber immerhin, erfüllt diese Aufgabe heute die westafrikanische ECOWAS. Nach außen würde diese UAR die Interessen des (Sub-)Kontinents gegenüber anderen, mächtigen Wirtschaftsblöcken vertreten. Die Föderalisierung Afrikas und die Bildung eines supraregionalen Blocks wären zwei Seiten einer Medaille, die Afrika im Innern befrieden und nach außen Gewicht verleihen könnte.

Wir sprechen an dieser Stelle nicht mehr nur über die Föderalisierung innerhalb künstlich gebildeter Staaten Afrikas, sondern über die Föderalisierung der gesamten Sub-Sahara-Region. Ähnlich der innerhalb der Europäischen Union weitgehend untergangenen Idee des »Europa der Regionen«, in dem Bayern, die Normandie oder Katalonien eine größere Rolle spielen sollten als die Nationen, denen sie heute angehören, die Europa eher behindern als befördern. Ähnliches gilt für den bald bevölkerungsreichsten Staat der Erde, in dem zum Beispiel der Bundesstaat Kerala in dezidierter Gegnerschaft zur hindu-nationalistischen Bundesregierung steht. Die Grundidee ist jedenfalls für die früheren französischen Kolonien Westafrikas nichts Neues.

Um nach dem Zweiten Weltkrieg ihr zuerst in Indochina bröckelndes Kolonialreich zu retten, versuchte die Vierte Republik, eine Gesamtföderation zu errichten, die sie *Union Française* (später *Communauté Française*) nannte. Wenn auch bei Weitem nicht proportional, waren Abgeordnete aus den Kolonien in der französischen Nationalversammlung vertreten, darunter Léopold Senghor (späterer Präsident des Senegal) und Félix Houphouët-Boigny (späterer Präsident der Côte d'Ivoire). Vor allem Senghor war von der Grundidee einer solchen Förderation überzeugt, weil er bereits ahnte, dass die Auflösung Französisch-Westafrikas in kleine Nationalstaaten zur politischen und wirtschaftlichen Bedeutungslosigkeit führen würde.

Ein erstes Referendum über die *Union Française* erhielt 1946 in Frankreich und seinen Kolonien (deren Bevölkerung die französische Staatsbürgerschaft hatten) keine Mehrheit, ein zweites Referendum über einen zu Ungunsten der Kolonien veränderten Entwurf im Herbst desselben Jahres eine knappe Mehrheit. Diese Verfassung der Vierten Republik galt bis zum Jahr 1958. Sie wurde schließlich ein Opfer konservativer Kreise in Frankreich, die offen rassistisch argumentierten, und der Machtgier afrikanischer Eliten, die sich in überschaubaren Kleinstaaten ihre Nester bauten. Was blieb, war eine vorübergehende gemeinsame Staatsbürgerschaft, eine gemeinsame Währung westafrikanischer Staaten, der CFA, als Spätfolge ab 1975 die regionale Wirtschaftsgemeinschaft ECOWAS, die allerdings vom früher britischen Schwergewicht Nigeria dominiert wird und über keine legislative Legitimation verfügt. Der gemeinsamen Staatsbürgerschaft ging die Wehrpflicht von Afrikanern voraus, die im Zweiten Weltkrieg aufseiten der Alliierten einen Krieg unter den Weißen ausfochten. Indirekt stärkte diese Teilnahme das Selbstbewusstsein der Bevölkerung in den Kolonien und dürfte nicht unwesentlich zum ersten erfolgreichen Unabhängigkeitskrieg in Vietnam beigetragen haben: Die Kolonialmächte galten nun als militärisch besiegbar.

Léopold Senghor hatte mit seiner Prognose über die Bildung afrikanischer Staaten recht. Ebenso damit, dass er schon in den 1950er-Jahren auf die Diskrepanz zwischen einer sich in Europa bildenden Wirtschaftsgemeinschaft einerseits, afrikanischer Kleinstaaterei andererseits hinwies. Selbst die »Förderation Mali« teilte sich kurz nach der Gründung in den heutigen Staat Mali und den Senegal auf, dessen Präsident er wurde. Inzwischen ist der Sahel zwischen der Ostgrenze des Senegal und dem Nil eine politische, soziale und wirtschaftliche Katastrophe geworden, befeuert durch den Zusammenbruch Libyens nach dem Luftkrieg von NATO-Mitgliedsländern im Jahr 2011. Die Europäische Union hat – bisher im Niger – die Souveränität einzelner Sahel-Staaten faktisch außer Kraft gesetzt und ihre Südgrenze dorthin verlagert, um Migrationsströme zu unterbrechen (die vorhersehbar westwärts wandern). In Mali und im Niger stehen deutsche und französische Streitkräfte in einer für sie unübersichtlichen, nicht gewinnbaren Mission. Wie zuvor bereits im angrenzenden »Obervolta« (später Burkina Faso), hat die nördliche Hemisphäre eine Chance zur friedlichen Entwicklung des Sahel gründlich vergeigt. Würden Léopold Senghor und Thomas Sankara heute noch leben und wirken, wäre diese Geschichte wahrscheinlich anders ausgegangen. Weil es nicht so gekommen ist, sterben im Sahel wöchentlich Hunderte Menschen nicht nur am Hunger.

Zielführend dürfte die Auflösung künstlicher Staatsgebilde unter einer westafrikanischen Union bei gleichzeitiger Föderalisierung sein, was die Zulassung autonomer Regionen (wie »Azawad«) bedeuten würde. Weil nationale Regierungen in diesem Teil des Sahel Spielbälle Europas sind und in der Bevölkerung kaum Rückhalt genießen, wäre ein solcher strategischer Ansatz dem derzeitigen, unbeholfenen Klein-Klein des schnappatmigen diplomatisch-militärischen Komplexes Europas überlegen, von den USA ganz zu schweigen, die den »Rest der Welt« ohnehin nie verstanden. Er könnte eine Blaupause für das zukünftige Sub-Sahara-Afrika sein, vorgedacht durch einen frühen Denker des postkolonialen Afrika.

Kommunitarismus

Gegen Ende dieses Buches will ich ein politisches Schlagwort erläutern, das im westlichen Teil der nördlichen Hemisphäre erst seit wenigen Jahrzehnten breiter diskutiert wird, in Südasien und Sub-Sahara-Afrika jedoch seit Längerem immer wieder auftaucht und in Teil 1 im Kasten »Gazi« (siehe S. 51) phänomenologisch beschrieben ist. Das westliche Verständnis des Kommunitarismus ist eine Reaktion auf das neoliberale Gesellschaftsmodell, das die Handlungsfreiheit des Einzelnen über andere Werte stellt. Der Kommunitarismus wendet sich gegen etatistische Modelle (einschließlich starker zentraler Sozialstaaten), die seines Erachtens die Selbsthilfekräfte der Individuen und der Gemeinschaft unterdrücken oder verkümmern lassen. Der Kommunitarismus versucht, individuelle Freiheit mit dem Gemeinsinn zu verbinden, und beruft sich dabei auf die griechische *polis* und auf die bürgerliche französische Revolution. Örtliche Gemeinschaften und Assoziationen formen Bindeglieder zwischen Staat und Individuum. Kommunitaristen verfechten deshalb die Dezentralisierung von

Entscheidungsstrukturen und -macht. In ländlichen und kleinstädtischen Regionen der USA ist der Kommunitarismus weitverbreitet und Teil der republikanischen Tradition.

Dort, wo der Staat faktisch nicht oder nur rudimentär existiert, bildet sich Kommunitarismus als einzige mögliche, geordnete Form der Selbstregierung fast naturwüchsig heraus. Der *Ujamaa*-Gedanke des tansanischen Präsidenten Julius Nyerere kann als Kommunitarismus in Reinform betrachtet werden. Die Gründerväter Indiens betrachteten Kommunitarismus hingegen als rückständige Form der Selbstorganisation ländlicher Gemeinden. Vom Tribalismus unterscheidet er sich dadurch, dass ethnische Identität ein konstituierendes Element sein kann, aber nicht sein muss. Wichtiger ist die Existenz starker Zivilgesellschaften. Darin unterscheidet sich der Kommunitarismus von der Föderalisierung korrupter Kartelle, wie sie Mobutu Sese Sekou in Zaïre pflegte, und von tribalistisch gegliederten Vasallenstaaten, die ebenso wie völlig zentralisierte Staaten das glatte Gegenteil davon sind.

Für den Staatsverfall Somalias nicht unmaßgeblich, spielte sich mehr als 20 Jahre früher im benachbarten Nord-Jemen ein ähnlicher, weltweit kaum zur Kenntnis genommener Vorgang ab: Um den von Saudi-Arabien geförderten Tribalismus zu beenden, versuchte der damalige Staatspräsident Ibrahim Mohammed al-Hamdi, zuvor kaum existente staatliche Strukturen aufzubauen und lokale genossenschaftliche Ansätze zu stärken. Außerdem leitete er eine Annäherung an den damals sozialistisch regierten Süd-Jemen (Hauptstadt Aden) ein. Al-Hamdi wurde 1977 im Haus des Oberbefehlshabers der jemenitischen Armee durch Ali Abdullah Saleh im Beisein des saudischen Militarattachées al-Hudyan ermordet (Al-Jazeera 2020). Saleh ernannte sich nach mehrfachen weiteren Präsidentenmorden im Jahr 1990 zum Präsidenten eines wiedervereinigten Jemen, der seit dem Jahr 2014 unter aktiver iranischer und saudischer Einmischung wieder tribalistisch zerfällt. Dieser weitgehend unbeachtete Bürger- und Stellvertreterkrieg führte etwa 80% der ohnehin extrem armen und unterernährten Bevölkerung in eine völlige Abhängigkeit von internationaler Hungerhilfe und ruinierte das Weltkulturerbe Sanaa, das mit seinen reich verzierten, jahrhundertealten Lehmhochhäusern weltweit einzigartig ist. Das Beispiel Jemen zeigt, dass kommunitäre Ansätze tribalistische Strukturen nur schwer überwinden können, zumal dann, wenn regionale Hegemonialmächte den Tribalismus für eigene Zwecke nutzen und militärisch aufrüsten. Jemen selbst verfügt über keine eigenen Bodenschätze, liegt jedoch strategisch sehr wichtig am Bab-el-Mandab, der Meerenge zwischen dem Indischen Ozean und dem Roten Meer (Suez-Kanal). Die Entwicklung im Jemen zeichnete jene in Somalia vor, dem einzigen Staat der Erde, der vom UN-Sicherheitsrat je zum »Nicht-Staat« erklärt wurde. Die Entwicklung Somalias zeichnet mit spitzem Stift eine kommunitaristische Gesellschaft nach, die durch äußere Einflüsse überlagert und zerstört wurde. Insofern keine afrikanische Besonderheit, mit Ausnahme der ausländischen Einmischung, die vorwiegend aus der saudiarabischen Halbinsel kam, dem über Jahrhunderte stärksten Handelspartner des Landes.

Für den künstlichen Staat Mali wurde eine Föderalisierung in den Konferenzen von Algier 2006 und 2015 nicht nur erörtert, sondern gefordert (Hofbauer/Münch/Konopka 2016: 91f.). Zeitlich dazwischen lag das Jahr 2011, bis zu dem die aufständischen Tuareg (Kel Tamashek) nur eine autonome Provinz »Azawad« innerhalb des Staats Mali forderten. Als dies nichts fruchtete, wollten sie mithilfe islamistischer Gruppen im Norden einen eigenständigen Staat errichten, was seinerseits zur Intervention zunächst französischer, dann auch deutscher Truppen führte, aber auch dazu, dass sich die Kel Tamashek aus der Allianz mit Islamisten zurückzogen. Dieser Fall verdeutlicht, dass Europa die Föderalisierung aus dem Kolonialstatus entlassener »Nationen« korrigieren könnte, wenn es nur wollte. Vor allem dann, wenn die öffentlichen Haushalte solcher Gebilde wie Mali und Tschad zu zwei Dritteln aus vorwiegend europäischen Zuwendungen bestehen. Sofern Europa bereit ist, Fehler seines Kolonialerbes einzugestehen, kann es diese Fehler in solchen Fällen beheben. Insoweit ist diese Lösung realistisch.

Eine Föderalisierung Sub-Sahara-Afrikas ist auf dem Hintergrund künstlicher Nationenbildung durch die ehemaligen Kolonialmächte fraglos die richtige kontemporäre politische Antwort auf die organisatorischen Probleme des Kontinents. Allerdings gibt es bisher keine Kräfte, die ein Aufbrechen der extern oktroyierten Nationalstaaten organisieren könnten. Die UN sind aufgrund ihrer Charta daran gehindert, die AU hat konstitutiv kein Interesse daran. Damit bleibt die Föderalisierung Sub-Sahara-Afrikas ein blutiges Feld innerafrikanischer Auseinandersetzungen, wie es der Sudan erlebte.

Wenigstens im Fall von UN-Friedensmissionen in regionalen Konflikten könnte zukünftig die Autonomisierung von Landesteilen der Interventionsgebiete thematisiert werden, ohne die wie ein Sakrileg behandelte Souveränität von UN-Mitgliedsnationen formal zu beschädigen. Für die diplomatische UN-Blase am New Yorker East River sicher eine Herausforderung, der sie sich ungern stellen wird. Anders stellt sich die Situation für die EU dar, die Migration aus Afrika verhindern will und dazu faktische Grenzen in die Sahara vorschiebt, verbunden mit besserer Bewaffnung autokratischer Regime wie in Niger und im Tschad. Jedenfalls im Sahel, in dessen »Françafrique« sowohl die UN als auch Deutschland erfolgreich eingebunden wurden, wäre die Föderalisierung von Scheinstaaten eine ernst zu nehmende Aufgabe, sofern diese dem Mittelmeer nahe, naturräumlich als Sperre wirkende Region nicht im Chaos versinken soll. Davon scheint die EU-Blase an der Brüsseler Rue de la Loi noch nichts gehört zu haben.

Es ist Zeit, sich auf Afrika einzulassen, also die Gewohnheiten aalglatter Diplomatie über Bord zu werfen. Diese Gewohnheiten fördern nichts anderes als die organisierte Kriminalität, wie deutsche Entwicklungshelfer vor bereits 40 Jahren schrieben und Demonstranten auf den Straßen der Stadt Bamako (Mali) zuletzt im Juli 2020 bestätigten. Die Föderalisierung der Sahel-Staaten würde die organisierte Kriminalität nicht verhindern, aber auf behandelbare Stücke reduzieren, indem sie jene verantwortlich macht, die auf afrianischem Boden tatsächlich Verantwortung tragen (sollen). Damit ist diese Lösung nicht ohne Träger, sofern sich diese Träger ihrer Verantwortung jenseits von Militärmissionen gemeinsam mit regional verantwortlichen Afrikaner*innen bewusst werden sollten.

Teil 4
Ordentlicher Lohn statt Kriseninterventuion

Das somalische Wort *abaar* heißt Dürre. In Afrika herrscht auch in Regionen Dürre, über die reichlich Regen niedergeht. Es ist eine politische und wirtschaftliche Dürre, die Afrika inzwischen wesentlich selbst verantwortet. Ihre unmittelbaren Mittel sind *amniyaf* (somalisch für Geheimdienste) und *hobiya* (somalisch für Granaten), ihr unmittelbarer Grund ist Geldgier, für die am besten das indische *Permit Raj* steht (somalisch: *musuqmaasuqa*). Hoffnung heißt auf Somali *rajo*. Dafür steht die Regenzeit *Gu* zwischen März und Mai. Wenn sie ausbleibt, sterben zuerst die Rinder, dann die Menschen. Oder die Menschen wandern durch Wüsten und arabische Internierungslager bis an die südlichen Gestade des Mittelmeers, um darin zu ertrinken oder an den nördlichen Küsten zu überleben. Sie gehen den Weg, den die ersten Homo sapiens vor Jahrzehntausenden gegangen sind, um Asien und Europa zu besiedeln.

In den Jahren 1992 und 1993 war der Auftrag des UN-Sicherheitsrats, Hilfslieferungen in die Hungerregion am Horn von Afrika zu gewährleisten und eine zivile Gesellschaft in Somalia wiederaufzubauen (»Nation-Building«). Der Auftrag scheiterte mit *Black Hawk Down* und der Instrumentalisierung der äthiopischen Armee durch die USA eineinhalb Jahrzehnte später. Die Äthiopier marschierten innerhalb von nur zwei Wochen (Dezember 2006 bis Januar 2007) im mittleren Somalia ein, entmachteten dort örtliche und regionale Clan-Fürsten sowie die Union islamischer Richter samt ihres militärischen Flügels *Al-Shabaab*. In einer außerordentlich feindlichen Umgebung bemerkten sie schnell, dass sich weder die USA noch die OAU noch die Vereinten Nationen an ihre begleitenden Verpflichtungen hielten. Zum Beispiel schickte die OAU anstelle von 8.000 unterstützenden Truppen nur 3.000 kaum einsatzbereite Soldaten aus Burundi und Uganda. Im Jahr 2009 zogen sich die Äthiopier wieder zurück (Economist vom 6.12.2008: »A promised withdrawal«). Die Äthiopier konnten schnell erklären, warum die islamistische *Al-Shabaab* für junge Somalier attraktiv war, die mit dem radikalen Islam nichts weiter am Hut hatten: Dort bekamen sie verlässlich 100 US-\$ monatlichen Sold, einen kostenlosen Gesundheitsdienst und die Zusage eines kostenlosen Begräbnisses. Bei der offiziellen somalischen Armee erhielten sie nichts dergleichen. Der *Jihad* arbeitet oft mit rein wirtschaftlichen Anreizen. Selbst im ökonomisch völlig uninteressanten Somalia hätten der Gegenwert dort eingesetzter Drohnen und die Kosten von ATALANTA genügt, um dem *Jihad* seine Rekruten abzunehmen, sie für Sinnvolleres einzusetzen.

Würden die Beträge, die afrikanische Kleptokraten für sich und ihre Entourage aus der Erschließung und dem Verkauf von Rohstoffen abschöpfen, und die Extraprofite westlicher und fernöstlicher Konzerne aus der Nutzung afrikanischen Rohstoffreichtums im öffentlichen Interesse verwendet werden, dann müsste einem um die Zukunft des jungen Afrika nicht mehr so bange sein wie heute: Mit den jährlichen dreistelligen Milliardenbeträgen könnten die Bildung junger Afrikaner wesentlich verbessert, die Versorgung mit reinem Wasser weitgehend gesichert und grundlegende Gesundheitsdienste gewährleistet werden. Trotz aller interner Probleme hat das die Republik Botswana seit ihrer Gründung 1966 vorgemacht.

Darüber hinaus weist das Beispiel des kenianischen Dorfs Gazi auf eine sinnvolle Aufgabenteilung zwischen bestimmten Regionen der nördlichen und der südlichen Hemisphäre hin. Die nördliche Hemisphäre stößt bisher Länder beiderseits des Äquators auf ihre kostenfreie Verantwortung für das Klima des gesamten Planeten zurück. Sie meint damit die riesigen CO_2-Senken der Regenwälder im Tropengürtel. Sollte die Sorge um den erdumspannend bedrohlichen Klimawandel ernst gemeint sein, dann würden diejenigen, die in CO_2-Senken leben, bereits heute CO_2-Zertifikate zulasten nördlicher Länder und Konzerne in jährlich zweistelliger US-$-Milliardenhöhe in Händen halten. Das ist offensichtlich nicht der Fall. Den Ausstoß klimaschädlicher Gase versuchen die Länder der nördlichen Hemisphäre bisher ausschließlich durch nationale Programme zugunsten ihrer eigenen Industrie und mit Trinkgeldern an die Tropenländer zu beherrschen.

Diese Versuche werden absehbar in China, Europa, Indien und Nordamerika unvollständige Ergebnisse finden. Wenigstens die monetarisierte Differenz zur vollständigen Erfüllung sollte dorthin fließen, wo CO_2-Senken, wenn nicht gepflegt, so doch hingenommen werden: In den Tropengürtel, soweit die Gemeinschaften dort CO_2-Senken erhalten und erweitern, gebunden an Verpflichtungen, diese erdumspannend wirksame Leistung zu pflegen und zu verbessern. Wirtschaftlich gesehen ist ein solches Konzept einfach zu begreifen. Politisch gesehen offensichtlich nicht.

Sollten mit einem solchen weltwirtschaftlichem Konstrukt verlässliche Nord-Süd-Transferleistungen aktiviert werden können, die zielgenau in Bildung und Arbeit übersetzt werden, müsste auch deshalb die Zukunft Afrikas (auch Nordbrasiliens, Indonesiens und der Philippinen) nicht mehr so »schwarz« gesehen werden wie heute. Im Gegenteil: Die kongolesische Millionenstadt Kisangani und ihr südamerikanisches Pendant Manaus gehörten zu den reichsten Städten des Planeten (Manaus war es schon einmal, bevor Briten den Kautschukbaum nach Malaysia schmuggelten). Die sonnenstabile Sahara- und Sahelzone könnte sich der nachhaltigen Produktion des zukünftigen Energieträgers Wasserstoff widmen, der sicheren Antriebswelle menschlicher Mobilität nach den Verbrennungsmotoren und der nicht zu Ende gedachten Lithium-Ionen-Technologie.

So gesehen, kann Afrika volkswirtschaftlich eine auskömmliche Zukunft finden. »Die Revolution, die es auf den Weg zu bringen gilt« ist keine spirituelle (Sarr 2019: 156), sondern eine materielle. Kindern und Jugendlichen in Afrika denselben Zugang zur Bildung zu schaffen, wird nicht Ergebnis von »Entwicklungshilfe« sein, sondern des Austausches von Waren und Dienstleistungen zu fairen Bedingungen (Adam Smith 1979), die den Tauschpartnern die Mittel für Bildung, Gesundheit und Wohlstand geben. Ein bedeutender Teil des deutschen Etats für »Wirtschaftliche Zusammenarbeit« (etwa 8,5 Milliarden Euro jährlich) könnte eingespart oder für sinnvollere Zwecke verwendet werden.

Die politische Hilfe, die Afrika wirklich benötigt, besteht aus dem Niederreißen absolutistischer Kleptokraten-Regime, die seit Jahrzehnten von der nördlichen Hemisphäre (Amerika, China, Europa) gepampert werden. Organisatorische »Entwicklungshilfe« würde darin bestehen, einem Kontinent der 3.000 Stämme einen starken administrativen Überbau zu geben: Eine Afrikanische Union der Regionen (*United Regions of Africa*), die sich mit der Europäischen Union messen kann und, besser noch, der Einheit des aus nur zwei Bundesrepubliken bestehenden nordamerikanischen Kontinents entspricht, analog also dem arabisch dominierten Nord- und Sub-Sahara-Afrika. Sie würde darin bestehen, den vielfältigen afrikanischen Zivilgesellschaften unter einem solchen Dach Raum für selbstbestimmte Entwicklungen zu geben.

Dafür müsste die Afrikanische Union (AU), Nachfolgeorganisation der »Union für Afrikanische Einheit« mit Sitz in Addis Abeba personell und institutionell grundlegend verändert werden. Das einzige wirksame Ergebnis dieser seit dem 9. Juli 2002 bestehenden Organisation ist bisher ihr Beschluss über die kontinentale Freihandelszone AfCTA (siehe Teil 1). Sie verfügt zwar über das Instrument der »Kriseninterventionskräfte«. Dieses wurde bisher kaum und eher uneffektiv eingesetzt (zum Beispiel in Somalia). Die AU konnte sich nicht einmal auf gemeinsame Kandidat*innen für die Welthandelsorganisation WTO und den UN-Sicherheitsrat einigen (Mugbi 2020). Im Unterschied zur AU handelte die westafrikanische ECOWAS ab und zu entschieden auch jenseits ihres Kernauftrags (siehe Gambia und Mali).

Bewusst erst am Ende dieser Darstellung will ich mit einem Missverständnis aufräumen, das mit dem Titel dieses Buchs verbunden sein könnte: Dem Wort Migration, das in Westeuropa, vor allem in Deutschland, mit allen Formen der Zuwanderung verbunden wird. Den Zahlen des Hohen Flüchtlingskommissars der Vereinten Nationen (UNHCR) zufolge liegen unter den fünf derzeit größten Herkunftsländern der weltweit 29,5 Millionen grenzüberschreitend geflohenen Menschen drei asiatische und zwei afrikanische Staaten. In den beiden bedeutendsten Herkunftsländern (Syrien, Afghanistan) toben Kriege mit ausländischer Beteiligung, in den weiteren drei Staaten (Süd-Sudan, Myanmar/Burma, Somalia) Bürgerkriege ohne wesentliche ausländi-

Abb. 27: Transnationale und Binnen-Vertriebene nach Herkunftsländern
(Millionen Menschen 12/2018)

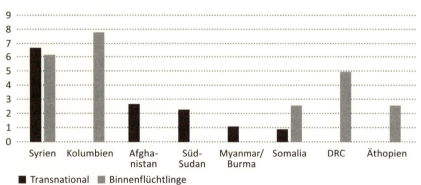

Transnational   Binnenflüchtlinge

Quelle: UNHCR 2019. DRC = Demokratische Republik Kongo

sche Intervention, sofern man von arabischen Geldflüssen an die somalische Terrormiliz *Al-Shabaab* absieht.

Die grenzüberschreitend Vertriebenen fanden vor allem in den Nachbarstaaten Pakistan, Sudan, Türkei und Uganda Zuflucht, an weltweit fünfter Stelle liegt als einziges »reiches Land« Deutschland, das zwar in Afghanistan und Mali Kriegspartei ist, nicht jedoch im Nahen Osten. Solche Kriegsfolgekosten müssten den Kriegsverursachern entgegengehalten werden, die, wie die USA, von ihren Verbündeten höhere Rüstungsausgaben fordern.

Unter den fünf Staaten mit der höchsten Zahl an Binnenflüchtlingen liegen drei in Afrika (Äthiopien, DRC, Somalia). Die meisten Binnenflüchtlinge leben derzeit im südamerikanischen Kolumbien (7,8 Millionen Menschen) und in Syrien (6,2 Millionen Menschen). Zusammen stellen diese fünf Länder 58% der 41,3 Millionen Binnenflüchtlinge weltweit, die wiederum 58% aller Vertriebenen ausmachen (UNHCR 2019).

Wenn in diesem Buch von Fluchtursachen die Rede ist, sind damit nicht die vom UNHCR erfassten Kriege und Bürgerkriege gemeint, die Menschen gegen ihren Willen aus ihrer Heimat vertreiben, sondern Zustände, die Menschen dazu bringen, ihre Heimat deshalb verlassen zu wollen, weil sie dort keinerlei Perspektiven für sich selbst sehen: Auswanderer sind Migranten im klassischen Sinn, wie die Millionen, die Europa in Richtung Amerika verließen, weil ihnen Europa vor 150 Jahren ebenfalls keine Perspektiven bot. Etwas spekulativ wird in jüngster Zeit davon gesprochen, dass ein Drittel der Bevölkerung Sub-Sahara-Afrikas auswanderungswillig sei, was noch nicht bedeutet, dass aus diesem Wunsch Wirklichkeit wird. Sollte die langfristige Weltbevölkerungsprognose der Vereinten Nationen zutreffen, käme es unweigerlich zu einer Völkerwanderung vor allem aus Sub-Sahara-Afrika nach Eurasien, zunächst ins heute noch wohlhabende Westeuropa.

Ein vergleichsweise kleines Rinnsal machte sich bereits seit 2016 auf den Weg und belegt derzeit den vierten Platz der Herkunftsländer von Migranten in Deutschland: Es entspringt im bevölkerungsreichsten Land Afrikas, Nigeria. Dort herrschen nur im Nordosten bürgerkriegsähnliche Zustände, nicht jedoch in den anderen Teilen der Scheindemokratie, die einer der größten Erdölexporteure, also potenziell reichsten Nationen der Erde ist. In Westeuropa keimt die Furcht, dass die instabile und vergleichsweise arme Sahel-Region, die bisher überwiegend Transitraum für Flüchtende ist, ihrerseits zur Herkunftsregion werden könnte. Angesichts des dortigen enormen Bevölkerungszuwachses ist eine solche Erwartung nicht unbegründet.

Europa – in Grenzen auch die USA – reagiert darauf bisher mit einer Kombination aus militärischen und wirtschaftsfördernden Maßnahmen, die zwischenstaatlich vereinbart werden. Es unterstützt damit, wie die USA in ihrem »Hinterhof« Zentralamerika, Diktaturen, deren Unfähigkeit selbst Fluchtursache ist. Der französische Hinterhof im Sahel hat einen französischen Namen: *Pré Carré*. Das eingedeutschte Wort »prekär« liegt nicht fern davon. Mindestens im Fall Libyen unterstützen Teile Europas sogar Milizen, die mit den mörderischen Drogenkartellen Lateinamerikas vergleichbar sind. Schnappatmig erklären die Europäer solche Kooperationen mit Verbrechern als Notmaßnahme. Die Europäische Union, deren osteuropäische Mitglieder offen rassistisch agieren, deklamiert einen »Marshall-Plan für Afrika« und meint damit die weitere Förderung von Despoten, damit diese einen Teil der Souveränität ihrer »Staaten«, die Kontrolle der Grenzen, abgeben. Die USA verhalten sich wie üblich als Elefant im unbekannten Porzellanladen – und ziehen an ihrer südlichen Grenze 30 Jahre nach dem Fall der Berliner Mauer einen antilatinischen Schutzwall hoch.

Die »Flüchtlingskrise 2015« wurde zum wenigsten von afrikanischen Herkunftsländern hervorgerufen, sondern von (Bürger-)Kriegen im Nahen und Mittleren Osten, also im westlichen Teil Asiens. Historisch gesehen ist sie Ergebnis der Filetierung des Osmanischen Reichs durch Frankreich und Großbritannien nach dem Ersten Weltkrieg und der US-amerikanischen Angriffskriege gegen das arabische Kernland Irak, die in Mossul den »Islamischen Staat« gebaren. Das Osmanische Reich kannte keinen »Irak«, sondern drei Provinzen entlang des Tigris und Euphrat (davon eine kurdische). Irak ist das Produkt einer britischen Fantasie und wurde zum Ziel zielloser US-amerikanischer Aggression.

Die wirtschaftliche Weltmacht China räumt unterdessen seelenruhig die Ressourcen der Erde ab und setzt sich damit kaum dem Vorwurf des Neokolonialismus aus, weil sie keine Alt-Kolonialmacht ist, sondern Opfer des unverschämtesten Außenhandelsdiktats der Menschheitsgeschichte im 19. Jahrhundert wurde (Opiumkriege I und II des britischen Empire/der East India Company gegen das Kaiserreich China). Opfer, die zu Tätern werden. Thomas Piketty weist darauf hin, dass dem europäischen Kriegskapitalismus im 18. Jahrhundert die Weltwährung Silber ausging, weshalb sich die Briten dazu entschlossen, China bengalisches Opium als Tauschwert aufzuzwingen (Piketty 2020: 478f.). Großbritannien wurde damit zum einzigen offiziell-staatlichen Drogenkartell, was gebildete Chinesen bis heute nicht vergessen haben. Diese Anmerkungen betreffen nicht direkt Afrika, sind jedoch für den Kampf der nordöstlichen mit der nordwestlichen Hemisphäre um Einfluss in Afrika relevant.

Noch ein Wort zu den Migranten im beschriebenen Wortsinn: Das Zillesche Bild des »Eckenstehers«, das im Text oben verwandt wurde, charakterisiert nur wenige afrikanische Migrant*innen. Obwohl es kaum systematische Untersuchungen zur sozioökonomischen Herkunft solcher Migrant*innen gibt, schält sich doch eines heraus: Sie gehören nicht zu den Ärmsten der Herkunftsländer. Dies wird schon dadurch deutlich, dass die Kosten der »Fluchthilfe« oder der Vermittlung scheinlegaler Arbeitskräfte (zum Beispiel aus Pakistan nach Italien) mehrere tausend Euro betragen, in den Herkunftsländern also »ein halbes Vermögen«. Steigende Einkommen in den Herkunftsländern könnten damit die Migration vorübergehend erhöhen – was auf dem Hintergrund des künftigen Arbeitskräftemangels in West- und Zentraleuropa dann positiv wäre, wenn diese Migration gezielt und legal ermöglicht werden würde.

Michael Clemens (Center for Global Development) und Mariapia Mendola (Universität Mailand) haben versucht, den Schwellenwert zu ermitteln, ab dem die Option »To Stay« jene des »To Go« überwiegen würde. Sie beziffern diese Schwelle mit einem Jahreseinkommen von etwa 10.000 US-$ (Economist vom 29.8.2020: »Cheques don't check treks«). Diese Angabe ist sehr pauschal, weil sie zum Beispiel die Kaufkraftparität unberücksichtigt lässt. Ich habe beschrieben, dass der IS im Sahel mit einem monatlichen Sold von 450 US-$ (5.400 US-$ Jahresgehalt) für ungelernte Arbeitskräfte derzeit Spitzenlöhne anbietet. In den Teilen Afrikas, in denen das (rechnerische) Bruttoinlandsprodukt je Kopf der Bevölkerung höher liegt, könnte der von Clemens/Mendola angegebene Schwellenwert zutreffender sein. Jedenfalls zeigt er ein monetarisiertes Ziel auf, das zum Beispiel über die Förderung unabhängiger Gewerkschaften in Teilen Afrikas nicht unerreichbar sein sollte. Anstelle der Förderung von Kleptokraten träte die Förderung ordentlicher Arbeitsverhältnisse. Nicht nur am Rande sei bemerkt, dass dies auch für Migranten-Arbeitsplätze in Europa zu gelten hätte, zum Beispiel in der Landwirtschaft Italiens und Spaniens, wo Zehntausende Afrikaner*innen derzeit weit unter den Mindestlöhnen beschäftigt werden. Ganz zu schweigen von den sklavenartigen Verhältnissen, unter denen Hunderttausende Afrikaner*innen auf der saudischen Halbinsel gehalten werden (Süddeutsche Zeitung vom 18.9.2020, S. 8: »Ausgenutzt und dann entsorgt«).

Ich behaupte – und wollte das mit den dargestellten Fakten und Einschätzungen in diesem Buch untermauern –, dass nur tief greifende, rationale, strukturelle Reformen in Afrika eine von Europa als Bedrohung, von Millionen Afrikaner*innen als hoffnungslos gewertete Entwicklung beinflussen werden: Von einer *Union des Régions Africaines* bis zur subversiven Förderung der Zivilgesellschaften: Solche Reformen benötigen Zeit. Kaum ein Feld üblicher internationaler Diplomatie, die immer kurz vor dem Infarkt steht und sich in abstrakten Formeln verliert, eher ein Feld internationaler Solidarität, die zielorientiert durch wilde Wellen pflügt. Das Ziel ist die Befreiung der Menschen von Bevormundung, wirtschaftlicher Knechtschaft und staatlicher Repression. Zukunft heißt auf Suaheli *Baadaye*, auf Haussa *Bege*, auf Somali *Mustaqbalka*. Dieses Futur liegt auch in unseren Händen, sofern wir wollen.

Stärkung der Wirtschaft und Zivilgesellschaft Afrikas

Bereich	Ist-Entwicklung	Soll-Entwicklung
Landwirtschaft 1	Vordringen exportorientierter Agrarkonzerne	Stärkung der Subsistenzwirtschaft, Bildung von Genossenschaften
Landwirtschaft 2	Import verbilligter Nahrungsmittel	Importzölle auf Nahrungsmittel
Landwirtschaft 3	Verschuldung durch Dünger- und Saatimporte	Regionale Dünger- und Saatproduktion
Fischereiwirtschaft	Internationale Seefangflotten in den 200-Meilen-Zonen	Fangverbote, wehrhafte Küstenwachen, Aquakultur
Bergbau	Plünderung durch internationale Konzerne + afrikanische Satrapen	Bergbaugenossenschaften, subversive Förderung unabhängiger Gewerkschaften, überregionale öffentliche Fonds (wie Norwegen)
Metallindustrie	Export von Rohstoffen, Import von Fertigwaren	Exportzölle auf Rohstoffe, stufenweise Bindung an Aufbau verarbeitenden Gewerbes
Energiewirtschaft	Versagen zentraler Energieversorgung, zum Teil keine Energieversorgung	Solar- und Windenergie, Wasserstoffproduktion in der Sahara und im Sahel
Textilindustrie	Import von Secondhand- und Billigtextilien	Verbot des Imports von Secondhand- und Billigtextilien, Exportzölle auf Rohbaumwolle
Konsumgüterindustrie	Überschwemmung mit asiatischen + amerikanischen Billigprodukten, Luxusgüter aus EU/Nordamerika/Japan	Importzölle, Qualitätskontrollen, Local-Content-Regeln, Luxussteuern
Finanzwirtschaft	Abzug von durchschnittlich 8% von Finanztransfers der Migrant*innen vom Überweisungsbetrag	Förderung von FinTechs, die Finanztransfers für geringe Gebühren anbieten
Handwerk	Marginalisierung traditionellen Handwerks, Unfähigkeit zur Instandhaltung techn. Anlagen	Duale Ausbildung, Stärkung technischer Kompetenzen, Fertigkeitstransfer
Bildung	Teilalphabetisierung, schwache Hochschulen	Bildungs-Credit-Cards, öffentliches Bildungs-Radio, Filialen von EU-Universitäten in Afrika, Stipendien
Öffentliche Sicherheit	Repressionssysteme mit klarem innenpolitischem Auftrag, einseitige Einmischung in Rivalitäten zwischen Stämmen	Entwaffnung der Polizei, transnationales Militär mit klarem Außenverteidigungsauftrag einschl. Bekämpfung internat. Terrors und ohne Fixierung auf Stammeskonflikte
Abwasserentsorgung	Sickergruben, Grundwasserverseuchung	Vertrieb wasserloser Toiletten, Verbot oder Besteuerung von Industrieabwässern, Aufbau von Trennwassersystemen
Klimaschutz	Unentgeltliche CO_2-Senken (Mangroven- und Regenwälder, Savannen)	Verkauf von CO_2-Zertifikaten an die nördliche Hemisphäre und Australien, Klimaschutzabgaben auf Erdöl-, Erdgas- und Kohleförderung
Politische Organisation	Zentralistisch, absolutistisch, oft entlang von Stammeslinien regierte Einheitsstaaten, schwache suprastaatliche Organisationen (ehestens noch ECOWAS)	Föderalisierung, Stärkung der lokalen politischen Ebenen und supranationaler Verbünde, Übernahme von »Failed States« durch die UN, »United Regions of Africa«

Diese Vorschläge verstehen sich auch als Regeln für eine afrikanische Freihandelszone mit den erforderlichen Überwachungskapazitäten. Local Content Regeln = Festlegung lokal gefertigter Anteile an Zwischen- und Fertigwaren in Verbindung mit geringeren Umsatz- bzw. Mehrwertsteuern.

Literatur

African Investigative Publishing Collective/Africa Uncensored (2017): The Plunder Route to Panama; www.zammagazine.com/imgages/pdf/documents/African_Oligarchs.pdf.

Al Jazeera (2019a): Witness Africa, Ghana, vom 20.8.2019.

Al Jazeera (2019b): Inside – Anatomy of a bribe.

Al Jazeera (2020a), World, The last lunch, vom 31.1.2020.

Al Jazeera (2020b): Bloody Borders, 30.8.2020.

Anieke, Chika Charles/Oette, Lutz/Vandeginste, Stef/Wiebusch, Micha (2017): Policy Brief: The 10th Anniversary of the African Charter on Democracy, Elections and Governance, hrsg. vom Institute of Development Policy, Universität Antwerpen und SOAS University of London.

Antoninis, Menos (2019): The world is off the track to deliver on its education commitments by 2030; uis.unesco.org/en/blog.

Bahnsen, L./Manthei, G./Raffelhüschen, B. (2016): Die langfristigen Auswirkungen der Flüchtlingsmigration auf die fiskalische Nachhaltigkeit in Deutschland, in: Zeitschrift für Staats- und Europawissenschaften Jahrgang 14, S. 483-502.

Beckert, Sven (2019): King Cotton – Eine Geschichte des globalen Kapitalismus, CH. Beck, München (Erstausgabe bei Knopf-Doubleday 2014).

Benjamin, Nancy/Beegle, Kathleen/Recanatini, Francesca/Santini, Massimiliano (2014): Informal Economy and the World Bank, Policy Research Working Paper # 6888, Washington D.C.; documents.worldbank.org/curated/en/416741468332060156/pdf/WPS6888.pdf.

Böhme, Johannes/Hirsch, Robin (2020): Täter und Opfer, in: Süddeutsche Zeitung-Magazin vom 12.6., S. 10ff.

Boutton, Andrew (2019): Of terrorism and revenue: Why foreign aid exacerbates terrorism in personalist regimes, in: Conflict Management and Peace Science, Nr. 36 (4), S. 359-384, zitiert nach Frankfurter Allgemeine Sonntagszeitung vom 13.10.2019, S. 18.

Caplan, Bryan/Weinersmith, Zach (2019): Open Borders: The Science and Ethics of Immigration, St. Martin's Press, New York.

Ceshin, Paul/Pattillo, Catherine (2000): The duration of Terms of Trade Shocks in Sub-Saharan Africa; Finance & Development (IMF), Vol. 37, No. 2; imf.org/external/pubs/ft/fand/2000/06/cashin.htm.

Chiari, Bernhard/Kollner, Dieter H. (2008): Demokratische Republik Kongo, Wegweiser zur Geschichte, Schöningh, Paderborn.

Christiaensen, Luc/Dernery, Lionel (2018): Agriculture in Africa – Directions in Development – Agriculture and Rural Development, World Bank, Washington D.C.

Damgaard, Jannick/Elkjaer, Thomas/Johannes, Niels (2019): The Rise of Phantom Investments in: Finance & Developments Vol. 56, No. 3, September, Washington D.C.

Davis, Mike (2007): Planet der Slums, Assoziation A, Berlin/Hamburg (Originalausgabe 2006, Verso Books, London und New York).

Delberg (2017): Pioneers at the Frontier: Sub Saharan Africa's Multinational Corporations; igdleaders.org/wp-content/uploads/IGD-Delberg.

Dupoux, Patrick/Ivers, Lisa/Niuras, Stefano/Chriati, Abdeljabbar (2018): Pioneering

One Africa – The Companies blazing a tail across the Continent, Boston Consulting Group, Casablanca/Johannesburg; beg.com/publications/2018.

Economist (2000), Hopeless Africa, 13.5.2000, S. 23ff.

Economist (2019), Special Report, The Magic of Migration, 16.11.2019, nach S.42.

Economist (2020): The African Century, 28.3.2020.

Falksohn, Rüdiger/Hielscher, Hans (2007): Der Traum vom Afrika der Afrikaner, in: Spiegel-Spezial Geschichte 2, Afrika – Das umkämpfte Paradies, Hamburg.

Fearon, James D./Laitin, David D. (2004): Nontrusteeship and the Problem of Weak States, in: International Security, Vol. 28/4, MIT-Press Journals, Cambridge/Mass.

Feinstein, Andrew (2009): After the Party: Corruption, the ANC and South Africa's uncertain future, Verso Books, London.

Felsenheimer, Jochen (2020): Die Gefahren der Nullzinspolitik, in: Frankfurter Allgemeine Sonntagszeitung vom 5.1., S. 27.

Grill, Bartholomäus (2003): Ach, Afrika. Berichte aus dem Inneren eines Kontinents, Goldmann, München.

Groth, Annette/Kneifel, Theo (2007): Europa plündert Afrika – der EU-Freihandel und die EPAs, VSA: Verlag, Hamburg.

Gütter, Reiner (2016): Monrovia, Roman, BoD-Verlag, Norderstedt.

Gütter, Reiner (2018): Mogadischu, Roman, BoD-Verlag, Norderstedt.

Guilengue, Fredson (2019): Wie konnte das passieren? Die sechsten Parlamentswahlen in Mosambik; Rosa-Luxemburg-Stiftung, Johannesburg; rosalux.de/news/id/41198.

Harper, Kyle (2020): Fatum – Das Klima und der Untergang des Römischen Reiches, Beck, München.

Henning, Christoph (2005): Narrative der Globalisierung – zur Marxrenaissance in Globalisierung und Globalisierungskritik; Gesprächskreis Politik und Geschichte im Karl-Marx-Haus, Heft 5, hrsg. von der Friedrich-Ebert-Stiftung, Trier; auch unter library.fes.de.

Hoering, Uwe (2007): Agrar-Kolonialismus in Afrika, VSA: Verlag, Hamburg.

Hofbauer, Martin/Münch, Philipp/Konopka, Torsten (2016): Wegweiser zur Geschichte, Mali, Schöningh, Paderborn.

ILOSTAT (2017): International Labour Organisation, Genf; ilostat.ilo.org/data/country-profiles/sub-saharan africa.

International Crisis Group (2013): When is a mutiny not a mutiny? Brüssel/Nairobi, 24.1.

International Crisis Group (2017a): Double-edged Sword: Vigilantes in African Counter-insurgencies; Report No. 251 vom 7.9., Brüssel/Dakar/Nairobi.

International Crisis Group (2017b): Watchmen of Lake Chad: Vigilante Groups Fighting Boko Haram, Report No. 244 vom 23.3., Brüssel/Dakar/Nairobi; crisisgroup.org/africa/nigeria/244-watchmen-lake-chad-vigelante-groups-fighting-boko-haram.

International Crisis Group (2018): Drug Trafficking, Violence and Politics in Northern Mali, Report No. 267 vom 13.12., Brüssel/Dakar; crisisgroup.org/africa/sahel/mali/267-narcotrafic-violence-et-politique-au-nord-du-mali.

International Crisis Group (2019): Crisis Watch-Tracking Conflict Worldwide, 10/2019.

Kapuscinski, Ryszard (2004): Afrikanisches Fieber – Erfahrungen aus vierzig Jahren, Piper, München.

Koller, Dieter H./Mückusch, Andreas (2007): Wegweiser zur Geschichte, Horn von Afrika, Schöningh, Paderborn.

Krasner, Stephen D. (2004): Sharing Sovereignty: New Institutions for Collapsed and

Failing States, in: International Security, Vol. 29/2, S. 85-120, MIT-Press-Journals, Cambridge/Mass.

Langhammer, Rolf (2020): Ein Reformplan für Afrika, in: Frankfurter Allgemeine Zeitung vom 30.4., S. 18.

Marx, Karl/Engels, Friedrich (1848/1956): Manifest der Kommunistischen Partei, in: Marx-Engels-Werke, Bd. 4, Berlin (DDR).

Mbembé, Achille (2017): Kritik der schwarzen Vernunft, Suhrkamp, Berlin.

Mengoub, Fatima Ezzarah (2018): Agricultural Investment in Africa: A low level ... numerous opportunities. Policy Center for the New South; policycenter.ma/publications/agricultural-investment-in-africa-low-level... numerous-opportunities.

Molt, Peter (2018): Fluchtursachenbekämpfung in Subsahara-Afrika – Warum eine Neuorientierung deutscher und europäischer Entwicklungspolitik dringend notwendig ist; Konrad-Adenauer-Stiftung, Auslandsinformationen, Sonderausgabe 2/2019.

Moyo, Dambisa (2020): On a »Marshall-Plan« for Africa, Economist vom 5.5.2020, London.

Mugbi, Isaac (2020): Die Afrikanische Union ist 18, aber noch nicht erwachsen; Deutsche Welle 9.7.

Müller, Wolfgang (2020): Die Rätsel Chinas und das Weltbild des Westens, VSA: Verlag, Hamburg.

Ndione, Abasse (2014): Die Piroge, Roman, Transit, Schwarzenbach.

Ndione, Abasse (2015): Ministersöhne fliehen nicht, in: Süddeutsche Zeitung vom 19.8.

NEPAD (2013): Agriculture in Africa – Transformation and Outlook, hrsg. von der African Union, Johannesburg/South Africa.

Nkrumah, Kwame (1964): Consciencism, Philosophy and Ideology for De-Colonization and Development with particular reference to the African Revolution, Monthly Review Press, New York N.Y., Neuauflage 2009.

OECD-FAO (2016): Agricultural Outlook 2016-2025; Agriculture in Sub-Sahara-Africa: Projects and Challenges for the next Decade; fao.org/3/a-BO092E.pdf.

OECD-FAO (2019): Agricultural Outlook 2018-2028.

Pakenham, Thomas (1991): The Scramble for Africa, Little, Brown Book, London.

Piketty, Thomas (2020): Kapital und Ideologie, Beck, München.

Quiroz, Alfonso (2008): Corrupt Circles: A History of Unbound Graft in Peru, Woodrow Wilson Center Press, Washington D.C.

Ratha, Dilip (2014): The hidden force in global economics – sending money home, TedGlobal; ted.com/talks/dilip ratha.

Rawlence, Ben (2016): City of Thorns – Nine Lives in the World's largest Refugee Camp, Portobello Books, London.

Renaud, Jean-Baptiste (2019): Invisible Children, Produzent, arte-France 26.11.

Richburg, Keith B.(1998): Jenseits von Amerika, Quell, Stuttgart.

Sankara, Thomas (1/2007): We are Heirs of the World's Revolution – Speeches from the Burkina Faso Revolution 1983-1987, Pathfinder-Press, Montreal.

Sankara, Thomas (2/2007): Women's Liberation and the African Freedom Struggle, Pathfinder-Press, Montreal.

Sarr, Felwine (2019): Afrotopia, Matthes & Seitz, Berlin (Erstausgabe bei Édition Philippe Rey, Paris 2016).

Scholl-Latour, Peter (2003): Afrikanische Totenklage, Goldmann, München.

Seitz, Volker (2018): Afrika wird armregiert, dtv, München.

Smith, Adam (1979): The Wealth of Nations, Penguin-Verlag Harmondsworh (Erstausgabe 1776; deutsche Ausgabe: Der Wohlstand der Nationen, dtv, München 1999).

Specogne, Heidi (2016): Cahier Africain, Dokumentarfilm über Frauenschicksale in der Zentralafrikanischen Republik (CH/D).

Theroux, Paul (2017): Ein letztes Mal in Afrika, Hoffmann und Campe, Hamburg.

UNESCO (2019): Education in Africa; uis.unesco.org/en/topic.

UNHCR (2020): Global Trends, Forced Displacement in 2019; unhcr.org/dach/wp-content uploads/sites/27/2020/06/UNHCR-global-trends 2019.pdf.

UNODOC (2008): United Nations Office on Drugs and Crime, Annual Report 2008, Kapitel »Africa under attack«, S. 31ff., New York.

USDA (2015): A Turning Point for Agricultural Exports to Subsaharan Africa: United States Department of Agriculture, Foreign Agricultural Service, Washington D.C.

US Geological Survey (USGS) (2016): Niobium (Columbium) and Tantalum Statistics and Information, Reston/Virginia; usgs.gov/centers/nmic/nobium-columbium-and-tantalum-statistics-and-information.

World Bank (2018): Agriculture in Africa – Telling Myths from Facts. Washington D.C.

World Bank (2018): World Integrated Trade Solutions; wits.worldbank.org/countrysnapshot/en/SSF.

VSA: Gegen globale (Un-)Ordnung

Ulrich Brand
Post-Wachstum und Gegen-Hegemonie
Klimastreiks und Alternativen
zur imperialen Lebensweise
Mit einem Beitrag zur Corona-Krise
256 Seiten | € 16.80
ISBN 978-3-96488-027-7

Der Zwang des Kapitalismus zu Wachstum
und zur imperialen Lebensweise muss
überwunden werden, damit ein auskömm-
liches Leben für alle möglich wird. Dazu
sind Lehren auch aus Niederlagen linker
Projekte und konkrete Vorschläge für eine
solidarische Lebensweise notwendig.

Prospekte anfordern!

VSA: Verlag
St. Georgs Kirchhof 6
20099 Hamburg
Tel. 040/28 09 52 77-10
Fax 040/28 09 52 77-50
Mail: info@vsa-verlag.de

Claudia von Braunmühl/
Heide Gerstenberger/
Ralf Ptak/
Christa Wichterich (Hrsg.)
ABC der globalen (Un)Ordnung
Von »Anthropozän« bis »Zivilgesellschaft«
In Kooperation mit Friedrich-Ebert-Stiftung,
taz und Wissenschaftlichem Beirat von
Attac
272 Seiten | Klappenbroschur | € 12.00
ISBN 978-3-96488-003-1

Im Jahr 2005 erschien das »ABC der
Globalisierung«. Inzwischen zeigen sich die
Auswirkungen der neoliberalen Globalisierung in aller Deutlichkeit: Aus dem
Wohlfahrtsversprechen ist eine Welt der
globalen (Un)Ordnung geworden. 114 Au-
torinnen und Autoren greifen in 126 Stich-
wörtern die aktuellen Entwicklungen auf,
erarbeiten politische Orientierungspunkte
und zeigen Alternativen. Auch für das neue
Standardwerk der Globalisierungskritik gilt:
»Eine andere Welt ist möglich«.

www.vsa-verlag.de

VSA: Neue Weltordnung?

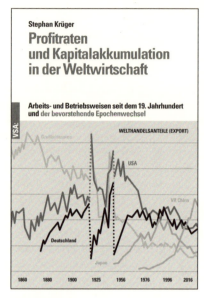

Stephan Krüger
**Profitraten und Kapitalakkumulation
in der Weltwirtschaft**
Arbeits- und Betriebsweisen seit dem
19. Jahrhundert und der bevorstehende
Epochenwechsel
344 Seiten | durchgehend mit farbigen
Abbildungen | € 24.80
ISBN 978-3-96488-023-9

Ist mit der Etablierung von internationalen
Netzwerkstrukturen bereits eine neue
gesellschaftliche Betriebsweise und damit
das Ende des Kapitalismus in Sicht?

Wolfgang Müller
**Die Rätsel Chinas und
das Weltbild des Westens**
Digitale Diktatur, Staatskapitalismus oder
sozialistische Marktwirtschaft?
160 Seiten | € 16.80
ISBN 978-3-96488-053-6

Was ist zu halten von einen wirtschaftlich
erfolgreichen China und einer politischen
Führung, die die Armut im Land zurückgedrängt, auch Umweltprobleme gezielt
angehen will und zudem offiziell die
Einführung des Sozialismus »chinesischer
Prägung« verfolgt – bei gleichzeitig hoher
sozialer Ungleichheit und ausgeprägter,
zunehmend digital unterstützter sozialer
Kontrolle? Chinas vor allem wirtschaftlich
erfolgreiche, aber durchaus widersprüch-
liche Entwicklung wirft viele Fragen auf,
denen in diesem Buch nachgegangen wird.
Es beruht auf Analysen und langjährigen
beruflichen Erfahrungen des Autors in
China selbst.

Prospekte anfordern!

VSA: Verlag
St. Georgs Kirchhof 6
20099 Hamburg
Tel. 040/28 09 52 77-10
Fax 040/28 09 52 77-50
Mail: info@vsa-verlag.de

www.vsa-verlag.de